GOLDEN GATE SEMINARY LIBRARY

POR QUÉ NADIE APRENDE MUCHO DE NADA EN LA IGLESIA,
y cómo remediarlo

por Thom y Joani Schultz

Editorial Acción®

Un departamento de Editorial Group Publishing, de Loveland, Colorado, EE.UU.

Por qué nadie aprende mucho de nada en la iglesia, y cómo remediarlo
Copyright © 1996, Editorial Acción, Box 481, Loveland, CO 80539

Título del original en inglés: *Why Nobody Learns Much of Anything at Church: And How to Fix it*, Copyright © 1993, Group Publishing, Inc.

Se reservan todos los derechos registrados. Ninguna parte de este libro puede ser reproducida, de ninguna forma, sin el previo permiso por escrito de los editores, con excepción de citas breves en artículos y crónicas de crítica. Para mayor información escriba a *Permissions, Group Publishing, Inc., Dept. BK. Box 481, Loveland, CO 80539, EE.UU.*

Editor general: Esteban Saavedra
Editor: Miguel A. Mesías E.
Traducción: Silvia B. Fernández
Diseño interno: Dory Walker
Diseño de la portada: Randall Miller Designs
Ilustraciones: Donna Reynolds
Tipografía: Vivian Lawrence

Excepto cuando se indica, todas las citas bíblicas son tomadas de la Santa Biblia, versión Reina-Valera, revisión de 1960, © 1960 Sociedades Bíblicas en América Latina, o de *Dios Habla Hoy*, la Biblia en versión popular, © 1966, 1970, 1979, 1983, Sociedades Bíblicas Unidas. Usadas con permiso.

ISBN 1-55945-663-9

Número de tarjeta de catálogo de la Biblioteca del Congreso de los Estados Unidos: 95-51380
    Schultz, Thom.
        [Why nobody learns much of anything at church. . . Spanish]
        Por qué nadie aprende mucho de nada en la iglesia y cómo remediarlo / por Thom y Joani Schultz.
        p. cm.
        Includes bibliographical references.
        ISBN 1-55945-663-9
        1. Christian education—Teaching methods. 2. Active learning. 3. Experiential learning. I. Schultz, Joani, 1953-
II. Title.
    BV1534.S41718   1995
    268'.6—dc20   95-51380
                                                                                                      CIP

10 9 8 7 6 5   06 05 04 03 02
Impreso en EE.UU.
Printed in the United States of America.

Visit our Web site: www.grouppublishing.com

ÍNDICE

INTRODUCCIÓN: EL PERDIDO ARTE DEL APRENDIZAJE EN LA IGLESIA 7

Señales de un barco que zozobra 8
Palabras de advertencia 9
¿A qué viene tanto alboroto? 10
Pero, ¿hay alguna esperanza? 10

1. CONOZCA EL OBJETIVO 13

Barómetros equivocados 14
Objetivos perdidos en las escuelas 16
Corra directamente hacia el objetivo 19
Nuestro objetivo 21

HÁGALO
    Hágalo 23
    Cómo desarrollar su objetivo 23
    Agenda para una reunión para
    fijar el objetivo 24

2. CONCÉNTRESE EN EL APRENDIZAJE, EN LUGAR DE EN LA ENSEÑANZA 29

Una conjetura peligrosa 31
El plan oculto de estudios 31
Aprendiendo cosas buenas 32
Las técnicas de aprendizaje que Jesús usó 33
Verifique el aprendizaje 35

HÁGALO
    Hágalo 37
    Cómo descubrir información 37
    Entrenando a los maestros
    para el aprendizaje 41

3. CONCÉNTRESE EN LO ESENCIAL 49

No dé nada por sentado 50
Menos es mejor 52
¿Suficiente biblia? 53
Diga lo que es importante 55

	Hágalo 57
HÁGALO	Cómo determinar las cosas esenciales en su iglesia 57

4. ENFATICE LA COMPRENSIÓN EN LUGAR DE LA PURA MEMORIZACIÓN.............. 61

Algo curioso y prominente 62
¿Sirve la memorización en las escuelas? 62
Trabajar por la gracia 64
¿Por qué se hace énfasis en la pura memorización? 66
Cuando la pura memorización se desvirtúa 69
Comprender antes que memorizar 72

	Hágalo 74
HÁGALO	Consejos de entrenamiento para el maestro .. 74 Actividades para hacer que las Sagradas Escrituras se fijen en la mente 77

5. HAGA QUE LAS PERSONAS PIENSEN...................... 85

La tierra del conej-to 86
La iglesia que piensa 87
Las personas quieren respuestas 88
Jesús y sus preguntas 89
Cómo hacer las preguntas apropiadas 91
Cómo estimular a que piensen 92
Pensar es extraño 96

	Hágalo 97
HÁGALO	Siete maneras de estimular a pensar 97

6. USE EL APRENDIZAJE ACTIVO................................. 105

¿Qué es el aprendizaje activo? 106
¿Por qué usar el aprendizaje activo? 107
Características del aprendizaje activo 111
El aprendizaje activo y los estudiantes
con problemas de aprendizaje 117
Jesús el maestro activo 118
Los temores del aprendizaje activo 119

	Hágalo 124
HÁGALO	Ideas para aventuras .... 124 Ideas divertidas y/o cautivantes 128

Ideas de participación total	133
Ideas para el diálogo posterior	136

7. USO DEL APRENDIZAJE INTERACTIVO ... 141

¿Qué es el aprendizaje interactivo? ... 143
Características del aprendizaje interactivo ... 144
Técnicas del aprendizaje interactivo ... 149
Cómo orientar el aprendizaje interactivo ... 152

HÁGALO
- Hágalo ... 153
- Usando el diálogo en parejas ... 153
- Usando grupos de aprendizaje ... 156
- Usando compañeros de resumen ... 158
- Usando rompecabezas ... 159

8. USE UN PLAN DE ESTUDIOS QUE PRODUZCA APRENDIZAJE AUTÉNTICO ... 163

Especializándonos en minuciosidades ... 165
Sin usar el cerebro ... 166
Obscureciendo lo obvio ... 167
Un problema monumental ... 170
Nuevos métodos para el plan de estudios ... 171
Más allá de los libros de texto ... 171
Una revolución en el plan de estudios para la iglesia ... 173
Un plan de estudios "menos es mejor" ... 176
Un plan interactivo de estudios ... 176
Participación con significado ... 177
Revitalizando las clases bautismales ... 178
Un proyecto sobre una historia de la fe ... 180
Comience temprano la reforma del plan de estudios ... 180

HÁGALO
- Hágalo ... 182
- Ideas para edades combinadas ... 182
- Proyectos de participación activa ... 184
- ¿Qué calificación obtendría su plan de estudios? ... 188

9. RENUEVE EL SERMÓN ... 189

El problema con la predicación ... 190
Evasión de la responsabilidad ... 192
Si predicara la agencia publicitaria ... 193

　　　　Sermones para niños 198
　　　　Empezando de nuevo 199
　　　　　　　　Hágalo 200
　　HÁGALO　Recordatorios de sermones 200
　　　　　　　　Sermones activos para niños 203

10. DÉ LA BIENVENIDA AL CAMBIO 207
　　Una vida de negación 208
　　Una necesidad urgente de cambio 210
　　Comprendiendo el proceso de cambio 212
　　Por qué las personas se resisten al cambio 215
　　Un plan de acción para agentes de cambio 216
　　El primer paso 219
　　HÁGALO　Hágalo 220
　　　　　　　　Actividades para cambio en el aprendizaje ... 220

EPÍLOGO 227

NOTAS FINALES 229

Introducción

EL PERDIDO ARTE DEL APRENDIZAJE EN LA IGLESIA

Empleamos una buena parte de nuestro tiempo hablando con niños. Hace poco hablamos con una docena de muchachos de quinto y sexto grado en cuanto a sus experiencias de aprendizaje en la iglesia. Una de aquellas conversaciones fue más o menos así:

Thom: ¿Cuánto tiempo hace que estás asistiendo a la iglesia?

María: Desde que nací.

Thom: ¿Qué te parecen las clases en la iglesia?

María: Son muy parecidas a las de la escuela.

Thom: ¿Qué quieres decir?

María: Que son aburridas.

Thom: ¿En qué sentido?

María: Tenemos que sentarnos, estar quietos, y memorizar algunos materiales.

Thom: ¿Qué has memorizado?

María: Versículos de la Biblia. Nos dan dulces cuando venimos a la iglesia habiendo memorizado los versículos.

Thom: ¿Puedes repetir el último versículo que memorizaste y por el que te dieron un dulce?

María: No lo recuerdo.

Thom: ¿Recuerdas alguno de ellos?

María: No; lo siento.

Thom: Está bien, no te apures; pero ¿puedes recordar el significado de alguno de ellos?

María: No. Creo que tengo muy mala memoria.

Thom: María, ¿me puedes decir qué necesita una persona para ir al cielo?

María: Estudiar mucho.

¿Es la situación de María un caso aislado? ¿O es ella un resultado típico de los esfuerzos educativos de la iglesia?

La tentación es considerar a María como una holgazana. "A algunas personas simplemente no les va tan bien como a otras," decimos. "Además, ella está aprendiendo cosas buenas, pero no se ha dado cuenta todavía. Algún día caerá en cuenta."

Somos un grupo optimista. Hemos estado haciendo lo mismo por tanto tiempo que no dedicamos mucho tiempo a reflexionar sobre su eficacia. Hemos estado tan ocupados haciendo lo que hacemos que no nos hemos preguntado si lo que hacemos realmente resulta.

¿Está realmente resultando la enseñanza en la iglesia? ¿Estamos recibiendo resultados satisfactorios a nuestra significativa inversión en la educación en la iglesia, la Escuela Dominical, los estudios bíblicos, los grupos juveniles, los programas infantiles, las clases de discipulado, la Escuela Bíblica de Vacaciones, las clases de adultos y los sermones? Demos un vistazo a algunos indicadores.

SEÑALES DE UN BARCO QUE ZOZOBRA

- De entre todos los atributos de la iglesia, los que asisten a ella sitúan su manera de enseñar en el último lugar de la escala de calidad. Solamente los programas juveniles reciben una peor calificación, de acuerdo al investigador George Barna.[1]

- Desde 1972 la asistencia a la Escuela Dominical en Norteamérica ha disminuido de cuarenta y un millones a veintiséis millones de personas de acuerdo al *Yearbook of American and Canadian Churches (Anuario de las iglesias estadounidenses y canandienses)*. Durante el mismo período la población general de los Estados Unidos creció en un veintitrés por ciento.[2]

- Asimismo, en los Estados Unidos la participación en la Escuela Dominical en las principales denominaciones evangélicas disminuyó un promedio de cincuenta y cinco por ciento entre 1970 y 1990.[3]

- En los Estados Unidos el número de iglesias que tienen todavía Escuela Dominical disminuyó un cuarenta y tres por ciento durante la década de los ochenta.[4]

• Solamente un diecinueve por ciento de los adultos que asisten a la iglesia declaran que por lo general aprenden bastante del sermón de sus pastores.[5]

PALABRAS DE ADVERTENCIA

¿Han pasado completamente inadvertidas estas tendencias? No, no completamente. Algunas voces bien informadas han intentado captar nuestra atención:

> "La educación cristiana en la mayoría de las congregaciones es una empresa desgastada y necesitando reforma. Con frecuencia insensible a las necesidades de los adultos y adolescentes, enfrenta creciente dificultad para encontrar y motivar voluntarios. Se enfrenta a un desinterés general entre sus 'clientes,' y emplea modelos y procedimientos que han cambiado muy poco con el transcurso del tiempo."
> —*Peter Benson y Carolyn Elkin, Search Institute (Instituto de Investigación).*[6]

> "La Escuela Dominical simplemente no provee la calidad de enseñanza y experiencia que las personas esperan recibir a cambio del tiempo que emplean para asistir."—*George Barna, investigador.*[7]

> "La Escuela Dominical . . . es cada vez más arcaica en este tiempo cuando los modelos de la familia han cambiado."
> —*Robert Lynn, Lilly Endowment (Fundación Lilly).*[8]

> "Los maestros todo lo que hacen es hablar y nosotros todo lo que tenemos que hacer es sentarnos quietos."
> —*José, estudiante de tercer grado.*[9]

¿A QUÉ VIENE TANTO ALBOROTO?

"Está bien, está bien," dice usted. "¿Qué importa que la iglesia esté un poco débil en la educación? Esto no es el fin del mundo."

No esté tan seguro. Los más recientes estudios indican que la educación puede ser la herramienta más provechosa que tiene la iglesia para ayudar a sus miembros a crecer en la fe. El Search Institute (Instituto de Investigación) entrevistó a más de once mil adultos y adolescentes en iglesias de varias denominaciones. Al concluir su estudio los investigadores Peter Benson y Carolyn Elkin dijeron: "La educación cristiana tiene mucha más importancia de la que esperábamos. De entre todos los aspectos de la vida congregacional que examinamos, la participación en un programa eficaz de educación cristiana es lo que está más fuertemente ligado al crecimiento de la persona en la fe. Aun cuando otros factores congregacionales también importan, sin embargo nada importa más que una educación cristiana eficaz. Esto es cierto tanto en los adultos como en los adolescentes."[10]

Si nuestra gente no está aprendiendo, tampoco está creciendo en su fe; y, lamentablemente, tenemos amplia evidencia de que nuestra gente no está aprendiendo gran cosa. Lo que están aprendiendo no es siempre lo que pensamos que estamos enseñándoles. El plan de salvación que mencionó María ("estudiar mucho") es un ejemplo.

El problema del aprendizaje en la iglesia alcanza proporciones monumentales. Se halla en la médula de las iglesias cuya membresía está disminuyendo. Es lo que está menoscabando la influencia de la iglesia en la sociedad. Es la causa básica de la apatía en sus miembros. Está haciendo que nuestros niños bostecen delante de Jesús.

Todos somos víctimas de un anticuado sistema educacional. Nadie ha saboteado intencionalmente el aprendizaje en la iglesia. Los métodos ineficaces de enseñanza han sido trasmitidos de generación en generación; y nosotros hemos continuado usándolos . . . con muy buenas intenciones.

PERO, ¿HAY ALGUNA ESPERANZA?

Después de escuchar nuestras inquietudes en cuanto al aprendizaje en la iglesia, el director de una editorial cristiana que publica materiales para la Escuela Dominical declaró: "No me sorprende que los muchachos digan que no recuerdan las lecciones de la Escuela Dominical. Si le hacemos la misma pregunta en cuanto a la escuela pública obtendríamos la misma respuesta."

¿Debería esto brindarnos algún consuelo? Siendo que el sistema escolar público produce resultados por debajo de lo esperado, ¿nos da esto licencia para desentendernos del asunto y justificar nuestros pobres resultados? Podemos, y debemos, hacerlo mejor.

Es cierto que la iglesia no es la única institución que atraviesa por una crisis en el aprendizaje. Nuestras escuelas tienen grandes dificultades también.

"Un reciente informe mundial sobre aptitud coloca a los Estados Unidos en el puesto número veintiuno en el mundo en cuanto a calidad educativa, seguido solamente por Grecia entre las naciones industrializadas."[11]

En las escuelas públicas nuestros niños no están aprendiendo a un paso aceptable, y no tienen más apego al proceso de aprendizaje que el que tienen los niños en la iglesia. En los Estados Unidos un promedio de tres mil ochocientos setenta y ocho adolescentes abandonan los estudios diariamente. Se estima que un millón de estudiantes lo hacen cada año escolar.[12] Las estadísticas en otros países son similares, si acaso no más calamitosas.

"Los estudiantes actuales de las escuelas de nuestro país son muy distintos a los estudiantes de hace diez, veinte o treinta años," dice Tony Carvajal, director del Centro para Estudios Interdisciplinarios y de Prevención de Bajas en las Escuelas. "Los métodos de enseñanza de ayer no hacen frente a las necesidades de los estudiantes de hoy."

Pero ni las escuelas ni la iglesia carecen de soluciones a este gran problema. Opina el señor Carvajal que "para llegar a los estudiantes de hoy, el sistema de enseñanza deberá comprometer al estudiante, y promover el pensar en alto nivel y no la simple memorización de datos y hechos."

Las escuelas están comenzando a despertar a la necesidad de cambio, verdaderos cambios. Allí donde están arriesgándose a usar nuevos métodos de aprendizaje se están observando algunas victorias que servirán de modelos para las escuelas en el próximo siglo. En las escuelas progresistas los educadores están enfatizando el aprendizaje activo por parte de los estudiantes. Los maestros están disminuyendo el énfasis en los sistemas pedagógicos basados en la conferencia, la memorización rutinaria y aulas centradas en libros de texto. Están en realidad enseñando a los estudiantes a pensar, a resolver problemas.

Y los estudiantes están aprendiendo.

> **"Una nueva ola de maestros está dejando a un lado los libros de texto, descartando los exámenes tradicionales, echando abajo los ejercicios, y predicando un nuevo credo de 'compromiso' estudiantil."**
> —*Periódico The Wall Street Journal.*[13]

"Bueno, pero la iglesia no es la escuela pública," dirá usted. No lo es, pero podemos beneficiarnos escuchando a los mejores pensadores en materia de educación de hoy día. Están surgiendo algunos modelos tremendamente eficaces y que se pueden utilizar en la iglesia. En las páginas que siguen se los daremos a conocer.

También vamos a darle a conocer novedosos métodos de aprendizaje que hemos utilizado con éxito en las iglesias durante los últimos veinte años. No se trata de castillos en el aire, sino de métodos sólidos y creativos que funcionan.

Únase a nosotros mientras exploramos diez claves que le ayudarán a despertar el aprendizaje en la iglesia.

> **"Muéstrame, oh Jehová, tus caminos;
> Enséñame tus sendas."**—*Salmo 25:4*

1 CONOZCA EL OBJETIVO

Conque hay un gran problema con el aprendizaje en la iglesia. ¿A qué o a quién vamos a culpar? Hemos escuchado un sinnúmero de respuestas:

- "Los maestros lo son todo. Pero ya nadie quiere enseñar."
- "A esta generación de padres simplemente no les importan sus hijos."
- "La televisión está arruinando a todo el mundo. Ya a nadie le gusta la verdadera educación porque esperan que luzca como la televisión."
- "Las prioridades de las personas están trastornadas. Ya a nadie le importan las cosas espirituales."
- "La gente está demasiado ocupada."
- "No tenemos el presupuesto para hacer un buen trabajo."
- "El hecho de que las mujeres salgan a trabajar nos ha robado todas las buenas maestras."
- "Los niños de hoy son demasiado inquietos e indisciplinados como para aprender algo."
- "Las personas asisten a la iglesia muy esporádicamente."
- "En la iglesia la educación tiene un problema de imagen. Lo que necesitamos es una campaña de relaciones públicas. ¿Qué tal si mandamos a imprimir carteles que digan: 'Yo amo la Escuela Dominical'?"

Pues bien, la educación en la iglesia en efecto tiene un problema de imagen. Desafortunadamente, la imagen que el público tiene de ella es

---

YO ♥ LA ESCUELA DOMINICAL

bastante exacta. Y el pegar hermosos letreros en carteleras o postes de alumbrado público no va a cambiar esta triste situación, de igual forma que el pegar una etiqueta nueva sobre la batería vieja y descargada de un auto no hará que el motor arranque.

No, el problema no es de relaciones públicas. Tampoco es ninguno de los problemas ya sugeridos. El problema en realidad es mucho más básico.

El problema es que:

> **Hemos perdido nuestro rumbo.**
> **Hemos olvidado el porqué estamos**
> **haciendo lo que estamos haciendo.**

BARÓMETROS EQUIVOCADOS

Estamos tan ocupados haciendo lo mismo una y otra vez que hemos perdido de vista la el objetivo. El objetivo primordial en la educación de la iglesia se ha oxidado por causa de expectativas que muy pocos se han detenido para evaluar. Estas expectativas se han convertido con frecuencia en los barómetros erróneos y metas equivocadas de los esfuerzos educativos de la iglesia. Algunos ejemplos:

- *"Los niños siguen asistiendo."* ¿Es un cuerpo en un asiento el resultado final de la educación cristiana? ¿Somos acaso meramente un lugar conveniente donde los padres pueden dejar a los niños los domingos por la mañana? La asistencia es buena; en realidad, usualmente es un prerrequisito del aprendizaje. Sin embargo, la asistencia no asegura el aprendizaje. La asistencia no es el objetivo.

- *"Nuestras clases son bien disciplinadas y tranquilas."* El silencio y la pasividad en un salón de clase usualmente indican la falta de aprendizaje. Niños tranquilos o adultos sentados en silencio mientras el maestro ofrece su conocimiento, puede que haga sentir al maestro muy bien; sin embargo, ¿estamos seguros de que alguien está aprendiendo algo? La disciplina y la tranquilidad no son el objetivo.

- *"A nuestros adolescentes realmente les encanta nuestro pastor de jóvenes."* En ocasiones esto puede ser positivo. Tal vez ayude a sus muchachos a ser receptivos al verdadero aprendizaje, si su pastor de jóvenes usa esa receptividad para ir más allá de la lisonja. No obstante, la adoración de los líderes no es el objetivo.

- *"Estamos usando materiales teológicamente sólidos."* La buena teología es buena; sin embargo, una buena medicina importa solo si alguien se la toma y se sana. Nuestros esfuerzos educativos deben ser teológicamente sanos tanto como resultar en un aprendizaje real que cambie vidas. Un programa teológicamente correcto no es el objetivo.

• *"Nos gusta nuestro plan de estudios porque las ganancias benefician a nuestra denominación."* ¿Escogería usted una escuela privada para sus hijos tomando en consideración únicamente a quién tiene que pagarle la colegiatura? No; la educación de sus hijos es demasiado importante. Lo más probable es que usted escogerá una escuela basándose en la calidad de la educación que ofrece. Las ganancias de la casa publicadora y de la denominación no son el objetivo.

• *"Nuestros maestros no se han quejado del material que estamos usando."* ¿Será este el objetivo? Imagínese que los cuartos de baño de su iglesia siempre parecieran sucios, aun inmediatamente después de que el conserje los ha limpiado. ¿Se quedaría usted conforme si al preguntarle el conserje simplemente se encogiera de hombros y le respondiera, "En mi opinión, el líquido limpiador que uso es bueno"? Claro que no; usted desea ver resultados. La conformidad de los maestros no es el objetivo.

• *"Los niños están ocupados durante toda la hora."* ¿Acaso pasaron todo el tiempo recortando etiquetas engomadas para pegar en las hojas de ejercicios que llevarán a sus casas? ¿Estuvieron acaso tratando de llenar otro crucigrama bíblico? ¿Es acaso nuestro objetivo tan sólo ocupar el tiempo... o es el estimular un aprendizaje que cambie vidas? El mantenerse ocupado no es el objetivo.

• *"Nosotros creemos en una fuerte enseñanza bíblica."* Pero, ¿se interesa acaso en un fuerte ***aprendizaje*** bíblico? Si un candidato político pronuncia discursos fogosos pero nadie vota por él, ¿de qué le sirve? Enseñar no es el objetivo.

• *"Nuestro equipo de esgrima bíblica siempre gana."* La memorización de datos bíblicos tal vez gane competencias. Pero, ¿produce acaso como resultado el tipo de aprendizaje que Jesús produjo en sus seguidores? La memorización de datos no es el objetivo.

• *"Nosotros enseñamos la historia de nuestra denominación y sus doctrinas."* Eso está bien, a menos que los estudiantes dejen de aprender las lecciones mayores. ¿De qué sirve que un soldado sepa mucho en cuanto a la historia militar de su país, en dónde se libraron las batallas y quién las ganó, pero nunca aprenda cómo disparar un fusil ni se prepare para librar una batalla real? El conocimiento histórico de la denominación no es el objetivo.

• *"Nuestros chicos están ganando muchos premios e incentivos."* Muchas iglesias reparten premios por asistencia, por traer visitantes al culto, por completar cursos, por memorizar versículos. Pero eso significa enseñar a los chicos a concentrarse en la calificación en lugar de en el proceso de aprendizaje verdadero. Ganar estrellas, caramelos y premios no es el objetivo.

• *"Nuestro pastor es un buen predicador."* Dar un buen mensaje es importante. Escribir una buena receta de comida es un buen logro, pero el cocinero no alcanza verdadero éxito sino hasta cuando alguien toma la receta y prepara un buen platillo con ella. Hablar bien no es el objetivo.

Las citas anteriores describen a una iglesia con rumbo equivocado. Mientras que los dirigentes de la iglesia deambulan por el desierto de los objetivos olvidados, millones de niños, jóvenes y adultos sufren de desnutrición espiritual. ¿Es esta desnutrición intencional? Desde luego que no. El cuerpo de Cristo tiene buenas intenciones, pero el tiempo, la tradición y la aglomeración de ocupaciones han adormecido nuestros sentidos e inutilizado nuestro buen juicio.

La iglesia no está sola en el pantano de los objetivos olvidados. Confundir las metas es algo muy común. Por ejemplo, tome el caso de un restaurante local. Llevamos a almorzar a dieciocho de nuestros empleados para celebrar la conclusión de cierto proyecto. El servicio de los camareros fue calamitoso. Esperábamos que nuestro almuerzo durara una hora, pero se extendió por más de dos horas. Esto trastornó todos nuestros compromisos de la tarde. Nos quejamos a la gerente del restaurante, quien era también la cocinera. Ella rehusó hacernos algún ajuste en la cuenta, y tampoco ofreció disculpa alguna. Insistió en que se le liquidara la cuenta en su totalidad, a pesar de saber que tenía en sus manos a dieciocho buenos clientes muy insatisfechos.

Ella perdió de vista su objetivo. Erróneamente pensó que su objetivo era cobrar en su totalidad la cuenta de todo cliente. Pero el verdadero objetivo de cualquier restaurante es lograr el negocio constante y lucrativo de clientes que vienen a comer allí repetidamente. La conducta errada de la dueña de ese restaurante resultó en dieciocho personas que pagaron en su totalidad una cuenta en particular, pero que nunca regresarán a comer allí.

OBJETIVOS PERDIDOS EN LAS ESCUELAS

Las escuelas estatales o municipales en muchos lugares proveen de otro ejemplo de objetivos olvidados. Las escuelas se han obsesionado con la uniformidad, exámenes uniformes, exámenes de llenar espacios en blanco, y un enfoque de la educación que se parece más a una fábrica de producción en masa. Han olvidado el verdadero objetivo de la educación: preparar a los muchachos y muchachas para la vida en el mundo real, e inspirarles a convertirse en personas que aprendan constante y continuamente durante toda su vida.

> **"El problema es fundamental. Ponga a veinte o más niños de más o menos la misma edad en una habitación pequeña, confínelos a un pupitre y oblíguelos a comportarse correctamente. Es como si un comité secreto, ya perdido en la historia, hubiera hecho un estudio acerca de los niños y, habiendo descubierto lo que la mayoría de ellos estaban menos dispuestos a hacer, hubiera ordenado que todos debían hacer precisamente eso."** —*Tracy Kidder, periodista.*[1]

En un esfuerzo para "regresar a lo fundamental" algunas escuelas han pasado por encima de lo verdaderamente fundamental. Por ejemplo tome la escuela en el estado de Ohio donde a los maestros les han entregado doscientas treinta "metas de rendimiento para estudiantes" en el área de la lectura. Ni una sola de esas metas está dirigida a que los estudiantes puedan aprender a amar los libros.[2]

¿Hay alguien verificando con los consumidores respecto a este costoso producto llamado la educación pública? ¿Están nuestros hijos graduándose con las habilidades y experiencias que les ayudarán a mejorar adecuadamente sus vidas en nuestro mundo de constante cambio? ¿O están saliendo de las escuelas sabiendo solamente cómo memorizar de prisa la información para un examen?

En muchos países tenemos un anticuado régimen escolar que sigue el calendario agrícola, con vacaciones en el verano para poder trabajar el campo. Pero no entendemos la ley más elemental de la agricultura. La cosecha es lo que realmente importa. Y la cosecha no se obtendrá a menos que el agricultor crea y vigile el proceso: preparar el terreno, sembrar, fertilizar, desyerbar y finalmente cosechar. Exige tiempo y cuidado. El agricultor sabe que hacer todo a la vez no servirá de nada. Si no presta atención al proceso, sino que trata de hacer todo a la vez y sembrar una semana antes de la época de la cosecha, su cosecha será muy pobre, si acaso.

Pero nuestro sistema les ha enseñado a nuestros hijos que el embutirse provisionalmente la información resulta. Lo que cuenta es la calificación obtenida en el examen. Basta llenar la cabeza a corto plazo con datos y cifras, aprender cómo adivinar las mejores respuestas en un examen de selección múltiple, y ganarle al sistema. El sistema les ha enseñado a conformarse con la calificación en lugar de con la educación.

> **"Los exámenes que los estudiantes tienen que rendir están orientados hacia los libros de texto, que son aburridos y por debajo del nivel de capacidad de los alumnos, y orientados a hojas de ejercicios. El director de mi escuela quiere exámenes que produzcan calificaciones altas porque hacen parecer bien a la escuela, o más bien a él mismo. Casi a diario se va reduciendo cualquier oportunidad que puedo hallar para involucrar a los niños en las clases, para realmente llevar a cabo algún proyecto."**
>
> —*Maestra de escuela primaria.*[3]

Uno de los más tristes comentarios sobre el sistema educativo de los Estados Unidos proviene de John Taylor Gatto, quien fue elegido como el Maestro del Año en el Estado de Nueva York en 1991:

"Poco a poco he llegado a comprender qué es lo que realmente enseño: un plan de estudios de confusión, clase social, justicia arbitraria, vulgaridad, rudeza, falta de respeto por la privacidad, indiferencia hacia la calidad y total dependencia. Enseño a cómo encajar en un mundo en el que ni yo mismo deseo vivir.

Mis órdenes como maestro son las de que los estudiantes encajen en un sistema de entrenamiento apto para animales, no las de ayudarles a encontrar su propio camino como individuos."[4]

> **"La enseñanza no ha cambiado mucho en los veinticuatro años que llevo enseñando. En algún punto del camino se nos extravió la idea o la visión de lo que quiere decir educación. Todo el sistema es anticuado."**
>
> —*Deanna Woods, maestra de secundaria de la ciudad de Portland, Oregon.*[5]

George H. Wood lo sintetiza en su libro *Schools that Work (Escuelas que resultan)*: "Durante décadas los estadounidenses han creído que grande equivale a mejor, que cobertura equivale a conocimiento, que las escuelas debieran trabajar como fábricas tanto en lo administrativo como en lo pedagógico. Prácticamente hemos aceptado sin poner en duda la forma en la que operan y se ven nuestras escuelas. Con la excepción de su resultado, es como si las escuelas fueran sagradas y no pudieran ponerse en duda su estructura y forma."[6]

Las escuelas han perdido de vista su objetivo. Se han olvidado que la cosecha es lo que en verdad importa. Se las ha llevado a creer que el objetivo de la agricultura es llevar de aquí para allá tractores viejos. Han quitado su vista de la cosecha. Desafortunadamente la iglesia ha estado arando ese mismo terreno.

CORRA DIRECTAMENTE HACIA EL OBJETIVO

Pablo les escribe a los filipenses: "No que lo haya alcanzado ya, ni que ya sea perfecto; sino que prosigo, por ver si logro asir aquello para lo cual fui también asido por Cristo Jesús. Hermanos, yo mismo no pretendo haberlo ya alcanzado; pero una cosa hago: olvidando ciertamente lo que queda atrás, y extendiéndome a lo que está delante, prosigo a la meta, al premio del supremo llamamiento de Dios en Cristo Jesús." (Flp. 3:12-14)

> **"Si usted sabe hacia dónde se dirige, tiene mejores probabilidades de llegar allí."**
> —*Anónimo.*

Mire la figura que aparece a continuación. Estúdiela cuidadosamente. ¿Qué ve?

Cuando la cara en la ilustración mira hacia la derecha es un conejo. Cuando mira hacia la izquierda es un pato. Dependiendo de la cara en la que usted se concentre, puede imaginarse el cuerpo debajo del cuello. Pero, ¿puede usted ver ambos animales al mismo tiempo? Es muy difícil. Nuestra atención tiende a escoger uno u otro.

En la iglesia se libra una batalla por nuestra atención. ¿Cual será nuestro verdadero enfoque? Sin un objetivo claramente definido nos vamos a desviar y nunca "alcanzaremos el premio." Pero si nuestro objetivo educacional es bueno y evidente para todos, transformaremos vidas con el poder del Señor.

Entonces ¿cuál es el objetivo? Miremos a nuestra gente, y a la Palabra de Dios.

Los adolescentes, niños y adultos de hoy día llegan a la iglesia con algunas necesidades educativas básicas. Tienen hambre del evangelio.

Un estudio hecho por el Search Institute (Instituto de Investigación) halló que solamente el once por ciento de los adolescentes que asisten a la iglesia tiene una fe bien desarrollada. Las cifras aumentan a solo el treinta y dos por ciento en los adultos y al treinta y nueve por ciento en maestros de educación cristiana.[7]

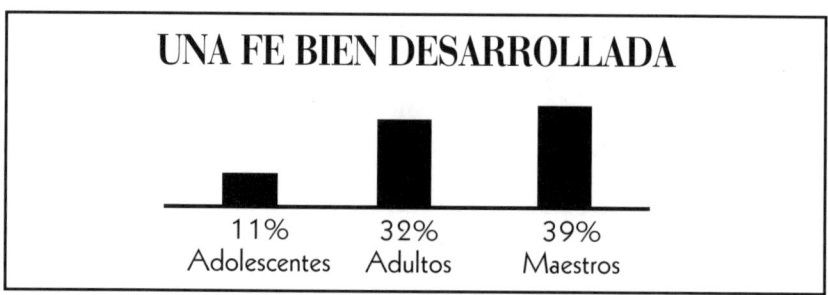

El mismo estudio reveló lo que los adultos y los adolescentes más quieren aprender en la iglesia. Usted notará que los temas básicos de la fe son una alta prioridad tanto para adultos como para adolescentes.

LOS ADULTOS QUIEREN APRENDER ACERCA DE

1. La Biblia.
2. Cómo desarrollar una relación personal con Jesús.
3. Cómo mejorar mi habilidad para mostrar amor e interés.

LOS ADOLESCENTES QUIEREN APRENDER ACERCA DE

1. Cómo hacer amigos y ser amigo.

2. Cómo conocer y amar a Jesucristo.
3. Quién es Dios.[8]

Finalmente, los dos grandes mandamientos de Jesús nos ayudan a orientarnos hacia el objetivo del aprendizaje: "Jesús le dijo: Amarás al Señor tu Dios con todo tu corazón, y con toda tu alma, y con toda tu mente. Este es el primero y grande mandamiento. Y el segundo es semejante: Amarás a tu prójimo como a ti mismo." (Mt. 22:37-39)

EVIDENCIA DE APRENDIZAJE

¿Cuál de los siguientes puntos le demostraría mejor que un estudiante ha aprendido la parábola del buen samaritano?

A. El estudiante memoriza y recita toda la parábola, palabra por palabra usando su versión preferida de la Biblia.

B. El estudiante narra la parábola en sus propias palabras.

C. El estudiante presenta un ejemplo de una persona que se portó como un "buen samaritano."

D. El estudiante decide sentarse a almorzar con un niño solitario del que se rumora que tiene SIDA.

NUESTRO OBJETIVO

Hemos resuelto que "conocer, amar y seguir a Jesús" es nuestro propio objetivo para el aprendizaje en la iglesia. Cubre los aspectos de conocimiento, de emociones y de conducta. Se orienta a los resultados y a la cosecha. Nos recuerda que el cristianismo es un estilo de vida y que nosotros, como educadores, tendremos éxito tan solo cuando el aprendizaje de nuestros estudiantes resulte en acción en la vida real y en vidas cambiadas.

Una vida que fue transformada por objetivos propiamente alineados es la de Joani. Ella creció en una zona rural de Dakota del Sur y asistía a una pequeña iglesia pastoreada por el Rvdo. Keith Johnson. Este pastor rural sabía cuál era su objetivo. Aunque Joani era a menudo la única adolescente que asistía a la iglesia, Johnson siempre puso en práctica sus planes para el ministerio a los jóvenes. Mientras que muchos otros quizás hubieran cancelado las actividades del grupo de jóvenes al tener solo un asistente, el pastor Johnson conocía que su objetivo no consistía en obtener una arbitraria cifra de asistencia. El objetivo era el crecimiento espiritual. La devoción incansable de

Johnson al verdadero objetivo dio como resultado que la niña dedicara toda su vida al servicio cristiano.

Si producimos esos resultados, muchos de los problemas mencionados en el comienzo de este capítulo se resolverán por sí mismos. ¿Se queja usted de los voluntarios y padres de hoy? Si los padres de hoy vieran evidencias de calidad —quiero decir, si percibieran que sus iglesias producen algún efecto evidente en el crecimiento espiritual de sus hijos— gustosamente ofrecerían su precioso tiempo para ayudar. Y si las clases de adultos en la iglesia afectaran en realidad la vida de las personas, las clases estarían llenas. En los Estados Unidos, en estos momentos, tan solo el veintitrés por ciento de los adultos que asisten a la iglesia van a alguna clase semanal.[9]

Así que, ¿cuál es *su* objetivo? Si un objetivo conciso no viene de inmediato a su mente, es hora de preparar uno. Luego evalúe de acuerdo a ese objetivo todo lo que usted hace. Prepárese para desechar cualquier creencia o método que consuma tiempo precioso que se pudiera usar en un progreso más directo hacia su objetivo.

La próxima sección le ayudará a determinar y poner en acción el objetivo de su iglesia para el aprendizaje.

UN OBJETIVO

"**Y amarás a Jehová tu Dios de todo tu corazón, y de toda tu alma, y con todas tus fuerzas.**"

—*Deuteronomio 6:5*

Al final de cada capítulo usted encontrará la sección "HÁGALO," con ideas de programación práctica que le ayudarán a explicar y aplicar estos principios en su iglesia.

Pues bien, usted está listo para considerar algunos cambios. Pero, ¿dónde comenzar? El siguiente es un plan, paso a paso, para trazar un objetivo que le ayudará a establecer la visión para el ministerio educacional de su congregación. El plan incorpora algunos de los principios que encontrará en los siguientes capítulos de este libro.

Este es su punto de partida. ¿En sus marcas? ¿Listo? ¡Hacia el objetivo!

CÓMO DESARROLLAR SU OBJETIVO

1. Reúna a personas que se interesan por la educación. Seleccione un grupo diverso de personas clave; los obvios y los que no tan obvios. El número puede variar desde tres hasta diez (o más). Solo recuerde que mientras más numeroso el grupo, más tiempo le va a tomar. Y eso está bien. Mientras más pequeño el grupo, menos tiempo le llevará.

Invite a los obvios:
- Los maestros de Escuela Dominical
- Los maestros de educación de adultos
- Otros ministros de la iglesia (si los hubiera)
- El superintendente o director de Escuela Dominical

Recuerde a los no tan obvios:
- Los padres interesados
- Adolescentes
- Adultos jóvenes
- Educadores de escuela pública
- Niños (¡si está dispuesto a escucharlos!)

Es importante recordar que toda persona tiene algún tipo de experiencia a nivel básico con la "escuela," ya sea esta pública o de educación cristiana. A la mayoría de nosotros se nos ha "enseñado" en un salón de clase y podemos aportar valiosas nociones adquiridas en experiencias pasadas.

Un recordatorio: Trabaje por medio de los canales apropiados de la iglesia. Gánese al liderazgo. No hay nada más frustrante que entusiasmarse en cuanto al cambio y luego atascarse por no haber contado con las personas "en autoridad."

2. Reúnanse para despertar interés y crear el objetivo. ¡Ahora comienza la diversión! Tenga una reunión de dos horas y media con la agenda que sigue. Hay mucho que tratar, así que mantenga el ritmo, y vigile bien el tiempo.

AGENDA PARA UNA REUNIÓN PARA FIJAR EL OBJETIVO

❏ Dé la bienvenida a las personas y agradézcales por dedicar tiempo para explorar el tema del aprendizaje en su iglesia.

❏ Ore pidiendo dirección y sabiduría al trabajar juntos para formular el objetivo para el aprendizaje.

❏ Explique por qué está usted interesado en estudiar los esfuerzos educativos de su iglesia. Brevemente explique un par de puntos de este libro que le hayan interesado en particular, y que le motivaron a convocar a esta reunión.

❏ Pida que los asistentes se presenten a sí mismos y mencionen algún recuerdo destacado de su iglesia o Escuela Dominical.

❏ Introduzca el tema del aprendizaje en la iglesia. Pida que dos voluntarios lean el diálogo de Thom y María que consta en la página 7.

❏ Si el grupo tiene más de seis personas, forme grupos más pequeños para que dialoguen sobre:

• **¿Qué opinan al respecto después de escuchar esa conversación?**

• **¿Cómo se asemeja esto o no a lo que ustedes piensan que la mayoría de los niños o jóvenes dirían?**

• **¿Por qué piensan que María contestó de la forma en que lo hizo?**

❏ Si formó grupos pequeños pida que una persona informe sobre el diálogo que realizó su respectivo grupo.

❏ Coloque cinco hojas de papel en la pared, habiendo copiado de antemano en cada una uno de los cinco párrafos de la sección "Señales de un barco que zozobra," que se halla en la página 8. Invite a las personas a leerlas, y pídales que se coloquen frente a la estadística que les ha sorprendido más. Pida luego que expliquen por qué escogieron esa en particular.

Haga notar que estas estadísticas pertenecen a los Estados Unidos. Pregunte si la situación en su región o localidad en particular arrojaría estadísticas similares o diferentes y por qué.

☐ Forme cuatro grupos pequeños (un grupo puede estar compuesto por una persona). Déle a cada grupo una de las cuatro citas de la sección "Palabras de Advertencia" de la página 9. Pida que cada grupo (o persona) lea la cita y piense las razones por las cuales alguien diría eso, y si la situación particular en su región o localidad sería similar o diferente. Después de varios minutos, haga que las personas informen sobre sus citas y sus razones. Pregunte qué más les gustaría añadir respecto a la condición del aprendizaje en la iglesia basándose en sus propias experiencias.

CÓMO ABRIRSE PASO

☐ Ponga varias Biblias en el suelo y diga: Hagan algo con estas Biblias. Prepárese para unas cuantas miradas desconcertantes y preguntas. Limítese a repetir: **"Hagan algo con estas Biblias."** Observe la reacción de las personas y deje que las personas hagan "lo que deseen." Después de unos minutos de confusión, detenga la acción y pida que formen parejas para dialogar sobre esta pregunta:

• **¿Cómo se sintieron cuando recibieron mis instrucciones?** (Las personas pueden decir, por ejemplo: "frustrados," "confusos," o "como enfrentando un reto.")

Pida que las parejas den sus informes. Luego pregunte:

• **¿Cómo se parece esto al aprendizaje en la iglesia?** (Por ejemplo, alguien tal vez diga: "Yo sabía que se esperaba que hiciera algo, pero no sabía qué," o "sabemos que se supone que debemos enseñar la Biblia, pero no sabemos dónde empezar.")

☐ Use las respuestas de las personas para empezar a explicar por qué opina que se debe hacer algo en cuanto al aprendizaje en la iglesia. Parafrasee porciones de este capítulo, o de la introducción si lo desea. Explique por qué es tan crucial conocer el objetivo. Por ejemplo, si usted no sabe cuál es su objetivo, se sentirá tan frustrado como en la actividad de "hagan algo con las Biblias."

☐ Entonces, *hagan* algo con las Biblias. Déle una Biblia a cada persona, y asigne estos versículos a diferentes miembros del grupo: Salmo 19:7; Salmo 119:33-35; Juan 3:16-17; Juan 14:6; Colosenses 1:28; Colosenses 4:2-4; 2 Timoteo 3:15-17; Santiago 1:18 y 1 Pedro 2:2.

Forme parejas y pida que uno de ellos le explique al otro lo que el pasaje que les tocó puede revelar sobre el aprendizaje en la iglesia. Luego pida que las personas informen al grupo entero lo que han descubierto.

❏ Este puede ser un buen momento para un receso de cinco o diez minutos.

CÓMO LLEGAR AL OBJETIVO

❏ Ahora déle a cada pareja papel y lápiz. Pídales que enumeren todos los propósitos de la educación cristiana que se les ocurra. Anímelos para que piensen muchas ideas, y sin juzgarlas en este momento.

❏ Reúna al grupo entero y en una hoja grande de papel haga una lista de las ideas que han encontrado. Anime a las personas a que añadan ideas a la lista y a que noten que hay muchas posibilidades. Escríbalas todas.

❏ Explique que muchas de las ideas son de gran valor, pero que es importante tener una dirección específica y clara. Para poner el objetivo del grupo en perspectiva reparta etiquetas engomadas circulares de como dos cm de diámetro (disponibles en las tiendas que venden artículos de oficina), de color verde, amarillo y rojo. Explique que los colores representan un semáforo.

CONSEJOS PARA EL LÍDER

Si no puede encontrar etiquetas redondas engomadas, use lápices de colores o marcadores de color verde, amarillo y rojo.

• El verde significa "avance"; es decir, algo muy importante.

• El amarillo significa "cautela"; es decir, está bien, pero no es algo tan importante en este momento.

• El rojo significa "deténgase"; es decir, no es importante en este momento.

Déle a cada persona un cierto número de etiquetas o círculos verdes, amarillos y rojos, dependiendo del largo de su lista. Por ejemplo, si tiene treinta ideas numeradas, reparta a cada persona cinco círculos o etiquetas engomadas de cada color.

❏ Invite a cada persona a ofrecer su "voto de semáforo." (Esto es muy divertido y le ofrece a cada persona oportunidad igual de opinar y participar para ordenar la lista por orden de prioridades.)

❒ Sepárese unos pasos y mire la lista. Pida la opinión del grupo sobre la lista y patrones. ¿Qué muestra esta lista sobre la dirección del objetivo de su iglesia respecto al aprendizaje?

❒ Trabajen juntos para resumir en una frase sencilla cuál debiera ser el propósito del aprendizaje en la iglesia. Esto es trabajo arduo, así que anímelos conforme trabajan juntos para completar esta frase: "El objetivo del aprendizaje en la iglesia (nombre de nuestra iglesia) es . . . ."

Explique por qué es preciso mantener conciso el objetivo: Es debido a su uso futuro como referencia y para la memorización. Demasiadas iglesias caen presas en una declaración de visión floreada y con mucha palabrería, que nadie puede recordar, y a la que nunca más hacen referencia. Como contraste, usted desea que la declaración de su objetivo sea una declaración que "trabaje," una que todos puedan recitar en una frase simple. Ayuda mucho a mantenerla ante las personas si es fácil de repetir. Es una herramienta cómoda para ayudar a mantener a la iglesia en su trayectoria. Cada vez que se tenga que tomar una decisión sobre la educación pueden regresar a esta declaración y preguntarse: "¿Ayudará esto a alcanzar nuestro objetivo?"

PARA RESUMIR

❒ Escriba el objetivo en letras grandes para que todos puedan verlo. Repítanlo juntos varias veces. (Por ejemplo, anímelos preguntándoles "¿Cuál es nuestro objetivo?") Celebre el logro dándose un aplauso ustedes mismos — ¡quizás con una ovación de pie!

❒ A continuación decidan cómo van a regar la voz sobre el objetivo que tienen y la preocupación sobre el aprendizaje en la iglesia. Pregunte si alguien desearía continuar trabajando en este asunto. Si la respuesta es afirmativa, pregunte ¿cómo?

Por ejemplo, inspire ideas ofreciendo opciones tales como:

• un equipo publicitario para promover el "objetivo"

• un equipo que estudie el problema más a fondo; quizás este libro pudiera servir como base para más exploraciones; o

• un grupo catalítico que revise lo que está sucediendo en estos momentos en su iglesia y cómo se podría mejorar.

❒ Recoja los nombres de las personas y anote lo qué cada una estaría dispuesta a hacer. Pida nombres de otras personas que pudieran contactarse en el futuro para otras responsabilidades.

❒ Terminen tomándose de las manos para elevar una oración en cadena de frases. Pida que cada persona diga una oración corta completando la frase: "Señor, ahora que tenemos un objetivo claro, ayúdanos a . . . ."

3. Perseveren en hacer lo que decidieron hacer. Después de todo el esfuerzo en su reunión para establecer el objetivo no permita que lo logrado muera al nacer. Esto es apenas el comienzo de algo grande. ¡Usted puede cambiar el porqué nadie aprende mucho de nada en su iglesia!

PONIENDO EL OBJETIVO ANTE LAS PERSONAS

Usted debe crear conciencia de la visión de su iglesia. Pruebe estas ideas.

- Inclúyalo en el boletín de la iglesia, encabezando el calendario semanal de las actividades educativas.
- Prepare carteleras o afiches informativos a colores que proclamen el objetivo, y colóquelos en las paredes de la iglesia.
- Escríbalo en la parte superior de la agenda de cada reunión de cada comité.
- Duplíquelo en tamaño pequeño y péguelo con cinta adhesiva en cada guía o revista para maestros y alumnos de la Escuela Dominical.
- Incluya el objetivo en el informe anual de la iglesia, para recordarles a los miembros en qué dirección van.
- Si tiene acceso a una computadora, prepare una banderola larga con el objetivo, y cuélguela en cada salón de clase.
- Inclúyalo en el tablero de anuncios del horario de cultos y actividades de su iglesia.
- Inclúyalo en los volantes y otra publicidad de su iglesia (si los tienen) para que los nuevos miembros sepan su objetivo.

2 CONCÉNTRESE EN EL APRENDIZAJE, EN LUGAR DE EN LA ENSEÑANZA

El predicador habló por treinta minutos. Su discurso fue sólido, teológicamente correcto en todo detalle. Dijo todo elocuentemente usando un vocabulario florido y una gramática correcta. *Enseñó* algunas cosas formidables.

Pero ¿*aprendió* alguien algo formidable? A la noche siguiente en una actividad social de la iglesia, alguien preguntó "¿De qué se trataba el sermón del pastor ayer?" Solamente dos de entre cincuenta personas tenían por lo menos una idea.

Enseñar y aprender no es lo mismo. Los publicadores de lecciones para la Escuela Dominical venden toneladas de materiales impresos que llaman material educativo. El siguiente es un ejemplo del material para estudiantes de quinto y sexto grado publicado por una conocida editorial cristiana.

¿Puedes cambiar la palabra CULPA en JÚBILO al cambiar una o dos letras a la vez?

CULPA

_ _ _ _ _

carne suave

_ _ _ _ _

molusco octópodo

_ _ _ _ _

alumno

JÚBILO

Algunos pudieran llamar a este ejercicio enseñanza ¿pero puede alguien llamarle aprendizaje? ¿Pueden estos estudiantes de quinto y sexto grado entender cómo cambiar la culpa en júbilo (sin convertirse primero en un molusco octópodo)?

Enseñar no es sinónimo de aprender.

Nuevamente, la educación cristiana no es la única con estos problemas. Nuestras escuelas han estado enseñando mucho. ¿Pero han aprendido mucho los niños? En los Estados Unidos La Evaluación Nacional del Progreso en la Educación ha encontrado que la enseñanza de matemáticas está produciendo un aprendizaje decepcionante de las matemáticas. Por ejemplo, solamente el cuarenta y cuatro por ciento de los graduados de escuela secundaria pueden calcular correctamente cuánto dinero deben recibir de vuelta si compran dos artículos para su almuerzo y pagan con tres billetes de un dólar.[1]

Albert Shanker, presidente de la Federación Estadounidense de Maestros, halló que solamente el doce por ciento de jóvenes de diecisiete años de edad son capaces de colocar seis fracciones en orden de cantidad, y que solamente el cuatro por ciento podía leer un itinerario de autobuses. Dice que solamente entre el veinte y el veinticinco por ciento de los estudiantes de hoy día puede en realidad aprender a partir de los métodos tradicionales de enseñanza.[2]

Sin embargo en la escuela y en la iglesia continuamos usando estos métodos tradicionales de enseñanza. ¿Por qué? La palabra "tradicional" probablemente lo explica. Continuamos enseñando con ciega desatención a si se aprende o no, porque así fue como nos enseñaron. Como puede verlo, aun cuando no hayamos aprendido las asignaturas en la escuela, aprendimos bien la metodología. Todos sabemos cómo se supone que debe verse una escuela. Los maestros distribuyen hojas insulsas de ejercicios y se ponen frente a los estudiantes para dispensar conocimiento.

Eso, para la mayoría de nosotros, es enseñar. Pero no es aprender. Lynn Stoddard, directora de la Alianza Estadounidense para Rediseñar la Educación, escribe en su libro *Redesigning Education (Diseñando de nuevo la educación)*:

> **"Debemos dejar el papel tradicional de 'distribuidores de conocimiento' y pasar al de modelos, mentores, organizadores de experiencias que ayuden a los estudiantes a crecer."**[3]

UNA CONJETURA PELIGROSA

Hemos estado enfrascados en la enseñanza en la iglesia por tanto tiempo que rara vez nos detenemos para evaluar nuestra eficacia. Simplemente damos por sentado que si estamos enseñando nuestro rebaño debe estar aprendiendo. Esta es una conjetura peligrosa.

Hace poco nos situamos a la salida de algunas escuelas primarias y secundarias de nuestra comunidad, y conforme los estudiantes salían les hicimos preguntas respecto a sus experiencias en sus iglesias y en la Escuela Dominical. Afortunadamente la mayoría de ellos asistían con frecuencia a las iglesias. Pero lo triste fue que casi ninguno podía recordar algo que hubiera aprendido en las clases en sus iglesias.

En una encuesta nacional llevada a cabo por la editorial Group Publishing (Editorial Acción) entre estudiantes de quinto y sexto grado, el cincuenta y cuatro por ciento no podía recordar lo que habían aprendido en la Escuela Dominical esa misma semana.

"En general se da por sentado que la enseñanza debe resultar en aprendizaje y que el aprendizaje es consecuencia de la enseñanza," escribe el profesor Frank Smith en su libro *Insult to Intelligence (Insulto a la inteligencia)*. "El problema con esta presunción es que se tiende a culpar al estudiante por no aprender. Rara vez se piensa que tal vez los maestros no están enseñando lo que piensan que están enseñando. Un programa o maestro tal vez esté enseñando "técnicas de lectura," pero el estudiante pudiera estar aprendiendo 'leer es aburrido,' o 'yo soy un tonto'."[4]

EL PLAN OCULTO DE ESTUDIOS

Si en la iglesia no estamos enseñando lo que pensamos, ¿qué *es* lo que estamos enseñando? Veamos algunas probabilidades.

LO QUE PENSAMOS QUE ESTAMOS ENSEÑANDO

Grandes dosis de la Palabra de Dios en un copioso sermón.

Ingeniosos crucigramas que enseñan las verdades eternas de Dios.

LO QUE TAL VEZ ESTÉN APRENDIENDO.

"Si Dios es tan aburrido y tedioso como este predicador, no cuenten conmigo."

"Dios y la Biblia son confusos y me esconden la verdad."

Oraciones elocuentes que reflejan la majestad de Dios.

Los estudiantes agradan a Dios sentándose tranquilos, en silencio y escuchando al maestro hablar.

"Jamás podré aprender el extraño lenguaje que Dios utiliza."

"La iglesia es un lugar donde uno se sienta ocioso mientras que otros se ocupan de pensar y hacer."

Lo que las personas en realidad aprenden en el ambiente educativo a menudo se le llama "el plan oculto de estudios." El profesor George Wood, de la Universidad de Ohio, dice: "Cuando se le recuerda a los estudiantes día tras día, año tras año, que la cosa más importante que pueden hacer en la escuela es sentarse en silencio, obedecer al maestro y repetir al pie de la letra lo que se les ha dicho, en realidad están aprendiendo patrones de pensamiento y conducta que les acompañarán toda su vida. No tenemos que ir más allá de las aulas de pasividad para encontrar una de las muchas fuentes de la pasividad cívica e intelectual de la vida cotidiana."[5]

APRENDIENDO COSAS BUENAS

Enseñar cosas buenas no es suficiente. Tenemos que asegurarnos que nuestra gente está aprendiendo cosas buenas. ¿Cómo logramos esto?

Primeramente, tenemos que desaprender la manera que se nos enseñó. Nos sentábamos callados en nuestros pupitres, en clases impecables, con maestros que nos dictaban lecciones. Pasábamos el tiempo llenando montañas de hojas de ejercicios y exámenes de llenar espacios en blanco. Rara vez trabajábamos con otros estudiantes. Memorizábamos los puntos que creíamos que el maestro quería que aprendiéramos y rara vez investigábamos lo que tal vez queríamos saber.

No debemos aceptar ciegamente esta imagen estereotipada del ambiente de aprendizaje.

Luego, como maestros debemos darnos cuenta de que no es suficiente que sepamos nuestra materia. Debemos saber cómo habilitar a nuestros estudiantes a aprender la materia y a vivirla. ¿Cuánto tiempo emplean nuestras universidades y seminarios enseñando las minuciosidades de la teoría y la teología, en lugar de ayudar a los estudiantes a aprender métodos eficaces para generar verdadero aprendizaje en sus futuras iglesias? ¿De que sirve todo nuestro conocimiento si no afecta la vida de las personas entre las cuales Dios nos ha colocado?

Jesús, el Maestro de maestros, nos da algunas claves acerca de cómo ayudar a las personas a aprender genuinamente.

LAS TÉCNICAS DE APRENDIZAJE QUE JESÚS USÓ

1. Comenzar en el contexto del alumno. Jesús usó objetos e historias que eran familiares para sus alumnos: barcos, peces, ovejas, agua, vino, pan, higueras, semillas, grano. Comenzaba donde ellos estaban. Sabía que el aprendizaje eficaz edifica sobre lo que el aprendiz ya sabe.

Podemos seguir el ejemplo de Jesús. ¿Cuáles son las herramientas familiares de un grupo de niños de tercer grado? ¡Los juguetes! Podemos utilizar estas herramientas, como lo hizo Jesús, para ayudar a los niños a aprender a partir de su propio contexto. Una Escuela Dominical llena de los objetos que les encantan a los niños se transforma en un fértil campo de aprendizaje.

¿Cuáles son los símbolos familiares para los adultos en su clase y en su congregación dominical? Las llaves de la casa, portafolios, delantales, chequeras, periódicos. Utilice estos objetos, como lo hizo Jesús, para ayudar a los adultos a aprender partiendo de su propio contexto. Traiga estos objetos a su iglesia como recursos audiovisuales para el aprendizaje.

Comenzando desde el contexto del estudiante, enfatice el aprendizaje, no la enseñanza.

2. Permitir que el alumno descubra la verdad. Jesús le dijo a Pedro que caminara sobre el agua, para que aprendiera acerca de la fe (Mt. 14:25-33). Pedro descubrió una verdad por medio de su propia experiencia. Jesús pudo sencillamente haberle dado a Pedro un discurso sobre la fe, pero Él deseaba que Pedro la *descubriera*. Después de que Jesús sacó a Pedro del agua le preguntó: "¿Por qué dudaste?" Pudo habérselo *dicho*, pero prefirió *preguntárselo*, porque quería que Pedro lo descubriera.

Podemos utilizar esta misma técnica —no necesariamente el caminar sobre agua—, sino el aprendizaje por el descubrimiento. Las personas aprenden mejor cuando descubren por sí mismas las respuestas. En el aprendizaje por el descubrimiento el maestro deja de ser la principal fuente de respuestas y se convierte más en entrenador y asesor.

Si estamos más interesados en *enseñar*, podemos decirle a nuestra clase cómo el poder de Dios y su creatividad están presentes en la naturaleza. Pero si estamos más interesados en el *aprendizaje* llevaremos al grupo fuera del salón de clases y les permitiremos que descubran las maravillas de lo que Dios creó.

En el aprendizaje por el descubrimiento el énfasis recae en el aprendizaje, no en la enseñanza.

3. Aprovechar los momentos aptos para enseñar. La mujer sorprendida en adulterio (Jn. 8:1-11). La tormenta en el lago (Lc. 8:22-25). El paralítico en la sinagoga (Mt. 12:9-13). Jesús sabía cuándo sus estudiantes estaban listos para aprender. Nunca vaciló para crear una lección a partir de lo que sucedía a su alrededor. En contraste con las anticuadas prácticas de los fariseos, Jesús sabía la diferencia entre enseñar y aprender. Cuando observaba a las personas participando en una actividad cautivante, sabía que estaban listas para aprender. Y aprovechaba la oportunidad.

En el ambiente de nuestras iglesias nosotros también podemos aprovechar los momentos aptos para enseñar. Podemos comenzar aceptando que nuestros alumnos aprenderán poco si no tienen interés o están aburridos. Cuando algo en realidad los cautiva, ya están aprendiendo. Nuestra labor como maestros es ayudarles a descubrir las sólidas verdades cristianas que se encuentran en la situación presente.

Por ejemplo, si el travieso Juan mueve la silla donde se iba a sentar la pequeña Sonia y la hace caer, ya surgió un momento de enseñanza. Olvídese del material impreso para ese día. Deje los trabajos manuales en la repisa. Todos sus alumnos están concentrados en esta pequeña que acaba de caerse al piso. Al quedar la niña con su primoroso vestido dominguero alzado, el bromista de la clase le ha robado su dignidad. Ahora sus estudiantes están listos para aprender algo. Dialogue con ellos sobre la situación. Pregunte cómo piensan que se está sintiendo Sonia. ¿Cómo se sienten ellos? ¿Por qué nos reímos del mal ajeno? ¿Podrá Sonia perdonar a Juan? ¿Por qué sí o por qué no?

Los niños nunca olvidarán una clase como esa. Tampoco olvidarán lo que aprendieron.

Cuando aprovechamos los momentos aptos para la enseñanza, el énfasis se pone en el aprendizaje y no en la enseñanza.

4. Proveer a los estudiantes la oportunidad de practicar lo aprendido. Jesús le dio instrucciones al joven rico, luego lo retó a que vendiera todas sus posesiones (Mc. 10:17-21). Jesús les enseñó a sus discípulos respecto a la traición, luego le dio a Pedro, a Judas y a los demás, la ocasión para practicar la lealtad (Mt. 26:31-49). Los fracasos de éstos durante la práctica sellaron la lección en sus memorias.

Muy pocas lecciones se quedan grabadas si no se practica lo aprendido. Usted puede escuchar una charla sobre cómo montar en bicicleta, pero si no practica nunca va a poder hacerlo. Puede leer un libro sobre cómo hacer horticultura, pero si no practica preparando en efecto la tierra y plantando las semillas, nunca podrá cosechar una hortaliza. Usted puede examinar minuciosamente la palabra "siervo" en las lecciones de su iglesia, pero si no practica el servicio nunca llegará a ser un siervo de Jesucristo.

Si estamos enseñando, en la clase o mediante un sermón, acerca de cómo decirles a otros cómo Dios está obrando en nuestra vida, tenemos que dejar que nuestra congregación lo practique. ¡Allí mismo! Podemos pedir que cada persona hable con otra y le cuente lo que Dios ha hecho por ella. Todo el mundo practica, allí mismo. Esa práctica resultará en aprendizaje genuino.

El permitir a los alumnos que practiquen lo que han aprendido pone el énfasis en el aprendizaje, no en la enseñanza.

VERIFIQUE EL APRENDIZAJE

Tristemente la mayoría de las iglesias hoy día pasan más tiempo preocupándose por la enseñanza que por el aprendizaje; y posiblemente haya una razón extendida para esto. Todo el mundo da por sentado que la enseñanza está produciendo aprendizaje. Nadie se preocupa por verificar si en realidad las personas están aprendiendo.

A decir verdad, sí se han hecho algunos intentos de verificación. Los maestros inculcan y machacan ante sus alumnos versículos bíblicos para memorizar, y buscan las respuestas que desean en las hojas de llenar espacios en blanco. Pero estas son las tácticas que usan nuestras decadentes escuelas seculares. Tales tácticas en realidad no nos dicen si nuestros estudiantes comprenden la materia de la clase o si han descubierto cómo aplicarla a la vida diaria.

Si tomáramos el tiempo para verificar en realidad el aprendizaje de nuestra congregación (o la falta del mismo), cambiaríamos al instante nuestro énfasis de la enseñanza al aprendizaje. Si los predicadores se colocaran a la entrada de la iglesia y entrevistaran respecto al sermón de la semana pasada a las personas que van llegando, cambiarían su enfoque en la predicación. Después de asistir a docenas de iglesias y escuchar cientos de sermones, ningún predicador se ha molestado en preguntarnos si el mensaje ocasionó que hubiera aprendizaje. Nadie nunca nos ha preguntado, "¿Qué recuerda del sermón de la semana pasada? ¿Cuál fue el tema principal? ¿Cómo afectó su vida? Déme un ejemplo de cómo usted ha cambiado su vida como resultado de algo que escuchó en mi sermón."

La aversión a la verificación es sistemática en toda la iglesia. Por años hemos escuchado a los ministros de jóvenes quejarse con desagrado de la preparación para la obra juvenil que recibieron en nuestras universidades cristianas y seminarios. Hemos preguntado a varias de estas instituciones cómo miden su eficacia entre los que fueron sus alumnos. ¿Contactan acaso a sus alumnos unos años después de estar ellos trabajando? ¿Les han preguntado si el plan de estudios que les exigieron cumplir los preparó para el ministerio en la vida real? ¿Piden acaso sugerencias para mejorar el aprendizaje en sus instituciones? Hemos encontrado que este tipo de verificación es raro.

Encuestas en cuanto a la satisfacción del cliente y líneas de llamadas telefónicas gratuitas para los clientes son cosas comunes en el mundo de los negocios. Incluso en el restaurante local el camarero le pregunta: "¿Cómo estuvo la comida?" Sin embargo en la iglesia evadimos averiguar la reacción de las personas.

¿Por qué? El pastor de una iglesia a la que asistíamos cierto tiempo nos dio una clave que probablemente explica una buena parte del problema. Cuando un comité que planeaba actividades a largo plazo sugirió realizar una encuesta general de toda la iglesia, el pastor rechazó la idea. "A mi no me gustan las encuestas," dijo. "Todo lo que hacen es darle a la gente una oportunidad para quejarse." A menudo no verificamos porque tenemos temor de lo que vamos a escuchar.

Sin embargo, si deseamos ayudar a nuestra gente a convertirse en seguidores de Cristo, tenemos que verificar lo que está sucediendo. Tenemos que verificar si hay en realidad aprendizaje, no solamente enseñanza. La próxima parte de este capítulo le ofrecerá algunos recursos que le ayudarán en el proceso de verificación de aprendizaje.

La sección "HÁGALO" que sigue le ofrece ideas de programación práctica que le ayudarán a explicar y aplicar estos principios en su iglesia.

Hágale frente a la cuestión de "aprendizaje *versus* enseñanza." Incluya a otros para descubrir información mediante las siguientes estrategias. Luego permita que los maestros descubran nuevas formas de cumplir su papel usando las ideas de entrenamiento que se dan más adelante.

CÓMO DESCUBRIR INFORMACIÓN

- **Pregunte a las personas qué han aprendido.** Muy a menudo olvidamos preguntar a los que reciben nuestro esfuerzo educacional qué han aprendido. Así que aquí tiene algunas formas de recopilar información de lo que sus niños, jóvenes y adultos entienden respecto a la fe cristiana.

- **Haga encuestas escritas.** Prepare un cuestionario sencillo y confidencial, y distribúyalo en una clase regular o un culto de adoración; o incluya un cuestionario junto con el boletín regular de la iglesia, si lo tiene, pidiendo que se lo llene y se lo devuelva para una fecha determinada. Revise los cuestionarios de muestra que se incluyen en las páginas 38-39. Las encuestas no tienen que ser complicadas. Distribuya por ejemplo, hojas pequeñas de papel o tarjetas de archivador para que las llenen después del sermón. Pida que las personas escriban, "Una cosa que aprendí del sermón de hoy es . . . ." O "Una cosa que voy a hacer diferente como resultado de esta lección es . . . ." Y si realmente desea correr el riesgo, ¡pregunte qué cosa recuerdan del sermón de la semana pasada!

  Esta misma técnica resulta en cuanto a las clases. Por ejemplo, pregunte: "¿Qué lección recuerda más? ¿Por qué?" o "¿Qué ha hecho durante la semana pasada como resultado de lo que aprendió?"

- **Haga entrevistas orales.** Esto puede ser muy útil, especialmente si puede grabarlas y luego hacer que los maestros y líderes de la iglesia las vean u oigan. Las cintas de video son fantásticas, y también los casetes de audio. La técnica de entrevista resulta muy bien con niños que todavía no saben leer ni escribir. (Algunas personas piensan que los niños pequeños no pueden expresar lo que han aprendido. Pero no estamos de acuerdo. ¡Algunos niños pequeños son los que han provisto más agudas percepciones!)

- **Haga contactos informales.** Use este libro como plataforma para conversaciones informales con los miembros de la iglesia y amigos. Busque alrededor suyo. Pida a las personas que le hablen en cuanto a sus experiencias de aprendizaje en la iglesia. Se sorprenderá de lo que las personas le dicen cuando se les pide que den sus opiniones sinceras.

Use la información recopilada para verificar cuánto éxito está teniendo su iglesia en sus esfuerzos educacionales. Publique los resultados. Use la información como un catalizador para las acciones de los comités o para conocer las reacciones de los maestros. Tal vez encuentre que su iglesia está haciendo un gran trabajo en el esfuerzo de alcanzar su objetivo de aprendizaje. Si no, úsela como un llamado a la acción.

CUESTIONARIO CONFIDENCIAL

¡Deseamos su opinión! Por favor, tómese unos momentos para llenar este cuestionario confidencial. Escriba sólo lo que usted recuerde. Para contestar estas preguntas no acuda a la Biblia ni a ningún otro libro como fuente de ayuda. Si no sabe la respuesta, simplemente escriba "no sé."

Cuando termine, ponga esta encuesta en el sobre que se le ha provisto y séllelo. Nadie sabrá que este es su sobre. Por favor sea sincero.

Gracias por su ayuda.

1. Piense en la última vez que usted asistió a la Escuela Dominical. ¿Qué aprendió en esa lección?
2. ¿Cómo describiría usted la Escuela Dominical y la iglesia?
3. ¿Qué tiene que hacer una persona para ir al cielo?
4. ¿Quién es Jesús?
5. ¿Por qué tuvo que morir Jesús?
6. ¿Qué sucedió con Jesús después de su muerte y sepultura?
7. ¿Qué cosa que hiciera usted haría que Dios deje de amarle?
8. ¿Quién es el Espíritu Santo?
9. ¿Cómo describiría usted a Dios?
10. En los últimos siete días, ¿ha leído la Biblia a solas? ❏ sí ❏ no
11. En los últimos siete días, ¿ha orado a solas? ❏ sí ❏ no
12. En los últimos siete días, ¿ha orado su familia junta, en otra ocasión aparte de la oración de gracias por los alimentos?
❏ sí ❏ no

• **Analice lo que está enseñando.** Junto con los maestros realice un torbellino de ideas sobre lo que ocurre durante el tiempo de una clase típica, de comienzo a fin; por ejemplo: la primera impresión que reciben los estudiantes cuando llegan, el arreglo del salón y la decoración, los métodos de enseñanza de la lección (actividades, lectura, hojas de ejercicios escritos, ejercicios de memorización, refrigerios).

Haga dos columnas en un papel o en el pizarrón. Titule la columna de la izquierda "Lo que pensamos que estamos enseñando." Titule la columna de la derecha "Lo que la gente tal vez esté aprendiendo." Cuidadosamente y

---

13. En los últimos siete días, ¿ha leído la Biblia su familia unida?
    ❐ sí ❐ no

14. ¿Cuán a menudo les habla de Dios a sus amigos?
    ❐ nunca o rara vez   ❐ algunas veces   ❐ a menudo

15. ¿Cuál de las siguientes frases describe mejor su relación con Jesucristo?
    ❐ Yo no tengo una relación real con Jesucristo
    ❐ No estoy seguro
    ❐ Ya le he entregado a Cristo mi vida

16. Piense en lo que se le enseña en las clases de la iglesia. ¿Con cuánta frecuencia esas lecciones se relacionan con la forma en que usted piensa o actúa fuera de la iglesia?
    ❐ a menudo; es decir, todas las semanas
    ❐ en ocasiones; es decir, quizás una o dos veces al mes
    ❐ rara vez; es decir, quizás una o dos veces al año
    ❐ nunca; es decir, esas lecciones no se relacionan a mi vida

17. ¿Por qué asiste a las clases en la iglesia?
    ❐ Quiero hacerlo
    ❐ Alguien me obliga a ir
    ❐ Otra _____

Gracias por tomar el tiempo de llenar esta encuesta.
Por favor envíela o entréguela a:

Se concede permiso para duplicar este cuestionario para uso de la iglesia. Derechos de propiedad intelectual. Copyright © Thom y Joani Schultz. Publicado por Editorial Acción, Box 481, Loveland, CO 80539.

con una mente abierta, analice cada segmento de la clase. Imagínese lo que está pasando por la mente y el corazón de los estudiantes. Luego escriba un símbolo de suma (+) o de resta (-) junto a cada cosa que sucede en la clase, dependiendo de cuán positiva o negativa pudiera ser para los estudiantes. Vea las ideas de las listas que se encuentran en las páginas 31-32 anteriormente en este capítulo.

Cuando concluyan el examen de la lista, dialoguen sobre: ¿Por qué fue tan difícil hacer este ejercicio? ¿Qué le sorprendió en cuanto a los signos de más y de menos? ¿Cuál es el "plan oculto de estudios" que predomina en nuestra iglesia? ¿Cuáles aspectos de aprendizaje son puntos fuertes? ¿Cuáles son puntos débiles? ¿Qué cambios se podrían hacer para dejar de enfatizar la enseñanza y empezar a recalcar el aprendizaje?

Pruebe algún domingo lo siguiente: Conforme las personas vayan llegando pregúnteles qué recuerdan del sermón de la semana anterior o de la clase de Escuela Dominical; o si no, inmediatamente después del culto, mientras las personas salen, pregúnteles: "¿Qué fue lo que quiso recalcar el pastor en su sermón?"

También es provechoso pedir a las personas que describan el aprendizaje en la iglesia. Pídales que recuerden la última vez que asistieron a la Escuela Dominical o a otra reunión de aprendizaje. ¿Qué aprendieron en esa lección? ¿Qué es lo que más recuerdan sobre la iglesia o la Escuela Dominical? ¿Cómo han cambiado sus vidas como resultado de lo que aprendieron?

Use las preguntas que se dan como ejemplos a continuación. O adapte el cuestionario que se halla en las páginas 38-39.

MÁS PREGUNTAS PARA ENTREVISTAS

- ¿Qué recuerda del sermón de la semana pasada? ¿Qué recuerda de la Escuela Dominical (o del grupo de jóvenes, o de la clase de Biblia para adultos)?
- ¿Cuál fue el tema principal de la lección?
- ¿Cómo se relacionó esa lección a su vida?
- ¿Cuál sería un ejemplo de cómo ha cambiado su vida como resultado de lo que aprendió en el sermón o clase?
- ¿Piensa usted en Dios a diario?
- ¿Cuál es la enseñanza más relevante que la iglesia le ha dado? ¿Por qué?
- ¿Qué cosa cambiaría usted en cuanto al aprendizaje en la iglesia?

ENTRENANDO A LOS MAESTROS PARA EL APRENDIZAJE

Explore el estilo de enseñanza de Jesús. Organice una clase de adultos para que exploren cómo enseñaba Jesús. Use las siguientes ocasiones de enseñanza para maestros que ahondan en "las técnicas de enseñanzas que Jesús usó" que se indican en las páginas 33-35.

ENTRENAMIENTO DEL MAESTRO, SESIÓN 1: COMENZAR CON EL CONTEXTO DEL ALUMNO

❐ Comience haciendo que cada maestro encuentre un objeto que pueda "lanzarse," algo de "su mundo," con lo que se pueda relacionar. Por ejemplo: un juego de llaves, un zapato, una billetera, un sombrero. Forme grupos de no más de seis personas. Pida que cada grupo forme un círculo y le entreguen todos los objetos a una persona en el círculo (¿Qué tal la persona que ha estado enseñando por más tiempo?). Comenzando con un objeto, haga que la persona lance ese objeto a alguien al otro lado del círculo. Deben continuar lanzando el objeto al lado opuesto del círculo hasta que regrese a la persona que originalmente lo lanzó. Una vez que el grupo ha establecido un patrón de lanzadas (cada persona siempre le lanza a una misma persona e igualmente recibe el objeto de una misma persona), lance otro objeto. Haga esto hasta que todos los objetos estén volando en el aire. ¡La situación se pondrá un poco confusa y disparatada! Después de unos minutos, detenga la actividad y pregunte:

• **¿Cómo se sintieron durante esa experiencia?** (Frustrados; enfrentando un reto; con un sentido de equipo.)

• **¿Cómo se asemeja esto a sus horarios tan atiborrados?** (Están sucediendo muchas cosas al mismo tiempo; fue mejor cuando logramos organizarnos; todos tuvimos que hacer algo para que la experiencia resultara.)

• **¿De qué manera los objetos representan cosas en sus vidas que los mantienen ocupado?** (Las llaves representan mis responsabilidades por mi familia; el zapato representa las carreras que tengo que dar de una tarea a otra.)

• **¿Qué podría ser lo que Jesús quiere decirle en cuanto a su horario?** (Anda más despacio; escoge solamente lo más importante para hacer y "echa" a un lado el resto; busca el apoyo de otras personas para enfrentar cada día.)

Examine la actividad de malabarista que acaban de usar para ayudar a las personas a evaluar sus propios horarios. ¿Qué hizo interesante la actividad? ¿Qué la hizo relevante?

Reflexione sobre el estilo de enseñanza de Jesús; Él siempre trató de alcanzar a sus oyentes relacionándolos con su propio mundo, aquello que les rodeaba. Lea o parafrasee la sección 1 de "las técnicas de aprendizaje que Jesús usó," en la página 33. Haga notar cómo la actividad usó cosas del mundo de los mismos maestros para ayudar a ilustrar un punto.

PARA PROFUNDIZAR

❒ Forme cuatro grupos. Asigne a cada grupo uno de los siguientes niveles de edad: Niños pequeños, niños de escuela primaria, jóvenes y adultos. Pida que los grupos, por separado, preparen una lista de artículos que pudieran resultar familiares en el "mundo" de cada uno según su edad. Por ejemplo, los grupos pudieran enumerar un animalito de peluche, una pelota, un tocacintas portátil, y una computadora. Pida que los grupos lean sus listas al grupo entero.

❒ Asigne a cada grupo una de estas porciones bíblicas: Mateo 5-7, Mateo 13, Mateo 18, y Mateo 25. Pida que cada grupo busque ejemplos de cómo Jesús enseñó dentro del contexto de la vida de las personas, usando objetos e historias comunes. Deben anotarlos y luego rendir un informe. Pregunte qué cosa de este ejercicio sorprendió a los maestros.

❒ Para explorar cómo fortalecer este método en el salón de clase, forme parejas y pídales que seleccionen un objeto común de la lista que prepararon. Conceda tiempo para que preparen una historia o actividad que enseñe una verdad espiritual partiendo de ese objeto o contexto. Si el tiempo le alcanza permita que los maestros prueben su nueva lección frente al grupo. Si no, al menos pídales que digan lo qué harían.

❒ Anime a los maestros a evaluar sus métodos de enseñanza. Pida que cada uno escoja una forma en la que podrían incorporar en su enseñanza el contexto de sus alumnos. Forme de nuevo las parejas y pídales que uno a otro se digan qué se proponen hacer para las próximas lecciones. Concluya la reunión pidiendo que cada uno ore por su compañero o compañera de pareja.

ENTRENAMIENTO DEL MAESTRO, SESIÓN 2: PERMITIR QUE LOS ESTUDIANTES DESCUBRAN LA VERDAD

PARA COMENZAR

❏ Antes de esta sesión prepare tiras de papel, cada una con uno de los siguientes pasajes bíblicos: Marcos 1:21-28 (Jesús asombra a las personas echando fuera a un espíritu inmundo), Marcos 2:1-12 (Jesús sana y perdona a un hombre paralítico y plantea la pregunta: "¿Qué es más fácil?"), Marcos 4:35-41 (Jesús calma una tormenta y a unos asustados discípulos), y Marcos 8:14-21 (Jesús advierte acerca de los falsos maestros, pero los discípulos no le entienden). Como parte de la diversión coloque una tira de papel con una porción bíblica dentro de un huevo plástico de color brillante, o enrolle cada tira como si fuera un rollo de pergamino, y péguelo con cinta adhesiva o anúdelo con una cinta. Esto añadirá emoción al ambiente de "descubrimiento." Escóndalos en el salón de reunión, un pasaje bíblico escondido por cada dos maestros.

❏ Pida que formen parejas. Póngale una venda sobre los ojos a una persona de cada pareja y pida que las parejas se tomen de las manos. Explique que la persona que puede ver es la "voz" y la persona que tiene los ojos cubiertos será las "manos." Al buscar el "tesoro escondido" en la habitación tienen que ayudarse mutuamente para encontrarlo. (No les diga qué cosa es el tesoro.) Deje que los maestros busquen los versículos. Cuando una pareja haya encontrado un tesoro, debe regresar a su lugar, aún tomados de la mano y uno con sus ojos cubiertos, y esperar hasta el momento de comentar sobre la experiencia.

PARA PROFUNDIZAR

❏ Cuando todos hayan encontrado un tesoro, reúna al grupo entero y dialoguen sobre lo siguiente:

• **Describan lo que sintieron durante la búsqueda.**

• **Expliquen cómo su limitación afectó cómo se sentían.**

• **Describan lo que sintieron cuando encontraron el tesoro.**

• **Digan cómo se asemeja esta experiencia a lo que sentimos cuando descubrimos algo en la Palabra de Dios.**

• **Expliquen por qué es tan importante el aprendizaje por el descubrimiento.**

☐ Pida que cada pareja le lea al grupo la porción bíblica que consta en su tesoro y que lo representen improvisadamente ante el grupo. (Si repitió el pasaje bíblico para que cada uno tuviese uno, porque el grupo era grande, pida que se unan todos los que tengan el mismo pasaje.)

PARA INFORMAR LOS DESCUBRIMIENTOS

☐ Después de que una pareja haya representado improvisadamente su historia frente al grupo entero, haga las siguientes preguntas, antes de que la siguiente pareja represente su historia:

• ¿Cuáles fueron los descubrimientos o cosas "¡ajá!" de los personajes de la historia?

• ¿Cómo usó Jesús el aprendizaje por el descubrimiento al enseñar? ¿Qué otros ejemplos de la Biblia pueden recordar cuando Jesús usó esta técnica?

☐ Resuma pidiendo a los maestros que digan cuál fue su mayor "ajá" en este entrenamiento. Termine pidiendo que cada maestro ore pidiéndole a Dios ayuda respecto a una manera específica en que añadirán en sus clases el aprendizaje por el descubrimiento.

ENTRENAMIENTO DEL MAESTRO, SESIÓN 3: APROVECHAR LOS MOMENTOS APTOS PARA LA ENSEÑANZA

PARA COMENZAR

☐ Antes de la reunión haga planes para que alguien la interrumpa. Por ejemplo, un maestro puede interrumpirle en medio de alguna explicación y decirle "¡Esto es una pérdida de tiempo!" o alguien puede fingir una caída. La idea es preparar un momento apto para la enseñanza, mientras usted está explicando lo que es un momento apto para la enseñanza. Prepare un escenario que sea creíble en cuanto a la persona que interrumpe.

☐ Dé la bienvenida a los maestros y explique o lea la sección 3 de "las técnicas de aprendizaje que Jesús usó" en la página 34. Juntos elaboren una definición de lo que es un momento apto para la enseñanza.

☐ Forme grupos de cuatro personas. Designe en cada grupo un lector, un secretario, uno que anime y uno que informe. Pida que los lectores lean la historia asignada, que los secretarios escriban las respuestas que las personas dan a las preguntas, que el que anima se asegure de que todos participen, y que el que informa rinda a todo el grupo el informe de lo que descubrieron. Asigne a cada grupo uno de los siguientes pasajes: Lucas 7:36-50 (los pies de Jesús lavados con lágrimas y perfume), Lucas 8:22-25 (Jesús calma una tormenta), Lucas 9:46-48 (los seguidores de Jesús se preguntan quién será el mayor entre ellos), Lucas 18:35-43 (Jesús hace que un ciego vea), y Lucas 22:14-20 (Jesús usa una cena para que le recuerden).

PARA PROFUNDIZAR

❒ Pida que los grupos dialoguen y luego informen sobre lo siguiente:

• **Describan el escenario y la situación.**

• **¿Cómo usó Jesús la situación como un momento apto para la enseñanza?**

• **¿Cómo piensa usted que se sentían y pensaban las personas involucradas en ese episodio?**

• **¿Qué hizo tan poderosa la enseñanza?**

❒ En algún momento durante estas preguntas déle la señal a su "actor" para que interrumpa la explicación. Siga el hilo de la interrupción hasta que note que las personas están en realidad intrigadas. Detenga la acción, y pregúnteles cómo se sintieron durante la interrupción; comparen eso que sintieron con lo que sucede con los momentos aptos para la enseñanza en el salón de clase.

PARA ALCANZAR

❒ Asigne luego a cada grupo una categoría de eventos inesperados: en el salón de clase, en la iglesia, en la comunidad, en la escuela, en el lugar de trabajo, en el hogar, y en el mundo. Dé tiempo para que realicen un torbellino de ideas en cuanto a momentos aptos para la enseñanza en esos lugares. Los ejemplos pueden incluir un problema de disciplina, alguien fastidiando a otra persona, un suicidio, alguien que es despedido de su empleo, alguien que regaña al grupo de jóvenes por ensuciar los salones de la iglesia, o alguien que se entera que no lo han aceptado en el equipo de fútbol.

❒ Pida que los grupos intercambien ideas acerca de cómo fortalecer la enseñanza incorporando lo que está sucediendo en la vida de las personas. Elabore en el pizarrón o en un papel una lista de las ideas. Cuando hayan terminado de hacer la lista póngala en el suelo. Pida que los maestros formen un círculo alrededor de ella. Pídales que uno por uno arranquen un pedazo de la lista, mientras oran pidiendo capacidad para incorporar en sus clases momentos aptos para la enseñanza. Llámela "oración de rasgado."

ENTRENAMIENTO DEL MAESTRO, SESIÓN 4: PROVEER A LOS ALUMNOS LA OPORTUNIDAD DE PRACTICAR LO QUE HAN APRENDIDO

❐ Use estas sesiones de entrenamiento de maestros para demostrar cómo los maestros pueden ayudar a los estudiantes a poner de inmediato la fe en acción. Comience con una oración y lea Juan 1:1-5. Hable sobre cómo la Palabra de Dios necesita cobrar vida y ser puesta en acción por medio de Jesucristo. Esa es la esencia de la enseñanza: cambiar vidas y ayudar a las personas a vivir el evangelio. El resto del entrenamiento mostrará cómo puede usted leer y poner en práctica la Biblia en la misma clase.

❐ Pida que un voluntario lea Filipenses 2:4. Pongan en práctica esas palabras. Pida que los maestros se vuelvan hacia un compañero y le digan:

• **¿Cómo se llama usted y cuál es su recuerdo favorito de la niñez?**
• **¿Cuál es la mayor alegría de su vida en este momento?**
• **¿Cuál es su mayor preocupación en este momento?**
• **¿Cómo podría yo brindarle apoyo en estos momentos?**

Lea de nuevo el versículo y dialoguen sobre otras formas de poner esas palabras en acción en el salón de clase.

❐ Pida que un voluntario lea 2 Corintios 4:5. Siempre les pedimos a los estudiantes que les hablen a otros de Jesús, y que cuenten de su fe. Pero, ¿cómo lo hacemos nosotros? Pida que las personas se vuelvan de nuevo a su compañero y se cuenten mutuamente cómo ha obrado Dios en sus vidas.

Encienda una vela y lea 2 Corintios 4:5-6. Agradezca a las personas por dejar que sus luces brillen como maestros.

❐ Lea Efesios 1:15-20. Divida el grupo en equipos de oración. Entonces pida que esos grupos dividan en secciones el edificio de la iglesia; por ejemplo, los salones de clases, el santuario, la cocina, la sala cuna, y las oficinas. Asigne equipos de dos o más personas para que vayan a esos lugares y oren por las personas que "hacen posible" allí que la iglesia funcione. Fije el tiempo en que todos deben estar de regreso. Pídales que indiquen cómo se sintieron al orar en realidad y en forma práctica por su iglesia.

☐ Lea Filipenses 2:5-7. Explíqueles que tendrán la oportunidad de llegar a ser siervos. Reparta botellas de limpiador de vidrios y paños. Envíe a los equipos de maestros a diferentes ventanas del edificio y pídales que limpien la mayor cantidad de vidrios posibles durante diez minutos, y luego regresen. Observe cómo reaccionan los maestros. ¿Hubo alguna muestra de descontento? ¿Lo vieron como un reto divertido? ¿Se quejaron de que se iban a ensuciar la ropa o sentir frío? Una vez que las personas hayan regresado examine la experiencia.

☐ Llegó el momento de fijar metas. Dialogue sobre la diferencia que se nota cuando se pone en práctica la Palabra de Dios. ¿Qué tipo de cosas pueden hacer ellos en el salón de clase para permitir que los participantes pongan en práctica su fe? Pídales que planeen formas específicas de permitir que se "practique" en las clases.

Pida que alguien lea Filipenses 3:12-14. Pida que cada maestro escriba y diga una meta, un compromiso que ayude a los estudiantes a practicar su fe.

PARA CELEBRAR

☐ Para concluir déle gracias a Dios. Forme seis grupos (un grupo puede ser una persona). Asigne a cada grupo uno de los siguientes pasajes bíblicos para que los lean, y luego decidan cómo podrían involucrar al resto del grupo en el agradecimiento: Salmo 92:1-2, Salmo 92:3, Salmo 92:4-5, Salmo 92:7-8, Salmo 92:12-14, y Salmo 92:15. Permita unos minutos para que planeen. Luego pida que cada grupo dé gracias haciendo participar a todos los asistentes en lo que el pasaje les inspiró a hacer.

Concluya con un canto favorito de alabanza y agradecimiento.

3 CONCÉNTRESE EN LO ESENCIAL

El aspirante a piloto se aferró a los controles mientras el avión parecía abalanzarse hacia el suelo. El instructor de vuelo a su lado hablaba con toda naturalidad del efecto de la altitud sobre la temperatura del aire. "Note cómo la temperatura se eleva, a aproximadamente un grado y medio por cada trescientos metros de altura que se desciende," dijo con calma.

El estudiante estaba aterrado. No quería oír las teorías de la temperatura. ¡Quería saber cómo hacer que el avión aterrizara!

El instructor era un hombre de mucho conocimiento. Pero en ocasiones olvidaba que sus estudiantes no tenían todavía los conocimientos básicos de cómo volar. Al maestro le entusiasmaba más pasar a explicar aspectos más interesantes de lo que ocurría al volar.

En ocasiones somos tentados a hacer lo mismo en nuestras iglesias. Nos preocupamos con tantas cosas que hay para enseñar que pasamos por alto los elementos básicos de la fe. Nos olvidamos enseñar a nuestros alumnos cómo lograr que el avión aterrice.

¿Saben ellos los elementos esenciales? Miremos algunas estadísticas:

- Una encuesta que la Editorial Group Publishing realizó en los Estados Unidos entre niños y niñas de quinto y sexto grado que asisten a la iglesia encontró que el setenta y dos por ciento no saben lo que significa el bautismo. El cuarenta por ciento no entiende lo que significa la muerte de Jesús. Tan sólo un nueve por ciento sabe quién es el Espíritu Santo, y tan solo un trece por ciento pueden citar los dos grandes mandamientos de Jesús.[1]

- Asimismo, en los Estados Unidos un sesenta y dos por ciento de los adultos que asisten a la iglesia creen que cristianos, musulmanes, budistas y otros oran al mismo Dios, de acuerdo al Grupo de Investigación Barna.[2]

- Un estudio del *Search Institute (Instituto de Investigación)* halló que el cuarenta y seis por ciento de los adolescentes que asisten a la iglesia y un sesenta y siete por ciento de los adultos que asisten a la iglesia tienen dificultad para entender la salvación como una dádiva, en lugar de como algo que se gana.[3]

Demasiadas personas en nuestras iglesias hoy día no entienden los elementos más básicos de la fe cristiana. Como educadores tenemos que aceptar una gran parte de la responsabilidad por ello. Solamente cuando cesemos de mirar afuera de nosotros mismos, comenzaremos a efectuar aprendizaje eficaz en la iglesia. Solo entonces nuestra gente comprenderá, y vivirá, los elementos esenciales de nuestra fe.

Tan sólo un cuarenta y nueve por ciento de los jóvenes que asisten a la iglesia dicen que sus iglesias le proveen buena enseñanza sobre cómo aplicar su fe a la toma diaria de decisiones.[4] Todos nosotros debemos aceptar la responsabilidad por esa estadística mediocre. Debemos mirar hacia adentro cuando tan sólo un veintiocho por ciento de los adultos creen firmemente que las iglesias en su área son relevantes a la forma que viven las personas en estos días.[5]

De alguna forma hemos diseñado un proceso educativo que permite que nuestros estudiantes se les escape lo obvio. ¿Cómo puede suceder eso? ¿Dónde nos hemos descarrilado? Hemos encontrado tres problemas de raíz:

1. Damos por sentado que hay conocimiento y comprensión donde no los hay.

2. Nos hemos dejado seducir por el método de enseñanza de "mientras más, mejor."

3. Hemos fallado al no decirle a nuestra gente qué es lo más importante.

Veamos cada uno de estos aspectos.

NO DÉ NADA POR SENTADO

En ocasiones las cosas básicas de la fe nos parecen demasiado elementales. Como educadores ansiamos pasar a cosas más interesantes. Es como si se nos hubiera anestesiado al mensaje sencillo del evangelio. Estamos adormecidos pensando que nuestra gente sabe las cosas básicas, cuando en realidad no lo saben.

La mayoría de nosotros concordaríamos en que la salvación es un concepto bastante básico y esencial de nuestra fe. Pero es peligroso dar por sentado que todos nuestros muchachos y adultos entienden la salvación.

Nuestro estudio de muchachos de quinto y sexto grado que asisten a la iglesia nos reveló algunos planes muy curiosos para obtener la vida eterna. Una niña de quinto grado dijo: "La persona va al cielo cuando tiene una personalidad agradable y sigue las reglas de Dios."

Cuando le preguntamos cuáles eran las reglas de Dios, dijo que no las sabía.

El sesenta y un por ciento de los alumnos de Escuela Dominical de quinto y sexto grado no están seguros de su relación con Jesucristo.[6]

Hace poco realizamos en nuestra iglesia un encierro de toda una noche para muchachos de los primeros cursos de escuela secundaria. El tema era el perdón. Comenzamos pidiendo que los muchachos mencionaran algunos pecados comunes. Unos cuantos ofrecieron algunas posibilidades, mientras sus compañeros discutían acaloradamente diciendo que esas cosas no eran necesariamente pecados. "¡Depende!" gritaban. Eran asuntos básicos relacionados a los Diez Mandamientos. Sin embargo los muchachos no querían permitir que se incluyeran esas cosas en la lista de pecados.

Esa parte de nuestra lección nos tomó mucho más tiempo de lo que esperábamos. Cometimos el error de dar por sentado la presencia de algunas creencias básicas. Nos equivocamos.

Más tarde en la reunión vimos las consecuencias de las creencias tergiversadas de nuestros muchachos. Habían aceptado sujetarse a un conjunto de reglas para el encierro en la iglesia. Una de las reglas estipulaba que nadie podía pasar más allá de cierta sección del edificio. Usamos cintas de papel para marcar el límite al final del pasillo. Pues bien, no transcurrió ni una hora después de que los muchachos firmaran el pacto de buen comportamiento, cuando un grupo de ellos rompió la cinta y se escaparon al otro lado del edificio.

Hicimos una reunión con todos para examinar la infracción. Todos, incluso los culpables, estuvieron de acuerdo en que se había violado los límites. Le preguntamos, "¿Qué debemos hacer respecto a esta violación de las reglas, con las cuales todos estuvimos de acuerdo?" Ellos respondieron: "Movamos los límites." De repente su problema anterior de no poder identificar ningún pecado real, se convirtió en algo aterradoramente relevante. La ignorancia que estos muchachos tienen respecto a las cosas más básicas de Dios moldea la manera en que piensan y toman decisiones diariamente.

No podemos dar por sentado que los muchachos saben las cosas esenciales. Tampoco podemos dar por sentado que los adultos las saben. Después de observar la baja asistencia a la clase de adultos en la Escuela Dominical en nuestra propia iglesia, hablamos con algunas de las personas que preferían quedarse deambulando por los pasillos. "¿Por qué no está usted en la clase que el pastor está dando en estos momentos?" fue nuestra pregunta. Algunas respuestas comunes fueron: "Me siento perdido en esa clase." "Temo que si abro mi boca en esa clase, haré el ridículo." "La última vez que fui el pastor me pidió que leyera algo de la Biblia, y no sabía dónde encontrar el pasaje. Me sentí como un tonto."

Está bien ofrecer por separado ciertos estudios avanzados para los que han dominado lo esencial. Pero siempre tenemos que recalcar lo básico para la mayoría. Hemos visto algunas iglesias que ofrecen clases de adultos sobre el medio ambiente, asuntos gubernamentales y la historia de la denominación, sin embargo descuidan temas tales como: "Introducción a Jesús," "Doctrinas bíblicas básicas," y "Cómo aplicar su fe en su trabajo."

Nuestros adultos y niños exhiben ignorancia bíblica y una fe superficial porque hemos dado por sentado que ellos saben, comprenden y aplican más de lo que en realidad saben.

MENOS ES MEJOR

Cometemos otro gran error de enseñanza cuando pensamos que mientras más material, mejor. Tratamos de embutir tanto en el cerebro de las personas, que ellas se quedan sin la más remota idea de qué es y no es esencial. En realidad cuando les lanzamos tantas pelotas para equilibrar, terminan dejándolas caer todas.

Nuestras intenciones son buenas. Tenemos tanto que dar. Nuestros adultos y niños tienen tanto que aprender. El tiempo es tan corto. Deseamos que nuestra gente lo tenga todo. Tememos de que se vayan con las manos vacías o decepcionados si no les salpicamos con todo lo que sabemos del tema.

Una vez más, nosotros en la iglesia hemos cometido el mismo error que han cometido las escuelas de nuestro país. Muchos observadores bien intencionados recalcan que nuestros muchachos necesitan "más": más ejercicios, más tareas, más exámenes uniformes. Todo esto se basa en la suposición de que mientras más información rociemos sobre nuestros muchachos habrá más aprendizaje. Pero no hay evidencia de que esto sea verdad. El profesor George Wood, de la Universidad de Ohio, dice: "Exposición no equivale a aprendizaje. Y el estar expuesto a una enseñanza ciertamente no equivale a retener la información. Hacer que los estudiantes cubran todavía más material virtualmente asegura que no se cubrirá nada a profundidad. Los estudiantes tal vez lleguen a ser buenos jugadores de programas de trivialidades en la televisión, pero serán pésimos ciudadanos y vecinos."[7]

No es ningún secreto que los estudiantes japoneses se desempeñan mejor y aprenden más que los estudiantes estadounidenses. Una razón para esto puede ser que en Japón se comprende que "menos es mejor." En los Estados Unidos se puede encontrar a niños de segundo grado empleando treinta minutos para avanzar trabajosamente por dos o tres páginas de problemas de aritmética. Sin embargo, en Japón los estudiantes pasan el mismo tiempo examinando a fondo tan solo un par de problemas, desmenuzando el proceso de razonamiento necesario para resolverlos.[8]

En una clase de lectura de primer grado en Japón, los observadores estadounidenses vieron usarse un período entero de 40 minutos en apenas veintinueve palabras que describían tan solo un episodio de una historia de doscientas cincuenta y dos palabras. Esa clase típicamente cubre solamente dos historias al mes.[9]

> **"Menos es mejor. La meticulosidad tiene más valor que la cantidad."**
> —*Ted Sizer, presidente de la Coalition of Essential Schools (Coalición de Escuelas Esenciales)*

Algunas escuelas se están dando cuenta de que menos es mejor. Mick Cummings, maestro de cuarto grado, en la escuela primaria de Amesville (Ohio) nos dice, "Nunca me preocupo en cubrir todo el material del libro . . . recorrer a la carrera un libro de texto no es la forma en la que los niños aprenden. Lo que es importante es que hagamos algunas cosas muy bien hechas y que los muchachos se entusiasmen y participen. Aprendemos cómo aprender, cómo descubrir, cuáles son los conceptos generales. Los niños obtienen las mismas calificaciones o mejores en los exámenes uniformes cuando lo hacemos de esta forma, pero ese no es el punto. El punto es que ellos están asumiendo el control de lo que aprenden,[10] y lo más probable es que aprenderán información que retendrán por toda la vida.

¿SUFICIENTE BIBLIA?

En la Editorial Group Publishing (Editorial Acción) usamos el método de "un punto, una clase" en el programa de enseñanza bíblica que hemos elaborado para niños. Los niños a menudo se pasan toda una hora examinando un corto pasaje de la Biblia, y nuestros críticos más severos aducen: "¡No hay suficiente Biblia!" Opinan que si los niños recorrieran miles de versículos por hora, entonces realmente aprenderían.

Sin embargo cubrir el material no equivale a entenderlo. Tenemos que recordar nuestro objetivo. ¿Es el objetivo rociar la mayor cantidad posible de Biblia sobre nuestros estudiantes? O, ¿es el objetivo ayudarles a comprender y aplicar verdades bíblicas a sus vidas?

Jesús nunca apresuró a sus estudiantes. Nunca intentó embutirles más de lo que podían consumir. Nunca practicó el método de "mientras más mejor." En realidad, El dijo:

> **"Tengo mucho más que decirles, pero en este momento sería demasiado para ustedes."**
> —*Juan 16:12, VP*

Muchas personas en las iglesias de hoy ignoran el método de Jesús. Perciben los estudios bíblicos y el conocimiento bíblico como varas espirituales de medida. Juzgan la fe de la persona de acuerdo al número de capítulos que consume semanalmente o el número de versículos que memoriza. Se entusiasman cuando sus estudiantes pueden citar abundantes detalles históricos del libro de Habacuc o Nahúm. Sin embargo han errado el blanco. ¿Acaso Dios tuvo la intención de que la Biblia fuera un objeto para ser adorado? ¿Es acaso nuestro objetivo final conocer datos bíblicos? Es hora de recordar el objetivo. ¿Estamos tratando de preparar a nuestros estudiantes para una competencia de trivialidades bíblicas? O, ¿estamos tratando de acercar a las personas a Dios y afectar la forma en que viven?

No aumentamos el aprendizaje embutiendo más información de la que puede digerir el limitado ángulo de atención de una persona. Acumular demasiado en una clase es como proyectar una película de largo metraje a gran velocidad. Se puede acabar de verla en poco tiempo, pero se pierde todo el impacto; y nadie se va a su casa llevando consigo alguna verdad bíblica esencial. El tiempo que pasamos con nuestros estudiantes es demasiado precioso, demasiado escaso, como para desperdiciarlo haciendo las cosas a la carrera.

Muchos maestros en las iglesias piensan que su objetivo es lograr realizar todo lo que consta en el programa impreso de una lección. Así que avanzan de prisa por la lección, pisoteando a su paso el interés y las preguntas de los estudiantes. Nadie les ha dicho nunca que el *aprendizaje* es más importante que *cubrir* todo el material.

Si en cada ocasión en que nos reunimos con nuestros estudiantes podemos ayudarles a aprender un solo punto esencial, tendremos gran éxito. Como puede ver, no es fácil comunicar *alguna cosa* que las personas puedan retener y luego poner en práctica. Tratar de lograr un aprendizaje profundo y múltiple en una hora o en media hora es un viaje por la tierra de la fantasía.

De nuevo, aquí se aplica la ley de la agricultura. Poner demasiadas semillas en un espacio reducido no produce una cosecha extraordinaria. En su lugar, plante las semillas de tal forma que cada una tenga espacio para germinar, respirar y crecer. Saque los retoños que están demasiado juntos, y deje que la planta más importante florezca; y entonces recogerá una buena cosecha.

Menos es mejor.

DIGA LO QUE ES IMPORTANTE

Otra razón por la que nuestros alumnos no saben las cosas esenciales es que nosotros simplemente no les hemos dicho lo que realmente es esencial.

Los niños y los adultos viven hoy día en un mundo vertiginoso y confuso. Son bombardeados con nueva información al punto de saturación. Nosotros simplemente no tenemos el tiempo para enseñarles todo. Ellos no tienen tiempo para aprenderlo todo. Un estudio dice que el tiempo promedio que una persona que asiste fielmente a la Escuela Dominical dedica en efecto a la educación (después de restar el tiempo que se usa para correr lista, organizarse, etc.) es de diecisiete horas al año.

Simplemente no tenemos tiempo para perder, y es injusto y poco sabio salpicar a nuestros estudiantes con información, y no decirles lo que en realidad es esencial.

Jesús les hizo saber a los fariseos cuáles eran los mandamientos más importantes (Mt. 22:34-40). ¿Por qué nosotros no les decimos a nuestros alumnos qué es lo más importante que deben aprender? De nuevo, quizás hemos aprendido algunos malos hábitos de las escuelas a las que asistimos.

Todo el sistema que usan nuestras escuelas para verificar la aptitud de los estudiantes nos enseña a diluir lo realmente importante. ¿Cuántas veces tuvo usted que rendir exámenes sobre trivialidades que ya no recuerda? ¿Por qué? Porque eran fáciles para calificar. El educador Dr. Arthur Costa nos dice: "Lo que era educativamente significativo y difícil de medir ha sido reemplazado por lo que es educativamente insignificante y fácil de medir. ¡Así que ahora medimos cuán bien hemos enseñado lo que no vale la pena aprender!"[11]

Todos nosotros aprendimos otra lección negativa en la escuela. Durante nuestros años escolares recibimos cientos de largas lecciones. ¿Cuántas veces escuchó a algún estudiante preguntar: De todo esto, qué es lo importante que debemos recordar?"

¿Y qué respondió el maestro? "Todo."

Su maestro o maestra tenían la esperanza de que usted se lo tragara todo, lo digiriera y recordara para siempre todo lo que se había dicho, todo lo que se había escrito en la pizarra y todo lo que estaba en los libros de texto. Así que usted pasaba el tiempo examinando montañas de minuciosidades sin importancia, temiendo que aparecieran en los exámenes. ¡Qué desperdicio!

Bruce Wilkinson, de Walk Through the Bible Ministries (Ministerios a través de la Biblia), cree que es responsabilidad del maestro ayudar al estudiante a escoger de entre todo el material y decir, "¡Ahora, esto sí es importante!" Cuando Wilkinson era profesor universitario se metió en problemas con los dirigentes de la institución porque sus estudiantes obtuvieron en sus exámenes calificaciones más altas que los demás. Sin embargo, esto sucedió porque él les dijo lo que era realmente importante que ellos supieran.

¿Tiene acaso su iglesia una lista de las cosas esenciales que usted piensa que todos los miembros necesitan saber de forma positiva y absoluta? ¿La tiene catalogada por niveles de edad? ¿Les participa con frecuencia a sus estudiantes lo que contiene su lista? ¿Concede usted tiempo generoso de aprendizaje a lo que es absolutamente esencial? Los estudiantes perciben que algo es valioso por la cantidad de tiempo que se le dedica al material.

Nuestra gente no sabe las cosas esenciales porque no nos molestamos en decirle qué cosas son esenciales.

El avión está cayendo en picada hacia el suelo. Los instrumentos del tablero de nuestros estudiantes giran vertiginosamente. En este momento ellos necesitan aprender lo que es más importante: cómo aterrizar. Debemos concentrarnos en lo esencial.

La sección de "HÁGALO" que sigue le ofrece ideas de programación práctica que le ayudarán a explicar y aplicar estos principios en su iglesia.

 En el esfuerzo por mejorar el aprendizaje es vital saber lo que es esencial que se debe enseñar. Tal vez todos concordemos en cuanto a las creencias cristianas básicas, sin embargo cada iglesia escoge enfatizar ciertas creencias. El problema es que cuando mezclamos las cosas básicas con lo no esencial dificultamos el aprendizaje. Para aclarar lo que las personas necesitan aprender revise las presuposiciones y recoja información. Luego ayude a los maestros a concentrarse en esos puntos importantes. Estas ideas les ayudará a lograr esto.

CÓMO DETERMINAR LAS COSAS ESENCIALES EN SU IGLESIA

1. Evite las presuposiciones. Comience aquí. Averigüe lo que las personas entienden acerca de la fe cristiana. Recoja información durante las clases bíblicas, sermones, reuniones informales, y mediante encuestas. Pida que las personas escriban en forma anónima sus respuestas a preguntas como éstas:
- En lo que respecta al evangelio me gustaría saber más de . . . .
- En cuanto a las enseñanzas de mi iglesia me gustaría saber más de . . . .
- En cuanto a la Biblia me gustaría saber más de . . . .
- ¿Por qué hacemos . . . en nuestra iglesia?
- ¿Por qué no hacemos . . . en nuestra iglesia?
- Siempre me he preguntado por qué Dios . . . .
- En mi vida diaria no entiendo cómo Dios encaja en . . . .
- Una pregunta acerca de Jesús que siempre he deseado hacer es . . . .
- Una cosa que no entiendo respecto al Espíritu Santo es . . . .
- El aprendizaje en la iglesia sería algo más relevante para mí si se tratara respecto a . . . .

Recoja las respuestas y compile una lista de ideas. Considérelas en ambientes de aprendizaje como la Escuela Dominical, clases de Biblia, sermones y cursillos.

2. Verifique lo que da por sentado. Muy a menudo pensamos que las personas ya saben lo que nosotros sabemos. Para analizar sus presuposiciones haga una lista de las cinco a diez cosas que usted está completamente seguro de que las personas en su clase o congregación saben. Para acicatear su análisis incluya frases tales como "Dios me ama," "Yo creo en Jesús como mi Salvador y Señor personal," "Dios perdona todos mis pecados," y "Cuando muera iré al cielo."

Reparta papel y lápiz y pida que las personas escriban en las hojas una lista de números de acuerdo al número de frases que usted ha preparado. Lea cada frase y su número correspondiente mientras las personas responden anónimamente a cada una, usando estos símbolos:

- Pongan un signo de exclamación (!) si están absolutamente seguros.
- Pongan un punto (.) si están medio seguros.
- Pongan un signo de interrogación (?) si no están seguros.

Tabule los resultados y use la información para planear futuras oportunidades de aprendizaje.

3. Identifique lo que es importante que se aprenda en su iglesia.
Prepare una lista de cosas esenciales de la fe, las cosas básicas. Pida que las personas las numeren en orden de importancia, o marquen las cinco más importantes.

Por ejemplo, a continuación tiene doce posibilidades (de ninguna manera es esta una lista exhaustiva; solo un comienzo):

___ Dios   ___ El pecado
___ La Biblia   ___ La iglesia
___ Jesús   ___ La oración
___ El Espíritu Santo   ___ Cómo testificar
___ La creación   ___ Servicio y evangelización
___ La naturaleza humana   ___ La eternidad

El siguiente es otro método para elaborar una lista de cosas esenciales. Añada otras de su propia cosecha:

___ Dios Todopoderoso
___ Dios, creador de los cielos y la tierra
___ Jesucristo
___ El nacimiento de Jesús
___ La vida y ministerio de Jesús
___ Sufrimiento y muerte de Jesús
___ Cielo e infierno
___ La resurrección de Jesús
___ El juicio final, los últimos días

___ El Espíritu Santo
___ La iglesia
___ La comunión de los cristianos
___ El perdón de pecados
___ La salvación
___ La vida eterna
___ Las ordenanzas de su iglesia

Observe cómo está organizada su iglesia. Enumere todas las juntas y comités (tales como el de adoración, diáconos, mayordomía, reuniones sociales o compañerismo, alcance, evangelización, educación, ministerio social). ¿Refleja cada uno una cosa esencial de la fe evangélica? Pida que un grupo analice qué es lo que sostiene su iglesia y cómo se moviliza para la acción.

4. ¿Quién aprende qué cosa, y cuándo? Una vez que ha seleccionado qué cosas esenciales enfatizar, prepare un cuadro esquemático para cada nivel de edad: niños, jóvenes y adultos. Determine las cosas esenciales que desea que su gente aprenda en cada nivel de edad. Algunos puntos pueden aparecer en el cuadro más de una vez.

Busque una forma de asegurarse de que cada nivel de edad cubra las cosas que usted considera esenciales. Use su lista como una instrumento para evaluar el plan de estudios. Imprímala para que los maestros y padres puedan verla. Refiérase a ella cuando esté planeando algo y evalúela de nuevo cada pocos años.

5. Entrene de nuevo a los maestros. Ayude a los maestros para que se sientan cómodos con la idea de que para tener éxito no tienen que completar cada detalle de la lección impreso en el manual del maestro. Explíqueles por qué "menos es mejor" en lo que respecta a enseñar las verdades bíblicas. Pida que los maestros lean las secciones de "Menos es mejor" y "¿Suficiente Biblia?" que comienzan en la página 52. Forme tríos para que dialoguen respecto a las siguientes preguntas (y den un informe a todo el grupo más tarde):

• **¿Cuál sería un ejemplo de una ocasión cuando usted aplicó el concepto de "menos es mejor" a algo que aprendió?**

• **¿Cómo mide usted el éxito en el salón de clase?**

• **¿Se siente impulsado a apresurarse para poder completar cada actividad que indica el manual del maestro? ¿Por qué sí o por qué no?**

- ¿Por qué algunas personas encuentran difícil adoptar el concepto de "menos es mejor"?
- ¿Cómo puede saber usted la diferencia entre tomarse el tiempo para entender un punto, y arrastrar inútilmente una lección?
- ¿Cuáles son los beneficios de concentrar el tiempo en *comprender*? ¿Cuáles son las desventajas?

Piensen juntos sobre un punto importante para enseñar. Luego en grupos de no más de cuatro personas piensen en las formas de hacer entender ese punto usando una variedad de métodos (por ejemplo, drama, música, arte, ritmo, marionetas, contar cuentos y proyectos de servicio).

Invite a los maestros a decir y explicar sus ideas. Forme parejas de oración con el propósito de que mutuamente se apoyen y animen a concentrarse en el concepto de "menos es mejor" en sus clases.

4 ENFATICE LA COMPRENSIÓN EN LUGAR DE LA PURA MEMORIZACIÓN

El niño de nueve años está de pie frente a su clase de Escuela Dominical frotándose la frente, con la esperanza de que ese masaje le traiga las palabras a la memoria. Los otros alumnos se mueven nerviosamente en sus asientos, sabiendo que a cada uno le llegará el turno de ponerse de pie frente a la avinagrada maestra.

La Sra. Ramos lo mira por encima de sus anteojos. —Has tenido toda una semana para aprender este versículo, Roberto. Ahora quiero oír Tito 2:13 y 14.

Robertito comienza: —"Aguardando la esperanza bienaventurada . . . . eehhh . . . buscando un pueblo propio, para toda iniquidad y celoso de buenas obras."

—El versículo no dice así, jovencito. No hay premio para ti hoy. Silvia, espero que lo hagas mejor que Roberto—, dice la Sra. Ramos.

—Sí señora—, le contesta Silvia, poniéndose de pie de un salto. —"Aguardando la esperanza bienaventurada y la manifestación gloriosa de nuestro gran Dios y Salvador Jesucristo, quien se dio a sí mismo por nosotros para redimirnos de toda iniquidad y purificar para sí un pueblo propio, celoso de buenas obras." Tito 2:13-14.

—Gracias, Silvia. Tú sí perteneces al pueblo propio de Dios—, le dice la Sra. Ramos mientras le entrega un colorido marcador de libros a la niña. Silvia rebosa de alegría mientras mira a Roberto y los demás niños que no tienen sus marcadores de libros.

¿Comprende Silvia el significado de ese pasaje de la versión Reina Valera que repitió al pie de la letra? ¿Recordará esas palabras de aquí a un mes? ¿Qué aprendió realmente Roberto a raíz de este ejercicio? ¿Cuál es el resultado neto a largo plazo de esta manera de invertir el tiempo de la clase?

ALGO CURIOSO Y PROMINENTE

La pura memorización de la Biblia ha alcanzado una curiosa prominencia en la iglesia. Es otra de aquellas metas recibidas como herencia y que muy pocos se detienen a analizar.

En la mayoría de las publicaciones para clases semanales se incluyen versículos señalados para memorizar. Muchos maestros ni siquiera considerarían comenzar o concluir sus lecciones sin un ejercicio de memorización. El único propósito por el que traen dulces u otras golosinas es el de recompensar a los niños que pueden repetir de memoria los versículos bíblicos; y el cuadro de honor de memorización a menudo ocupa el lugar más prominente en muchos salones de clase.

En una ocasión le preguntamos a un grupo de maestros: "¿Considerarían ustedes dar una clase que no contenga ningún ejercicio de memorización?" Uno de los maestros respondió al instante: "Por supuesto que no. ¿Para qué otra cosa sirve la clase?"

La práctica de obligar a los niños a memorizar porciones bíblicas se ha convertido en algo sagrado, religioso. Se ha hecho por tanto tiempo que nadie se atreve a cuestionar su validez.

Siendo nosotros autores aventureros como lo somos, nos gustaría invitarle a que piense sobre este antiguo hábito de la pura memorización. ¿Logra acaso lo que se espera que logre? ¿Vale la pena el tiempo que se le dedica? ¿Hay alguna mejor forma de hacerlo?

¿SIRVE LA MEMORIZACIÓN EN LAS ESCUELAS?

Nosotros, los adultos, atravesamos años escolares que incluyeron grandes dosis de pura memorización. Ese régimen definió la noción que tenemos de la educación. Hemos sido programados. Y décadas de este ritual han definido la forma en que los maestros de escuela y administradores de hoy moldean la escuela para los niños contemporáneos. Como resultado millones de niños se ven obligados a memorizar fechas y nombres históricos, tablas de multiplicar, y montañas de literatura.

Destreza en la memorización a corto plazo es el factor más preciado en las tareas y exámenes escolares actuales. Un examen típico descansa en recordar datos: selección múltiple, llenar espacios en blanco, y otros artificios fáciles de calificar. Los estudiantes de "éxito" son los que han dominado el sistema, y saben cómo embutirse la información. Han aprendido que la ley de la agricultura no se aplica al trabajo escolar. Hay que atiborrarse de datos, porque eso resulta. La recompensa (calificaciones) se otorga a los que pueden recordar temporalmente ciertas palabras y números.

"Son exámenes para la generación de la televisión: superficial y pasiva," dice Linda Darling-Hammond, directora de educación de la corporación RAND.[1] Su compañía, y otras miles, se preocupan por la calidad de la educación que reflejan las personas que actualmente solicitan empleo. Muchas corporaciones han recurrido a costosos programas de entrenamiento que equipen a los trabajadores con destrezas sencillas que debieron haber aprendido en la escuela. La empresas en los Estados Unidos gastan anualmente más de veinticinco mil millones de dólares en educación remediadora para sus empleados, virtualmente todos los cuales asistieron a escuelas públicas.[2]

Ahora, finalmente, muchos expertos en la educación están examinando minuciosamente y cuestionando el énfasis tan antiguo en la pura memorización. Algunas de sus observaciones son:

> **"Cuando los niños tienen que recurrir a trucos de memorización para aprobar exámenes (sobre material que no entienden), pronto lo olvidan."**
> —*Jane Healy, Endangered Minds*
> *(Mentes en peligro de extinción)*[3]

> **"Mucho del aprendizaje en los sistemas tradicionales de instrucción impuesta tiene el propósito de aprobar el siguiente examen. La información se pone dentro del 'archivador cerrado' del cerebro tan pronto como se rinde el examen, porque ya sirvió para su propósito."**
> —*Lynn Stoddard, Redesigning Education*
> *(Diseñando de nuevo la educación)*[4]

"En lugar de pensar que los niños pueden participar activamente en la construcción de su propio conocimiento, muchos autores de libros de texto ofrecen planes de estudios que dependen más en la memorización que en la comprensión."
—*Harold Stevenson y James Stigler, The Learning Gap (La brecha en el aprendizaje)*

"La pura memorización es la peor estrategia para tratar de aprender algo que no entendemos, incluidas la poesía, las tablas de multiplicar y las fechas históricas. El aprendizaje por pura memorización es la forma más difícil y la más sin sentido para aprender. Los estudiantes que usan fórmulas memorizadas sin comprenderlas cometen errores monumentales sin sospecharlo." —*Frank Smith, Insult to Intelligence (Insulto a la inteligencia)*

Algunas de las escuelas más eficaces de los Estados Unidos están poniendo ahora más énfasis en la comprensión antes que en la pura memorización. Sus alumnos están aprendiendo más y aplicando a la vida real más de ese conocimiento.

TRABAJAR POR LA GRACIA

Aquellos que son devotos del programa de memorización de la Biblia defienden fuertemente el gasto abundante de tiempo en esta actividad. A menudo citan ejemplos de sus propias vidas, mencionando ocasiones cruciales cuando recordaron alguna porción bíblica memorizada. Recordar buenas cosas es bueno; pero ¿cómo se forma esa memoria? y ¿qué prioridad recibe la comprensión?

Ningún educador creyente rebatiría el poder de la Palabra de Dios. Pero algunos pondrían en tela de duda la manera en que el pueblo de Dios maneja la Palabra de Dios.

Muchos maestros parecen estar más interesados en que los niños repitan como loros un versículo bíblico en lugar de interesarse en que los entiendan. Parece haber una creencia de que memorizar algo que no se entiende, de alguna forma mágica obrará maravillas. Así, grandes cantidades de tiempo que se pudiera usar para comprender la Palabra de Dios se usan más bien enseñando a los niños frases que parecen extrañas y confusas.

Julia, nuestra vecina, envió a sus dos hijos a la Escuela Bíblica de Vacaciones de una iglesia cercana. El primer día su hijo de ocho años regresó a la casa llorando a mares. Se sintió como extraño entre los otros niños que lucían con orgullo una cinta de premio por memorizar versículos de la Biblia. Julia nos dijo: —Algunos niños parecían como pájaros con todas las cintas que tenían—.

—Todo el programa giraba alrededor de la memorización—, comentó ella luego. —Una niña del grupo podía recitar ciento cincuenta y seis versículos de corrido—. Al principio los hijos de Julia trataron de adaptarse. Anhelaban poder ganar la hermosa cinta azul que tenía la leyenda "SALVOS POR JESÚS: 'Porque por gracia sois salvos por medio de la fe; y esto no de vosotros, pues es don de Dios.' Efesios 2:8." Los niños se esforzaron hasta muy entrada la noche ayudándose el uno al otro para memorizar el versículo que aparecía en la cinta. En su próxima visita a la iglesia se equivocaron en una palabra o dos. La maestra les dijo que si querían la hermosa "cinta de la gracia" tendrían que esforzarse más. Nunca se dio cuenta de la contradicción, el plan oculto de estudios, de trabajar para ganarse la gracia.

Los niños no volvieron. —No quieren regresar—, dijo Julia. —Ahora no recuerdan ni siquiera una sola palabra de lo que trataron de memorizar. Las maestras nunca dedicaron ni un minuto tratando de ayudar a los niños a entender los versículos. Fue una pérdida de tiempo, y alejó a mis hijos de esa iglesia.

Triste como suena, esta historia familiar no es un caso aislado.

Esteban, un editor que conocemos, recuerda un programa en una iglesia a la que asistió cuando tenía diez años. —Recuerdo la presión para que memorizáramos—, dijo. —Me sentía acribillado. Parecía que siempre estaba atrasado—. Dejó de asistir después de unos meses. —Más tarde, cada vez que pasaba por esa iglesia, sentía algo negativo por dentro. Ni siquiera quería acercarme a ella.

Juana, otra amiga nuestra, recuerda una experiencia similar de su niñez. —Fui a cierta iglesia con una amiga—, nos contó. —Todo estaba tan estructurado que me sentí fuera de lugar. Como era la primera vez que iba a la iglesia no sabía de memoria ningún versículo de la Biblia. Así que me separaron de mi amiga, la cual sí sabía sus versículos. Fui una sola vez, y jamás regresé.

Otra amiga, Olga, guarda malos recuerdos de un campamento al que asistió cuando tenía veinte años. A ella y otras tres jóvenes se les asignó que memorizaran una porción del libro de Filipenses. Trabajaron por una semana, y luego recitaron cada uno su parte ante el líder. Olga se equivocó en dos palabras, y por eso a su grupo no les dieron el premio: una camiseta del campamento. Lo que recuerda es que se echó a llorar, pero no recuerda nada del pasaje de Filipenses.

Se pueden citar, desde luego, muchas historias en las cuales los programas de memorización de las Escrituras han dado muy buenos resultados. Sin embargo, la mayoría de los escolares que hemos entrevistado no guardan sentimientos positivos hacia la memorización en la iglesia. Para la mayoría de ellos es un fastidio.

Los defensores dicen: "A los niños no les gusta cepillarse los dientes tampoco, sin embargo les obligamos a hacerlo porque es lo que les conviene. Más tarde nos lo agradecerán." ¿Es la pura memorización como la higiene dental? Hurguemos un poco más adentro.

¿POR QUÉ SE HACE ÉNFASIS EN LA PURA MEMORIZACIÓN?

Los que abogan por la memorización bíblica citan varias razones por las cuales la iglesia debe utilizar los programas de memorización. Veamos algunos de los argumentos más comunes:

1. La Biblia dice así. Un versículo que se menciona frecuentemente es el Salmo 119:11, que dice:

> "En mi corazón he guardado tus dichos,
> para no pecar contra ti."

Este versículo es provechoso porque suple una razón inmediata para su llamado a la acción. David guardó en su corazón la Palabra de Dios para no pecar. La meta era el prevenir el pecado. ¿Qué significa "guardar en el corazón los dichos de Dios"? ¿Memorizarlos? ¿Comprenderlos? ¿Qué es más importante para prevenir el pecado: la memorización al pie de la letra, o la comprensión con entendimiento? Los versículos que siguen arrojan luz sobre esto. El versículo 27 dice: "Hazme *entender* el camino de tus mandamientos, Para que medite en tus maravillas." El versículo 125: "Tu siervo soy yo, dame entendimiento para *conocer* tus testimonios." La comprensión promueve la obediencia.

Y ¿qué quiere decir "tus dichos"? El libro de Juan provee una definición de lo más poderosa:

> **"En el principio era el Verbo, y el Verbo era con Dios, y el Verbo era Dios... Y aquel Verbo fue hecho carne, y habitó entre nosotros."**—*Juan 1:1, 14*

Ahora lea de nuevo el Salmo 119:11 con esta definición de "Palabra" o "Verbo." ¿Cuánto mejor obedeceremos a Dios si tenemos en nuestro corazón al Cristo vivo?

Un loro en un almacén de animales puede memorizar y recitar Juan 3:16. Pero tan sólo los hijos de Dios, humanos, pueden conocer y comprender a Jesús, y pueden tenerlo en sus corazones.

Más allá de usar textos bíblicos de demostración, la mejor ilustración de memorización bíblica se puede hallar en la vida y enseñanzas de Jesús. Él citó de memoria las Escrituras. Usó pasajes bíblicos en su enseñanza. Esto nos indica que la memorización bíblica tiene valor. Podemos aprender varias cosas de la forma en que Jesús usó las Escrituras.

• Jesús siempre usó las Escrituras para ayudar a sus discípulos a comprender, para iluminar una situación del momento o una enseñanza. No recitó las Escrituras tan sólo por repetirlas. Su meta era la comprensión.

• Mencionó oralmente las Escrituras como verdades relevantes para los que le escuchaban, muchos de los cuales eran iletrados o no estaban familiarizados con las Escrituras. Lo que Él quería era que su pueblo comprendiera la Palabra de Dios.

• Como Maestro sabía las Escrituras, pero nunca hizo que sus discípulos realizaran ejercicios de memorización bíblica. En lugar de eso, usó su precioso tiempo para poner a la gente a pensar, y para que comprendieran la Palabra de Dios.

2. Preparación para emergencias. Los partidarios de la memorización bíblica a menudo la promueven como una herramienta útil cuando no hay una Biblia a mano. Una guía de memorización bíblica dice: "Un soldado debe conocer su rifle tan bien como para poder desarmarlo y volverlo a armar con los ojos vendados y en la oscuridad, en poco tiempo. Debemos anhelar conocer a Dios y su Palabra mucho mejor de lo que el soldado conoce su rifle."

Usando esta ilustración, ¿es el soldado capaz de armar su rifle porque lo conoce y lo comprende o porque puede recitar de memoria el manual de instrucciones palabra por palabra?

Hasta hace poco muchos maestros trataban de asustar a sus alumnos diciéndoles que los comunistas podrían venir a sus casas y arrebatarles todas las Biblias. Cuando eso suceda, razonaban, tan sólo las porciones bíblicas que estén en la memoria de los fieles podrán sobrevivir. La memorización era la única esperanza. El fin de la Guerra Fría desinfló el argumento motivador favorito de muchos maestros.

No obstante, aparte de los escenarios melodramáticos, recordar un pasaje de la Palabra de Dios puede en realidad traer consuelo y dirección en el momento de necesidad.

3. Medir el progreso de los alumnos. Muchos maestros se sienten atraídos por los ejercicios de memorización para poder evaluar el aprendizaje de los niños. El crecimiento espiritual es algo muy difícil de medir. La pura memorización es sencilla de medir. Simplemente oiga a los pequeños como escucharía a una cotorra entrenada. Cuando un loro o un niño repiten de memoria un versículo, el maestro se siente bien.

Un orador muy conocido entre los jóvenes viaja por todo el país regañando a los jóvenes porque él opina que no son lo que deben ser. Antes de revelar su forma de pensar insta a su público a cantar tonadas familiares de anuncios comerciales. Los muchachos y muchachas se le unen en una letanía de cuñas y comerciales musicales. Luego les endilga la perorata: "¡Ustedes saben las palabras del mundo, pero no la Palabra del Señor!" Palabras y versículos memorizados son la vara de medir que usa.

Los muchachos más perceptivos a menudo lo acorralan después de sus diatribas, y no sólo le explican lo que comprenden de la Palabra de Dios, sino que también le cantan las melodías de su fe. A menudo estos muchachos saben más cantos cristianos que los que este hombre sabe.

La repetición de versículos bíblicos es una forma nada confiable de medir la fe de una persona. La pura memorización es más fácil para unos que para otros. Es particularmente frustrante para aquellos cuya mente no funciona de esa manera. La memorización al pie de la letra es una destreza mental de orden inferior. No es una vara de medida espiritual. Muchas personas con una fe profunda y madura no pueden memorizar fácilmente material literario palabra por palabra, pero comprenden la Palabra de Dios y la ponen en práctica de forma poderosa.

CUANDO LA PURA MEMORIZACIÓN SE DESVIRTÚA

Los defensores de los ejercicios de pura memorización pueden hacer notar los resultados de sus programas; y de hecho lo hacen. Sin embargo cada resultado tiene su precio. Y este es el meollo real de la situación. ¿Podemos costear el precio de los resultados obtenidos?

De modo que, ¿cuál es el precio que pagamos por someter a nuestros niños a ejercicios diarios o semanales de memorización? Revisemos algunas etiquetas de precio.

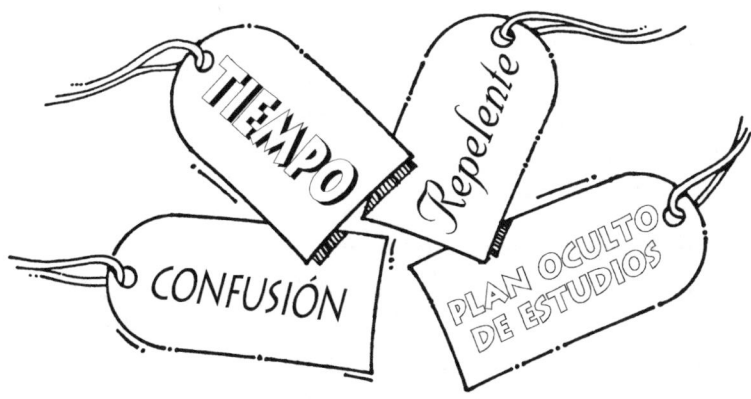

• **Tiempo**. Sabemos que nuestro tiempo con los niños en la iglesia es extremadamente limitado. Aprendimos en el último capítulo que el estudiante típico de la Escuela Dominical pasa tan solo diecisiete horas al año recibiendo instrucción bíblica. No tenemos el lujo de tener tiempo para poder enseñar todo lo que quisiéramos. Incluso los mejores maestros, con los mejores estudiantes, con los mejores materiales y el mejor ambiente, no pueden cubrir todo el material que se debiera cubrir.

Así que debemos tomar decisiones.

¿Qué vamos a hacer con nuestro recurso limitado e irrecuperable que se llama tiempo? ¿Si tuviésemos la opción (y la tenemos) entre ayudar a los niños a comprender y aplicar la Palabra de Dios o el memorizar un grupo de versículos, cuál lograría mejor nuestro objetivo en general?

"Podemos hacer ambos," dice usted. Tal vez usted pueda hacerlo. Sin embargo la investigación muestra que los niños en nuestras iglesias están calamitosamente malnutridos en lo que se refiere a la comprensión de la Palabra de Dios.

¿Valdrá ese resultado el alto precio que pagamos al restar el tiempo que podríamos usar tratando de ayudarles a comprender la Palabra de Dios?

- **Repelente**. Muchos maestros rebosan de orgullo cuando sus estudiantes llegan a la clase con sus versículos bíblicos memorizados. Esos niños "buenos" reciben aprobación y a menudo se les premia con caramelos o dulces. Pero, ¿qué tal los otros niños, los que tienen dificultad para memorizar o simplemente desprecian la presión?

Como hemos visto, a menudo dejan de venir. Muchos niños, que de otra forma hubieran aprendido acerca de Dios, sencillamente se van y nunca más regresan. Algunos jamás regresarán a ninguna iglesia.

Sí; podemos citar ejemplos de adultos que aún recuerdan esos versículos que memorizaron en la Escuela Dominical hace veinte años. Pero, ¿valen esos ejemplos aislados más que las legiones de muchachos que se perdieron? ¿Podemos costear ese precio?

- **Confusión**. Cuando enfatizamos la pura memorización por sobre la comprensión, invitamos los malos entendidos. Muchos niños repiten de memoria sus versículos semanales y no tienen la menor idea de lo que están diciendo. Otros recogen una palabra aquí y allá y sacan conclusiones peligrosas.

Un niño de quinto grado a quien entrevistamos interpretó de la siguiente manera el último versículo que había memorizado: "Es como si uno roba algo o hace algo parecido y tiene que cortarse la mano." En nuestra región hubo un niño que, repitiendo ese mismo versículo bíblico, hizo exactamente eso hace unos años.

Memorizar palabras sin comprenderlas puede ser peligroso. La memorización a ciegas puede llevar a las personas a cometer serios errores sin siquiera cuestionar sus decisiones.

Desafortunadamente este problema se acentúa con el uso de traducciones bíblicas difíciles de comprender; y parece que los más ardorosos proponentes de la memorización insisten en el uso de versiones antiguas. ¿Por qué? "Es la versión auténtica," dicen. El hecho de que una versión de la Biblia sea antigua tanto en años como en estilo no la hace necesariamente más auténtica. Los traductores de la Biblia hoy no son menos fieles a los originales que los que tradujeron la Biblia al español antiguo; pero sí tienen más conocimiento y exactitud en sus traducciones.

¿Con qué propósito se insiste que nuestros niños memoricen línea por línea una versión bíblica antigua? Si nuestro objetivo es conocer y amar a Dios, ¿qué justificación podemos dar para confundir deliberadamente a nuestros niños? El siguiente es un ejemplo de un versículo tomado de la versión Reina Valera antigua: 2 Reyes 9:8: "Y perecerá toda la casa de Achâb, y talaré de Achâb todo meante á la pared, así al guardado como al desamparado de Israel." Eso es lo que dice; búsquelo.

¿Es esta confusión beneficiosa para nuestros hijos? ¿Supone usted que este es el lenguaje que Dios quiere que nuestros hijos memoricen? El mismo versículo en la revisión de 1960, muy apropiadamente, dice: "Y perecerá toda la casa de Acab, y destruiré de Acab todo varón, así al siervo como al libre en Israel."

Memorizar sin comprender sólo produce confusión. ¿Podemos costear ese precio?

- **Plan oculto de estudios.** En el capítulo 2 tratamos sobre la diferencia entre enseñar y aprender. En ocasiones lo que las personas aprenden no se parece en nada a lo que pensamos que estamos enseñando. Ellos aprenden otras cosas sutiles que se llama el "plan oculto de estudios." ¿Cuál es el plan oculto de estudios de los ejercicios de memorización?

La importancia que ponen los maestros en la repetición de frases una y otra vez puede enviar un mensaje peligroso. Los estudiantes pueden pensar que el cristianismo es igual que el hinduismo que asigna poderes místicos a sus mantras.

Los estudiantes pueden también aprender que ser como loro es más importante que poner en práctica la Palabra de Dios. La cantidad de tiempo y el énfasis que los maestros dan a alguna actividad comunica el valor implícito en esa actividad. Los estudiantes puede derivar la conclusión de que el propósito de Dios al darnos su Palabra fue oírnos repetirla como loros en lugar de aplicarla a la vida.

¿Qué es lo que posiblemente estén aprendiendo los niños cuando reciben caramelos o regalos por memorizar un versículo? Que la Biblia no es tanto una guía para nuestras vidas sino un libro de cupones de gratificación instantánea.

También los niños más despiertos notan que la memorización de la Biblia es algo que se impone sobre los niños pero no sobre los adultos. El mensaje oculto: La Palabra de Dios es algo que no necesitarás cuando crezcas.

Por supuesto que no todos los niños son afectados por estos mensajes ocultos, pero algunos sí. ¿Podremos darnos el lujo de pagar el precio de la posibilidad de que algunos niños aprendan tales mensajes ocultos?

COMPRENDER ANTES QUE MEMORIZAR

Hay lugar para la memorización de la Biblia. Nuestra preocupación surge cuando los maestros ponen la memorización por sobre la comprensión del material.

La comprensión del material es la clave. La Biblia misma es el instrumento de Dios para ayudarnos a comprenderlo a Él y sus deseos para nosotros. Una traducción de la Biblia es la *comprensión* de alguien del original en hebreo y griego. Si verdaderamente creemos que la memorización al pie de la letra de alguna forma tiene prioridad por sobre la comprensión, entonces, ¿por qué no memorizar el hebreo o el griego? ¿Por qué confiar en la *comprensión* de otra persona de los primeros manuscritos?

Los traductores se dieron cuenta que la comprensión era más importante que los símbolos extraños en una página. ¡Por eso tradujeron!

La tarea de traducir la eterna e inmutable Palabra de Dios continúa hoy. Y los traductores viven en sus iglesias y las nuestras. Ellos son los maestros, los líderes de jóvenes, los pastores, los padres. El papel de los maestros, el papel de los padres, es el de traducir la Palabra de Dios de modo que las personas puedan comprender.

La clave es la comprensión; y si nuestro pueblo primero comprende la Palabra de Dios, con mayor probabilidad la recordarán.

"El conocimiento adquirido bajo coacción nunca se aferra en la mente."—*Platón*

Piense por un momento en la información que usted tiene al presente en su banco de memoria. Números telefónicos, direcciones, frases famosas, los ingredientes para una tortilla de huevo, y los nombres de personas, lugares y productos. Es útil que haya memorizado esta información.

¿Cómo aprendió usted estas palabras y números útiles? Pues bien, usted primero comprendió. Entendió lo que obtendría al marcar cierto número telefónico. Saboreó una tortilla de huevo y comprendió la conveniencia de poder prepararla sin tener que hurgar en un libro de recetas. Comprendió el valor de su artefacto electrodoméstico favorito e hizo la conexión de la marca con lo que usted comprendió de su valor. Su comprensión proveyó una motivación para la memorización; y su memorización no fue un trabajo arduo y difícil, sino más bien algo natural.

Debido a que lo que memorizó no fue logrado de forma forzada, se quedó con usted. Continúa siendo parte suya por cuanto tiene significado y porque usted lo usa.

¿Podremos abordar el conocimiento de la Palabra de Dios de forma similar? Por supuesto. Tome un pasaje bíblico como Romanos 8:28: "Y sabemos que a los que aman a Dios, todas las cosas les ayudan a bien, esto es, a los que conforme a su propósito son llamados." Una exploración meticulosa de este pasaje produce comprensión. Tenemos que tener cuidado al estudiar la teología. ¿Dice acaso este versículo que Dios hace que cosas malas nos sucedan tan sólo para poder venir a rescatarnos? ¿O significa que Dios toma las circunstancias que nos rodean naturalmente y crea algo bueno?

Un maestro habilidoso explorará este versículo, ayudando a los estudiantes a aplicarlo a sus propias experiencias en la vida. ¿Cómo ha tomado Dios sus circunstancias difíciles y producido resurrecciones? Los estudiantes comienzan a interpretar lo que sucede a su alrededor en su vida diaria. Ven a Dios obrando, y Romanos 8:28 cobra un significado especial. Comienzan a experimentar la libertad de Cristo; que sin que importe lo que les suceda, Dios estará con ellos y les dará paz y finalmente bien.

Recuerdan Romanos 8:28 porque tiene significado en sus vidas, porque lo usan, y porque lo comprenden.

La mayor parte del resto de este libro le suplirá estrategias que producen comprensión en sus alumnos. La comprensión de la Palabra de Dios ayudará a su gente a conocer, amar y seguir a Jesús.

> **"Una y otra vez los estudios han demostrado que memorizamos mejor cuando analizamos lo que estamos aprendiendo, encontramos sus patrones, y lo relacionamos al conocimiento que ya tenemos. En otras palabras, cuando pensamos sobre ello."**
>
> —David Perkins, *Smart Schools*
> *(Escuelas inteligentes).*[7]

> La sección de "HÁGALO" que sigue le ofrece ideas de programación práctica que le ayudarán a explicar y aplicar estos principios en su iglesia.

 Para ayudarle a recalcar la comprensión por sobre la pura memorización incluimos de seguido algunos consejos para el maestro, que puede intercalar como recordatorios para concentrarse en la comprensión.

Después de los consejos encontrará ideas que ayudarán al estudiante a comprender la Palabra de Dios mediante experiencias inolvidables de aprendizaje.

CONSEJOS DE ENTRENAMIENTO PARA EL MAESTRO

1. Rememorando los recuerdos. Permita que los maestros intercambien historias de su niñez cuando tuvieron que memorizar algo en la escuela o la iglesia. (Esto resulta mejor en parejas o tríos).

Ayude a dirigir el diálogo con preguntas que estimulan el pensamiento:

- **¿Cuáles materias eran las más fáciles para usted? ¿Cuáles las más difíciles? ¿Por qué?**
- **¿Recuerda usted haber tenido, en algún momento de su vida, que embutirse información para los exámenes? ¿Recuerda lo que se embutió? ¿Entendió la materia?**
- **¿Tuvo usted una experiencia positiva o negativa en la memorización de versículos de la Biblia durante su niñez o su adolescencia? ¿Qué produjo esa percepción?**
- **¿Tuvo usted alguna vez que memorizar algo que no entendía? ¿Cuál fue la ocasión? ¿Por qué la comprensión juega un papel clave en el aprendizaje?**

Use partes de este capítulo para provocar más diálogo. Pida que los tríos o parejas originales preparen tres preguntas para hacérselas al resto del grupo sobre el tema de la pura memorización *versus* la comprensión.

Planee y ore sobre diferentes formas de dedicar en el salón de clases tiempo para la comprensión de la Palabra de Dios.

2. Explorando el asunto. Haga copias del gráfico "¿Qué dice esto?" que está en la página 76. Pida que cada persona mire rápidamente la hoja y la lea. Pregúnteles qué dice. La mayoría de las personas leerán: "Me encanta París en la primavera." (Eso no es correcto. Hay dos "la.")

Haga notar que la mayoría de las personas no ven el segundo "la." Están tan acostumbrados a ver la frase "Me encanta París en la primavera," que no pueden imaginársela de ninguna otra forma. A esto se le llama "no ver lo obvio"; es decir, las personas están demasiado cerca como para realmente ver las cosas de alguna otra manera. Pida que los maestros comparen esa experiencia con la forma en que las personas ven el trabajo de memorizar en la iglesia. ¿Hay fallas en su manera de abordar el aprendizaje que no se las ve porque no se está viendo lo obvio?

Divida en cuatro partes la sección "Cuando la pura memorización se desvirtúa" que empieza en la página 69. Luego forme cuatro grupos (un grupo puede estar formado por una persona) y asigne a cada grupo una de las subdivisiones de "etiquetas de precio": tiempo, repelente, confusión y plan oculto de estudios. Pida que cada grupo estudie su sección y que luego presente sus descubrimientos e informe a los otros tres grupos sobre lo que dialogó. Pídales que exploren una nueva manera de mirar la comprensión bíblica en el salón de clase.

3. Obstáculos a la comprensión. La iglesia es notoria por el uso de gran cantidad de palabras extrañas que muchos no entienden. Es divertido, y sin embargo triste, cuando los maestros y los padres cuentan historias de "graciosos" malos entendidos que los niños cometen con el lenguaje.

¿QUÉ DICE ESTO?

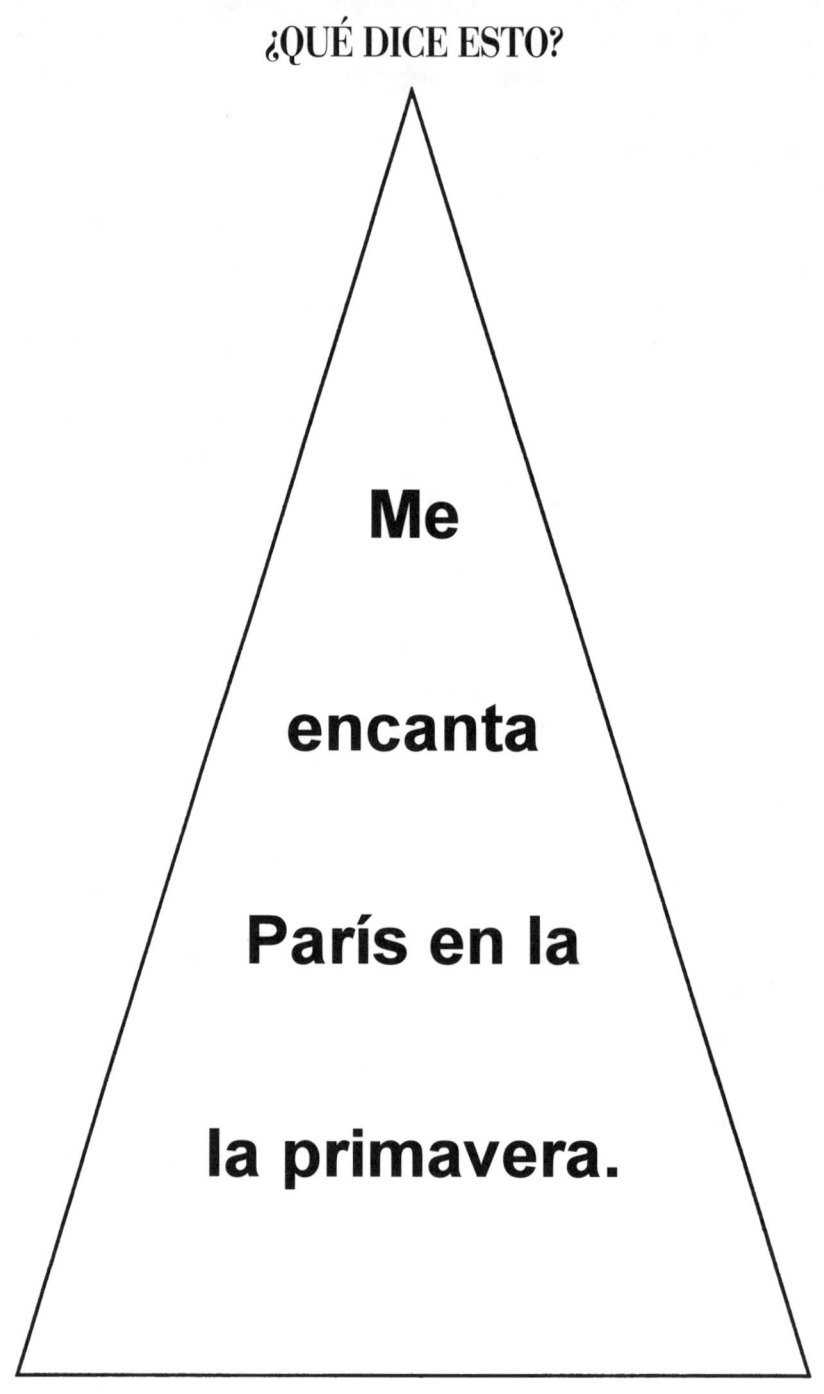

Me

encanta

París en la

la primavera.

Se otorga permiso para fotocopiar esta página para el uso de la iglesia local. Derechos reservados. Copyright © Thom y Joani Schultz. Publicado por Editorial Acción, Inc., Box 481, Loveland, CO 80539.

Por ejemplo, un niño de seis años regresó a su casa después de la Escuela Dominical, y empezó a contar la historia que había aprendido. Según el niño el Señor Jesús había visto a un hombrecito subido en un árbol, y le había dicho: "Zaqueo, bájate de rabo." Otro niño cantaba el conocido corito evangélico "Yo solo espero ese día," a su manera. Al llegar a la estrofa cuando dice: "Yo solo espero ese día cuando me levantaré de la tumba fría," concluía diciendo "calientito ya inmortal."

Pida que los maestros relaten historias semejantes de malos entendidos. Por cómicos que pudieran ser, enfatice que en lo que se refiere a la enseñanza en la iglesia lo que buscamos siempre es la claridad y la comprensión. Para acentuar la importancia de la comprensión pruebe esto:

Pida que los maestros elaboren una lista de palabras que la iglesia usa y que las personas tal vez no las escuchen en su mundo fuera de la iglesia; por ejemplo: Altísimo, justificación, redención, Deidad, resurrección, transgresiones, nuevo nacimiento. Divida las palabras entre los miembros del grupo. Pídales que realicen un torbellino de ideas respecto a formas en que se puede ayudar a los niños y a los adultos a comprender estas palabras, o que busquen maneras de usar palabras que son más reconocibles.

ACTIVIDADES PARA HACER QUE LAS SAGRADAS ESCRITURAS SE FIJEN EN LA MENTE

Ayude a los maestros a preparar sus lecciones en maneras diferentes a la pura memorización. Refuerce la comprensión de las Escrituras con actividades como las que siguen. Ellas harán que el aprendizaje sea una aventura. (Otras ideas prácticas similares aparecen en el libro *Escoja y seleccione: Ideas dinámicas para reuniones de jóvenes* y en el libro *Escoja y seleccione: Ideas dinámicas para el ministerio con los niños*, ambos publicado por Editorial Acción). Las ideas que siguen están diseñadas para niños de edad escolar pero, con las debidas adaptaciones, pueden añadir vida a las clases de los adolescentes y adultos igualmente.

AVENTURA DE APRENDIZAJE 1

VERSÍCULO BÍBLICO

"Y respondiendo el Rey, les dirá: De cierto os digo que en cuanto lo hicisteis a uno de estos mis hermanos más pequeños, a mí lo hicisteis" (Mateo 25:40).

PREPARÁNDOSE PARA LA AVENTURA

Consiga un cordel, pinzas de tendedero (puede usar alfileres), hojas de papel, y marcadores de punta fina. Cuelgue el cordel a una altura apropiada para que los niños o asistentes puedan alcanzarla con facilidad. Piense en alguna o varias agencias o instituciones en su comunidad que aceptan donativos, por ejemplo, un hospital de niños, un asilo de ancianos, un refugio gratuito para personas sin hogar.

LA AVENTURA

Pida que los niños se quiten los zapatos y los apilen en medio del salón, y que luego se sienten en un círculo alrededor de los zapatos. Pregúnteles:

- **¿Cómo sería estar sin zapatos?**
- **¿Dónde sería difícil o bochornoso ir si no tuvieran zapatos?**
- **¿Qué otra cosa, además de zapatos, necesitamos tan sólo para sobrevivir?**

Designe a dos secretarios, y déles las hojas de papel y los marcadores. A medida que los niños mencionen las necesidades diarias de la vida, los secretarios deben escribirlas en hojas separadas de papel. Otros niños pueden colgar cada hoja en el cordel. Pregunte:

- **¿Cómo piensan ustedes que se sentirían si tuvieran que vivir sin una, dos o tres de estas cosas?**

Lea Mateo 25:40. Pida que los niños lo repitan con usted. Pregunte:

- **¿Quién es el Rey en este versículo?**
- **¿Quiénes son "estos mis hermanos más pequeños"?**
- **¿Por qué piensan ustedes que Jesús dijo esto?**
- **¿Qué piensan ustedes que Jesús quiere que hagamos?**

Diga: **Jesús quiere que ayudemos a los que tienen menos que nosotros. Hoy vamos a comenzar un proyecto para recoger algo para los niños necesitados. Ustedes van a ayudar a decidir qué cosas serán. Veamos las sugerencias colgadas en el cordel, y decidiremos por votación lo que piensan que debemos recoger.**

Pida que los niños voten para escoger lo que les gustaría recolectar. Explique a dónde se van a donar los artículos recogidos.

Luego diga: **Formen parejas, y una de las personas debe colocarse de espalda a los zapatos y la otra mirando los zapatos. La persona que está de espalda a los zapatos debe describir sus propios zapatos. La persona que está mirando los zapatos buscará los zapatos que la otra persona ha descrito, y se los entregará. Luego cambiarán los papeles. ¡Adelante!**

Una vez que todos tienen de nuevo sus propios zapatos pregunte:

• ¿De qué manera el hecho de tener que depender de otra persona para que encuentre sus zapatos se parece a la manera en que los necesitados dependen de nosotros?

Lea de nuevo Mateo 25:40.

RECORDANDO LA AVENTURA

Pida que cada persona tome del cordel una pinza de tender ropa (o un alfiler) y que se la prenda a su vestido para acordarse de traer la semana siguiente los artículos para donar. Quizás usted quiera poner una nota en el boletín informativo de la iglesia (si lo tiene) para informar sobre el proyecto al resto de la congregación.

AVENTURA DE APRENDIZAJE 2

VERSÍCULO BÍBLICO

"Haciendo la paz mediante la sangre de su cruz"(Colosenses 1:20).

PREPARÁNDOSE PARA LA AVENTURA

Consiga retazos de madera, clavos y martillo, hojas de papel o tarjetas de archivador, marcadores, una cinta o disco de música de adoración para meditar y una grabadora o tocadiscos. Haga una cruz de madera de aproximadamente un metro de altura. Escriba el versículo bíblico en una tarjeta de archivador u hoja de papel y clávela en el centro de la cruz.

LA AVENTURA

Ponga la cruz de madera en el suelo y pida que los niños se sienten en círculo alrededor de ella. Pregunte:

- **¿En qué piensan ustedes al ver una cruz?**
- **¿Por qué Jesús tuvo que morir?**

Distribuya las tarjetas de archivador u hojas de papel, y pida que cada persona escriba "Jesús murió por los pecados de (su propio nombre)." Mientras que los niños escriben ponga los clavos y el martillo al lado de la cruz. Pida que los niños por turno se acerquen a la cruz, lean en voz alta el versículo, y claven sus tarjetas en la cruz. Toque suavemente música de adoración, y anime a los niños a que guarden silencio, excepto cuando lean el versículo bíblico.

Una vez que todas las tarjetas están clavadas en la cruz, pregunte:

- **¿Cómo se sintieron al clavar el clavo en la cruz?**

Lea Colosenses 1:20. Concluya la clase con una cadena de oraciones de una frase. Pida que los niños formen un círculo y que cada uno diga, "Gracias Jesús por morir por mis pecados."

RECORDANDO LA AVENTURA

Reparta los clavos que sobraron. Diga: **Pongan su clavo en algún lugar de su habitación. Cada vez que lo vean, recuerden que Jesús les ama tanto que estuvo dispuesto a morir por ustedes.**

AVENTURA DE APRENDIZAJE 3

PASAJE BÍBLICO
Jonás 1-2

PREPARÁNDOSE PARA LA AVENTURA
Se necesitan tijeras, una hoja de papel y un marcador.

LA AVENTURA
Con las tijeras y el papel en la mano, siga el diagrama que se muestra en las páginas 81-83. Luego cuente esta historia:

◿ *(Doble el papel verticalmente por la mitad).*

Un día Dios le habló a un hombre llamado Jonás, y le dijo: "Quiero que vayas a Nínive. Nínive es una ciudad llena de personas que hacen cosas muy malas. Quiero que les digas que deben empezar a hacer lo bueno."

Pero Jonás no quiso ir. ¿Ha habido alguna ocasión en la que alguno de ustedes no quiso hacer lo que se le ordenó que hiciera? ¿Qué hicieron? *(Deje que los niños respondan.)*

✂ Jonás decidió huir de Dios. Se fue a una ciudad junto al mar y se embarcó en un barco que iba a navegar muy lejos. *(Corte la figura de A a B.)*

Pero Dios sabía lo que Jonás estaba haciendo, y mandó un viento muy fuerte y una poderosa tormenta. Las olas batían contra el barco. ¿Cómo piensan que se sintieron los marineros en ese barco? *(Deje que los niños respondan.)*

✂ Los marineros temían que la nave se iba a hacer pedazos. Comenzaron a echar al mar las cajas y equipaje que había en la nave para aligerarla. *(Corte la figura de B a C.)*

✂ El capitán vino adonde estaba Jonás. "¿Por qué nos ha caído encima esta terrible tormenta?" le preguntó. "¡Ora a tu Dios. Quizás Él pueda ayudarnos!" *(Corte la figura de C a D.)*

✂ Jonás le dijo: "Yo sé por qué ha surgido esta tormenta. Es porque yo estoy huyendo de Dios." *(Corte la figura de D a E.)*

✂ "¿Qué podemos hacer?" preguntaron los marineros. *(Corte la figura de E a F.)*

✂ "Pueden echarme al mar," les dijo Jonás. *(Corte la sección G. Tome la figura de Jonás y sosténgala verticalmente, y marque los ojos de Jonás. Muestre a Jonás y mantenga la figura de la ballena horizontalmente de modo que los muchachos no se concentren en ella mientras usted cuenta la próxima sección de la historia.)*

Los marineros no querían echar a Jonás al mar. Trataron de remar para hacer que la nave volviera a tierra, pero no pudieron. La tormenta empeoró. Finalmente echaron a Jonás al mar.

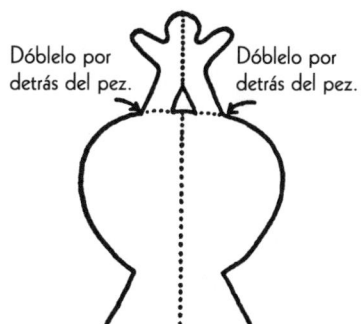

Dóblelo por detrás del pez.

Dóblelo por detrás del pez.

Enseguida la tormenta se acabó. ¡El barco y los marineros quedaron a salvo!

En cuanto a Jonás, Dios envió un enorme pez que lo tragara. *(Doble la figura de Jonás por la base de sus pies, y cierre de nuevo la figura del pez. Sostenga la figura del pez horizontalmente para mostrar el pez con Jonás adentro.)*

Sostenga el pez de lado para que "nade" con Jonás adentro.

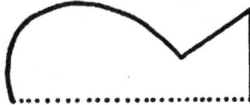

Saque a Jonás cuando el pez lo "vomita" en tierra seca.

Mientras Jonás estaba dentro del pez, oró: "Clamo a ti, Señor. Las olas me cubrieron, pero Tú me salvaste. Haré lo que me ordenaste que haga."

Entonces Dios le dijo al pez que vomitara a Jonás en tierra, y así lo hizo. ¡Jonás estaba en tierra seca de nuevo! *(Todavía sosteniendo al pez horizontalmente, saque la figura de Jonás para mostrar que el pez lo vomita.)*

Dios dijo de nuevo: "Ve a la tierra llamada Nínive y dile al pueblo lo que te mandé a decir antes."

¡En esta ocasión Jonás lo hizo!

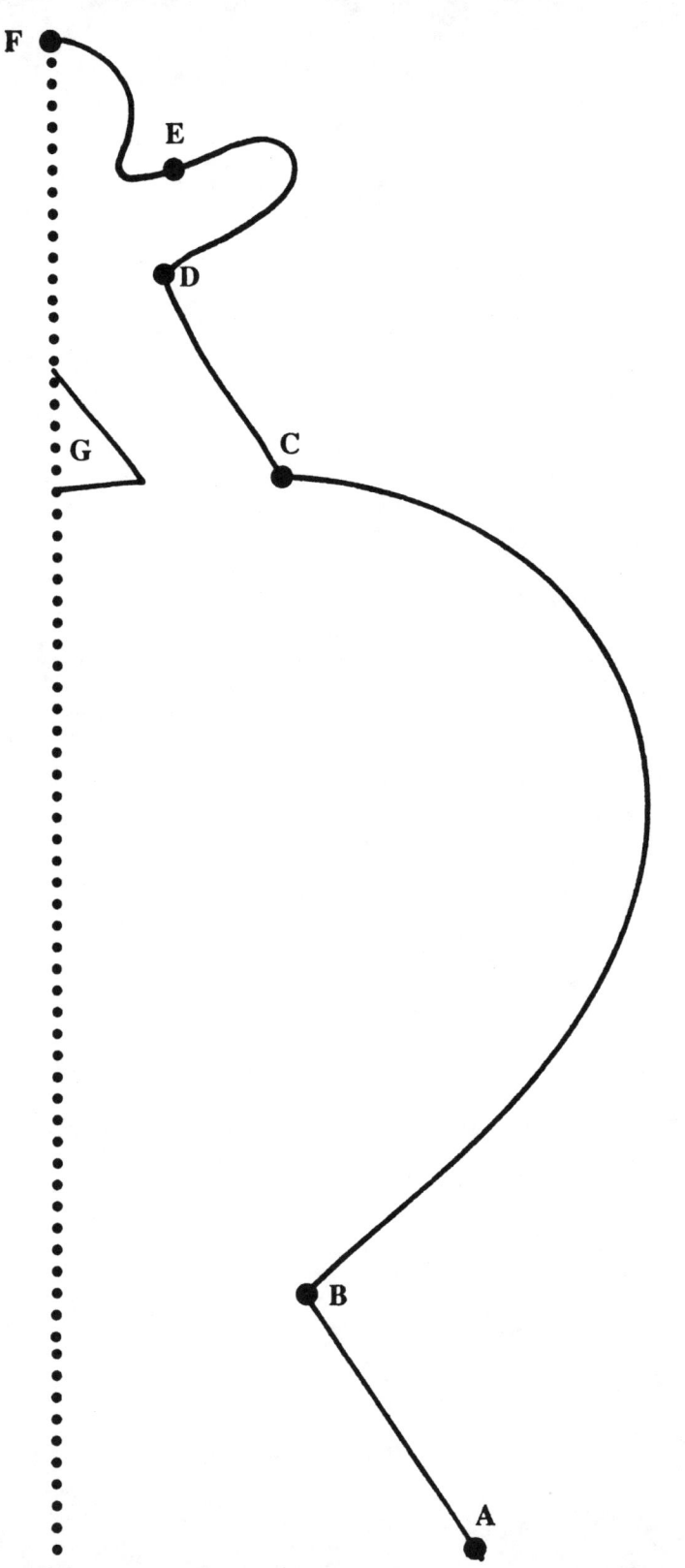

5 HAGA QUE LAS PERSONAS PIENSEN

Los estudiantes de hoy han sido entrenados a no pensar. No son menos inteligentes que las generaciones pasadas. Simplemente los hemos condicionado a que no usen su cabeza.

Tal vez usted haya oído el viejo cuento de la Escuela Dominical:

Maestra: Pues bien, niños y niñas, ¿qué cosa es peluda, tiene una cola como bolita de algodón, orejas largas, salta mucho y se mueve muy rápido?

Antonio: Me parece que suena como si fuera un conejo, pero sé que la respuesta tiene que ser Jesús.

¿Nos damos cuenta? Hemos entrenado a Antonio y sus compañeros de clase a que respondan con las respuestas simplistas que se imaginan que la maestra desea escuchar. Las revistas para el alumno repletas de ejercicios de espacios en blanco para llenar, y maestros que hacen preguntas obvias tales como: "¿Cuál es la capital de Chile?" han producido niños, y adultos, que han aprendido a no pensar. Hemos programado a los niños a buscar las respuestas rápidas en blanco y negro que los maestros quieren.

Hace poco algunos investigadores examinaron a un grupo de niños de segundo grado en la ciudad de Birmingham, Alabama, en EE. UU. Estos muchachos acababan de recibir calificaciones por encima del promedio en un examen uniforme de matemáticas. Entonces los investigadores les plantearon este problema: *Hay veintiséis ovejas y diez cabras en un barco. ¿Qué edad tiene el capitán?*

Noventa por ciento de los niños dieron la misma respuesta: treinta y seis.[1]

Hemos atrofiado el pensamiento de los niños y amortiguado su sentido común. Lo que es peor, hemos paralizado su creatividad. Están programados para repetir lo que los cuadernos de ejercicios o los maestros les han prescrito. No hay espacio en este sistema para pensar "fuera de lo establecido." Solamente di lo que el maestro quiere oír y olvídate del asunto.

Miremos a este problema típico en un libro de lectura infantil:

El equilibrista caminaba _____ en la cuerda floja.
a. balanceándose
b. horneando
c. burbujeando
d. ladrando

Los estudiantes que marcaron b, c, o d, se equivocaron. Pero ¿por qué? Piense en esas respuestas b, c, y d. Ellas despiertan en el niño pensamientos muchos más creativos que la respuesta que quiere el maestro. Pero resulta que al estudiante se le reprende por pensar, por ser creativo.

LA TIERRA DEL CONEJ-TO

A nuestros niños se les enseña desde muy temprano a no pensar. Los maestros intentan ayudar a los niños a leer con ejercicios sin sentido de llenar los espacios en blanco, crucigramas y acertijos donde faltan letras. El educador Frank Smith les llama a estos ejercicios "conej-tos." Él acuñó esta expresión después de asistir a una convención de la Asociación Internacional de Lectores. Se mostró un programa de computadora que "ayudaba a los niños a leer." La computadora les preguntaba, "¿Puedes poner la letra que falta en conej-to?"

Smith dice: "El conej-to no enseña a los niños nada en cuanto a la forma en que la gente emplea el lenguaje oral o escrito. Llenar espacios en blanco no es la manera en que alguien usa el lenguaje, hablado o escrito. Nadie nunca le dice a un niño: 'Ponte tu _____, e iremos al partido de fútbol tan pronto como adivines la palabra que falta.' El conej-to es irrelevante y engañoso."[2]

Tristemente, la iglesia ha seguido tras la educación secular en esta insensatez. En la iglesia la mayoría de planes de estudios consiste en conej-tos de pared a pared. Observe algunos de los ejemplos reales usados por editoriales denominacionales e independientes bien conocidas:

Escriba estas palabras en los espacios correctos:
perdonar confesamos pecados

Si _____ nuestros _____ a Dios, Él es fiel y justo para _____ nuestros pecados, y limpiarnos de toda maldad. 1 Juan 1:9

Lea los versículos bíblicos y descifre las palabras para contestar las preguntas respecto a confiar en Dios:

Isaías 40:28-29: ¿Qué les dará Dios a aquellos que están débiles y cansados?

ERFUZESO _____ y

UEFRAZS _____ .

Quite todas las D, P y K:

D P K D D L O S K P P D D C R E Y E N T E S K K D D P
P C O M E N Z A R O N D P K A K P D R E U N I R S E P P
K D E N K D P D K K K L A S P K D D C A T A C U M B A
S K P D K K K D D P

Los escritores de este material oscurecen la Palabra de Dios; intencionalmente esconden la verdad. Esto es lo que consume el tiempo de nuestros niños en la iglesia. ¿Y nos preguntamos por qué ellos no entienden ni siquiera los elementos básicos de nuestra fe?

Adivinanzas, acertijos, llenar espacios en blanco y mensajes en código no estimulan el pensamiento. Confunden y fastidian. Mediante este tipo de trabajo sin sentido nuestros estudiantes nunca se acercarán más a Dios. Tal vez logren, no obstante, acercarse más a ganarse un puesto de concursante en un programa de acertijos en la televisión.

LA IGLESIA QUE PIENSA

Algunos líderes de iglesia no están completamente seguros de querer que sus congregaciones piensen. Se imaginan que ya han pensado por las personas, y lo único que sus seguidores necesitan hacer es obedecerles, sin titubear.

Pero las investigaciones muestran que las iglesias que animan a las personas a pensar producen más creyentes con fe madura. Sin embargo, esas iglesias son la minoría. Sólo un cuarenta y seis por ciento de los adultos que asisten a la iglesia dicen que su iglesia los desafía a pensar. Sólo un cuarenta y dos por ciento de los adolescentes dicen que su pensamiento encuentra un desafío en la iglesia.[3] Y solamente un treinta y cinco por ciento de niños de quinto y sexto grado dicen que las clases de sus iglesias les hacen pensar.[4]

PERSONAS QUE ENCUENTRAN EN LA IGLESIA UN DESAFÍO A SU PENSAMIENTO

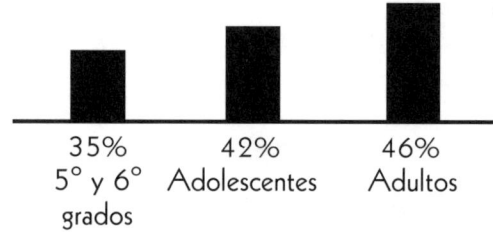

35%
5° y 6°
grados

42%
Adolescentes

46%
Adultos

El aprendizaje es consecuencia de pensar. Si nuestra gente no está pensando, entonces no está creciendo en la fe. El educador Howard Hendricks dice que la persona que asiste a la iglesia en general "no se emociona por la verdad; ella lo embalsama. El plan de estudios en las iglesias es a menudo un insulto a la inteligencia de las personas. Les estamos dando flores mustias en vez de enseñarles cómo crecer mediante la Palabra de Dios, ¡que es viva!"[5]

LAS PERSONAS QUIEREN RESPUESTAS

"Las personas de hoy quieren respuestas, y nosotros aquí en la Primera Iglesia les damos las respuestas."

Algunas iglesias proclaman esta actitud casi jactanciosa y arrogante. El mensaje parece decir: "Nuestro mundo es en blanco y negro. Venga a nuestra iglesia con sus preguntas, y nosotros rápidamente le daremos todas las respuestas correctas para que siga su camino."

Pues bien, las personas de hoy *están* buscando respuestas; pero la mayoría no están buscando respuestas rápidas y fáciles que se las entreguen personajes en autoridad. Desean *encontrar* las respuestas. Están cansados de escuchar un "simplemente hazlo porque yo lo digo."

El estudio sobre la educación cristiana del Search Institute (Instituto de Investigación) encontró que los jóvenes opinan que "enseñar cómo tomar decisiones morales" es una responsabilidad principal de la iglesia. Note que no pidieron una lista de decisiones correctas. Lo que quieren es que les enseñemos las habilidades para tomar sus propias decisiones como buenos creyentes.

A nuestro pueblo no se le necesita decir *qué* cosa pensar. Sin embargo, necesitan desesperadamente aprender *cómo* pensar dentro de un contexto bíblico.

Decirles a las personas qué cosa pensar las predispone a ser susceptibles a las influencias malsanas que les rodean. La iglesia a menudo les advierte a los adolescentes de los peligros de la presión de los amigos. Pero, ¿cuál es el resultado de la presión de sus amigos? Es el acto de basar la conducta de uno en la influencia de voces externas. Es excluir por anticipado el pensar por uno mismo. Mientras más les digamos a las personas qué pensar, menos dependerán de sus propios procesos de pensamiento. Las iglesias más autoritarias, los padres más autoritarios, producen las personas más inclinadas a ser susceptibles a la presión de sus amigos.

Ayudamos a nuestra congregación a crecer al no darles todas las respuestas, sino ayudándoles a que aprendan a pensar por sí mismos. Cuando aprenden el proceso de cómo encontrar la dirección de Dios en sus vidas, lo que aprenden les acompaña a todas partes. Son capaces de aprender y crecer aun cuando nosotros los maestros no estemos a su alrededor.

En el Japón, donde la educación ha demostrado ser más eficaz, los estudiantes aprenden a pensar. Tan temprano como en el primer grado, a los estudiantes japoneses se les da hasta una semana para resolver problemas de aritmética. Se les anima a trabajar juntos y a examinar los puntos de vista de los demás. Los maestros deliberadamente evitan darles las respuestas. Los niños aprenden, y aprenden a pensar.

> **"Demasiada 'habladuría del maestro' se interpone en el camino de un razonamiento de alto nivel porque evita que los niños piensen por sí mismos."**
> —Jane Healy, *Endangered Minds*
> (*Mentes en peligro de extinción*)⁵

JESÚS Y SUS PREGUNTAS

Jesús, el maestro por excelencia, mostró la determinación de hacer que sus discípulos pensaran por sí mismos. Hasta hoy sus seguidores contemplan y meditan sobre las enseñanzas de Jesús. Esa es precisamente la forma en que Él lo planeó.

Jesús a menudo rehusó dar una respuesta directa a una pregunta directa. Un experto en la ley mosaica le preguntó en una ocasión, "¿Quién es mi prójimo?" En vez de darle una respuesta directa Jesús le contó la historia de un samaritano (Lc. 10:29-37).

Jesús usó parábolas para poner a la gente a pensar, y solamente en raras ocasiones le explicó a su público el significado de sus historias. Quería que ellos pensaran. Aún hoy la lucha mental que libramos nos ayuda a extraer ricos mensajes de las parábolas de Jesús. Crecemos más debido a que nos enfrascamos en este proceso de pensamiento.

Muchos predicadores contemporáneos también usan parábolas. Les llaman ilustraciones en sus sermones, pero pocos predicadores exhiben la fe en su oyentes como lo hiciera Jesús. En vez de decir sus historias y seguir al siguiente punto del sermón, usualmente pasan a explicar la historia. Su convicción de que la congregación no está capacitada para pensar es una profecía que se cumple por sí misma. Mientras el Rvdo. Pérez siga explicando sus ilustraciones, nadie necesita pensar. Daría lo mismo apagar el cerebro.

Jesús, por otro lado, creía en la capacidad de sus oyentes para pensar, y confiaba en que el Espíritu Santo los impulsaría a pensar. Jesús sabía que una vez que se siembra una semilla, se puede confiar en Dios y en el terreno para que hagan lo demás.

> **"Yo planté, Apolos regó; pero el crecimiento lo ha dado Dios."**
> —*El apóstol Pablo en 1 Corintios 3:6*

El propósito de Jesús de hacer que las personas piensen lo demostró también por la cantidad de preguntas que hizo. Recorrimos los evangelios y subrayamos toda pregunta que hizo Jesús. Esos evangelios quedaron como un mosaico repleto de subrayados. Hay docenas y docenas de preguntas.

A menudo cuando alguien se acercaba a Jesús con alguna pregunta Él le respondía con otra. Un día en el templo los sacerdotes y ancianos le preguntaron a Jesús: "¿Con qué autoridad haces estas cosas? ¿y quién te dio esta autoridad?"

Jesús les respondió: "Yo también os haré una pregunta, y si me la contestáis, también yo os diré con qué autoridad hago estas cosas. El bautismo de Juan, ¿de dónde era? ¿Del cielo, o de los hombres?" (Mt. 21:23-25). Jesús obligó a esos hombres a pensar.

Como usted ve, Jesús no vino a adormecer la mente, sino para activarla. No vino para hacernos sentir más cómodos, sino para estimular nuestros pensamientos, ayudarnos a aprender y hacernos pensar.

CÓMO HACER LAS PREGUNTAS APROPIADAS

De modo que observamos que Jesús usaba abundantemente las preguntas. Entre usted en cualquier clase secular o de una iglesia y encontrará al maestro haciendo preguntas allí también. ¿Cuál es la diferencia? Hay una gran diferencia.

La mayoría de los maestros hacen las preguntas equivocadas. Nosotros visitamos una clase típica de primer grado de Escuela Dominical y observamos a la maestra haciendo preguntas a los niños sobre el nacimiento de Jesús. Una buena porción del tiempo de la clase lo pasó haciendo esta pregunta: "¿Dónde nació Jesús?" Algunos de los niños levantaron sus manos emocionados. —En el cielo—, dijo uno. —En un hospital—, dijo otro. Una niña dijo: —En la tierra.

La maestra dijo: —Si, ¿pero en qué lugar de la tierra?

—¿En Jerusalén?—, preguntó un niño.

—No—, dijo la maestra. —Fue en Belén, pero ¿en dónde en Belén?.

Las preguntas continuaron de esta forma por varios minutos más. La maestra tenía en su mente una respuesta específica que deseaba escuchar. Los niños se pusieron cada vez más incómodos por su insistencia y perdieron confianza en su capacidad de poder adivinar lo que la maestra quería oír.

Finalmente, con un tono de desesperación, la maestra trató de buscar una salida dándoles una ayuda: —Jesús nació en un p-p-p-p-p-p-pppppppppe—. Los niños aún no la entendían. La otra maestra en la clase al fin la interrumpió y dijo: —Jesús nació en un pesebre, y como siempre se nos está acabando el tiempo—.

Este es el tipo de preguntas que hace perder el tiempo y paraliza el pensamiento. La mayoría de los alumnos se sientan con la mente en blanco, mientras que uno o dos estudiantes tratan de halagar a la maestra tratando de adivinar el dato. Este tipo de preguntas domina el tiempo en nuestras iglesias y escuelas. Un estudio encontró que menos del uno por ciento de la preguntas que hacen los maestros provocan algo más que una respuesta factual o un procedimiento rutinario.[7]

Pedir a los estudiantes que reciten datos de la Biblia o de otra naturaleza ejercita tan sólo su memoria, no su comprensión. Incluso los escribas y fariseos sabían hechos y datos.

En vez de buscar respuestas como "p-p-p-p-p-p-pesebre," ¿por qué no tratar una pregunta que les haga pensar? "Jesús nació en un lugar donde se guardaban los animales. ¿Cómo piensan que sería eso para Él y su madre?" Toda persona en la clase puede contestar esa pregunta. A cada uno se le está pidiendo que piense, que medite en la forma humilde en que Jesús vino al mundo.

¿Puede usted ver la diferencia en metas entre las dos preguntas acerca del nacimiento de Jesús? La pregunta "p-p-p-p-pesebre" buscaba a un estudiante en particular que tal vez sabía esa respuesta de una sola palabra, como en los juegos de la televisión. La pregunta "qué piensan ustedes" procura hacer que cada niño se ponga a pensar, que use su imaginación, que se identifique con Jesús.

Las preguntas que Jesús hizo a los que le escuchaban no eran sólo para almacenar datos. Les hizo preguntas para hacerlos pensar. Veamos unos cuantos de estos ejemplos en el Evangelio de Mateo:

- *"Y por el vestido, ¿por qué os afanáis?"* (6:28)
- *"¿Y por qué miras la paja que está en el ojo de tu hermano, y no echas de ver la viga que está en tu propio ojo?"* (7:3)
- *"Porque, ¿qué es más fácil, decir: Los pecados te son perdonados, o decir: Levántate y anda?"* (9:5)
- *"¿Por qué dudaste?"* (14:31)
- *"¿Qué pensáis del Cristo?"* (22:42)

La autora y educadora Dorothy Jean Furnish dice: "Evite preguntas que requieran respuestas predeterminadas. Esta práctica a la larga resulta en hipocresía de parte de los niños, porque nos dicen lo que piensan que queremos oír."[8]

CÓMO ESTIMULAR A QUE PIENSEN

El ayudar a nuestra congregación a pensar requiere de un cambio en la forma en que enseñamos. Necesitamos hacer planes para que se piense en alto nivel, dedicarle el tiempo necesario, y estar dispuestos a reducir el tiempo que dedicamos a los métodos de orden inferior, tales como el repetir como loros, conej-tos y cosas similares.

Un salón de clase que estimula a pensar se ve muy diferente de los salones de clase tradicionales. En la gran la mayoría de las iglesias lo que hay es un medio ambiente que estimula a no pensar. Los maestros son los que más hablan, con la esperanza de que de alguna forma el conocimiento pase de su cerebro al de los estudiantes. En un medio ambiente que estimula a pensar el maestro estimula y dirige a los estudiantes a meditar, preguntarse, imaginarse y a resolver problemas.

Examinemos cinco estrategias que usted puede poner en práctica enseguida, y que estimulará a su iglesia a pensar.

1. HAGA PREGUNTAS DE RESPUESTA ABIERTA

"¿Dónde nació Jesús?" es una pregunta de respuesta cerrada. Este tipo de preguntas está asociado con un patrón de pensamiento inferior: memorización, recordar datos. Típicamente hay sólo una respuesta correcta para una pregunta de este tipo. El estudiante o bien sabe la respuesta o no la sabe; y si alguien la responde, el resto de la clase no participa.

Las preguntas de respuestas abiertas requieren más que respuestas simplistas. Exigen que los estudiantes piensen, y todos los estudiantes pueden participar en el proceso. Preguntas que instan a pensar, de respuestas abiertas, invitan a todos a pensar, a escuchar las respuestas de los demás y a contribuir con sus propias ideas. Las preguntas de respuesta abierta hacen que las personas usen lo que ya han aprendido.

Algunos ejemplos de preguntas de repuesta abierta son:

- ¿Por qué piensa usted que Dios permitió que Jesús, su único Hijo, naciera en un pesebre?
- Si Jesús naciera hoy, ¿qué tipo de lugar escogería Dios para el nacimiento de Jesús?
- Si en estos días una adolescente soltera diera a luz un niño en un callejón, ¿qué sería necesario para que usted o cualquier otra persona creyera que él es el Mesías, el Hijo de Dios?

2. HAGA PREGUNTAS DE SEGUIMIENTO

Los estudiantes de hoy están acostumbrados a dar respuestas de cajón, sin pensar. Pero como maestros-entrenadores no tenemos que conformarnos con respuestas instantáneas, que no exigen pensar. Podemos estimular el pensamiento al hacer preguntas de seguimiento. Algunos ejemplos son:

- ¿Qué quiere usted decir con . . .?
- ¿Qué razón tiene usted para sostener eso?
- ¿Cómo decidió que . . .?
- Explíquelo más.

Ahora, ¿adivine lo que con toda probabilidad escuchará de cuando en cuando? "No sé." Esta respuesta terriblemente común es el grito de batalla de una generación a la que se le ha enseñado a no pensar. Sin embargo, una vez más, no tenemos que conformarnos con esto. Podemos hacer otra pregunta adicional a la respuesta "Yo no sé." Algunos ejemplos tomados del libro *Creating the Thoughtful Classroom (Creando el aula que piensa)*:

- Hágame una pregunta que le ayudará a entender.
- Si usted lo supiera, ¿qué diría?
- Haga como que sabe la respuesta; invéntese algo.[9]

3. ESPERE A QUE LOS ESTUDIANTES DEN LAS RESPUESTAS

Los maestros de hoy se aterran por el silencio que surge después de que han hecho una pregunta. Es más, el maestro promedio espera solamente alrededor de un segundo antes de dejarse ganar por el pánico. Entonces, como de costumbre, el maestro da la respuesta, hace la pregunta de otra forma, o regaña a los estudiantes.

Sin embargo pensar toma tiempo. Si hacemos una buena pregunta necesitamos darle al estudiante el tiempo necesario para que su pensamiento germine. Lo mínimo es de cinco a diez segundos.

Podemos hacer que este tiempo para pensar resulte, siguiendo unas simples pautas:

- *Explique a su grupo o clase qué quiere decir tiempo para pensar, y por qué lo usa.* No es ningún secreto profundo y obscuro del maestro. Usted y sus estudiantes se sentirán más cómodos con el silencio si todos saben su propósito.

- *En ocasiones pida que los estudiantes escriban sus respuestas primero.* Luego pídales que las digan. Esto estimula la participación de todos, y llena el silencio con pensamiento activo.

- *Espere hasta que la mayoría de los estudiantes hayan pensado una respuesta antes de escuchar a alguno.* Al pedirle siempre a José Alzalamano que responda, usted apaga el pensamiento en el resto del grupo. Use el tiempo de pensar para permitir que todos piensen en una respuesta.

4. NO EVALÚE LAS RESPUESTAS DE LOS ESTUDIANTES

Para nosotros, gente de iglesia, ésta es la pauta más difícil. Naturalmente queremos estimular a todo mundo, y lo hacemos de forma habitual en situaciones de enseñanza. Nos encanta decir: "¡Buena respuesta!" "¡Correcto!" y "¡Maravilloso!"

Pero, piénselo. ¿Qué causa este tipo de respuestas en el resto de la clase o grupo? Dan el mensaje de que la respuesta correcta ya ha sido dada, y que es hora de apagar el cerebro. Juanito Sabelotodo ya ha pensado todo lo que había que pensar, y se ganó la aprobación del maestro.

El autor del libro *Creating the Thoughtful Classroom (Creando el aula que piensa)*, escribió: "Art Costa propone firmemente el enseñar sin dar opiniones, y en una ocasión demostró cómo el poder de las opiniones puede apagar el pensamiento. Fingió empezar un debate y pidió ideas de su público de adultos. Después de que se dieron varias respuestas dijo '¡muy bien!' a una idea que se dijo. Al instante pude notar cómo yo mismo cesaba mi actividad mental. Sabía que la persona 'tenía razón,' que había dado la respuesta que el maestro estaba buscando, y que yo no necesitaba seguir pensando. Sus estudiantes harán lo mismo (y ya lo están haciendo, todo el tiempo) si usted comenta en forma selectiva sobre las respuestas de los estudiantes."[10]

Tenemos que reconocer que la aprobación de los maestros es algo poderoso. Debemos usarla con sabiduría.

De modo que, ¿cómo podemos responder? Podemos usar respuestas que no expresen juicio, como por ejemplo: "bien," "gracias," y "ajá." Estas respuestas dan a entender a los estudiantes que se les ha escuchado, sin emitir juicio, y sin paralizar el pensamiento de los demás estudiantes.

También podemos reservarnos nuestras opiniones hasta el final del diálogo. Después de que todos hayan dicho su respuesta o idea, y de haber hecho que sus cerebros intervinieran, podemos iluminar más el tema con nuestras ideas o con una noción que brota de la Palabra de Dios. De esta forma no se estimula a los estudiantes a dejar que el maestro haga todo el trabajo de pensar.

¿Qué tal si el estudiante expresa una declaración teológica o moralmente absurda? ¿Cómo podemos manejar eso sin emitir juicio? En ese momento podemos intervenir haciendo preguntas de seguimiento que puedan ayudar al estudiante y a la clase a comprender lo absurdo de lo dicho. También podemos pedir que otros den su opinión. Estas técnicas pueden ayudar a los estudiantes a descubrir la verdad y estimularlos a pensar.

5. ESTIMULE A LOS ESTUDIANTES A HACER PREGUNTAS

Como ya hemos visto el pensar sucede cuando los maestros hacen buenas preguntas; pero una señal segura de que el pensamiento ha engranado con mayor fuerza es cuando los estudiantes comienzan a hacer las preguntas.

La fe crece cuando las personas se sienten en libertad para hacer preguntas sobre Dios. El Search Institute (Instituto de Investigación) encontró que en la iglesia el clima para estimular a pensar aumenta cuando se estimula a los miembros a hacer preguntas. Sin embargo, la mayoría de las iglesias no promueven bien este punto. Tan sólo un cuarenta por ciento de los adultos y un cuarenta y cinco por ciento de los adolescentes dicen que sus iglesias les estimulan a hacer preguntas.[11]

Cuando las personas comienzan a preguntar, comienzan a aprender. Comienzan a pensar.

Tenemos que hacer un mejor trabajo para invitar a las personas a hacer preguntas; y cuando esas preguntas comiencen a ser hechas, tenemos que resistir la tentación de proveer respuestas instantáneas y de cajón. Tenemos que echar abajo el mito de que nuestros estudiantes nos perderán todo respeto si en ocasiones ante una pregunta difícil les respondemos con un "no lo sé."

Tenemos que darle a nuestra congregación tiempo de pensar, de lidiar con los temas, como Jesús lo hizo con frecuencia.

Podemos crear un clima más propicio para pensar al estimular a los estudiantes a hacerse preguntas unos a otros. Deje que ellos se olviden por unos momentos de que somos los maestros. Deje que sean ellos los que hagan las preguntas.

La educadora y autora Jane Healy dijo: "El maestro tiene que ser capaz de dejar de dar información el suficiente tiempo como para escuchar a los niños y estimular las preguntas de ellos."

PENSAR ES EXTRAÑO

Poner en práctica estas estrategias para promover que la gente piense tal vez no resulte fácil al principio. Estamos hablando aquí un nuevo idioma. Pensar en alto nivel es una idea nueva en las escuelas e iglesias. Ni nuestros niños, ni nuestros adultos, están acostumbrados a realmente pensar en la iglesia.

Todos nosotros hemos crecido en la Tierra de Acertijos de Palabras. Todos hemos sido entrenados a usar nuestro cerebro al mínimo. A todos se nos ha subestimado grandemente. Adultos y niños de toda edad son capaces de pensar mucho más profundamente de lo que el sistema ha esperado de ellos.

Así que tenemos que ser pacientes, y no darnos por vencidos después del primer intento de cultivar en los demás el arte de pensar. Al principio nuestra congregación se nos quedará mirando fijamente como encandilados por un reflector. Pero reaccionarán. Aprenderán a disfrutar del estímulo que trae el pensar, y su fe crecerá.

> **"La mente no es una vasija para llenar, sino una lámpara para ser encendida."**—*Anónimo*

La sección de "HÁGALO" que sigue a continuación le ofrece ideas de programación práctica que le ayudarán a explicar y aplicar en su iglesia estos principios.

Descubra maneras de promover en su iglesia una atmósfera que estimule a pensar. Las siguientes sugerencias pueden provocar ideas para entrenar a los maestros, y también pueden ser adaptadas para clases de niños mayores, jóvenes y adultos. En realidad, realizar con los estudiantes estos ejercicios preparará el ambiente para pensar en mayor grado en el futuro, por cuanto los estudiantes comprenderán por qué están cambiando las cosas en el salón de clases. ¡Hágalo!

SIETE MANERAS DE ESTIMULAR A PENSAR

1. Desarrolle un núcleo de personas que hagan buenas preguntas. Los maestros tendrán que cambiar la forma antigua de hacer las cosas. Ahonde en la sección de "Cómo estimular a que piensen" que comienza en la página 92.

Planee analizar cada estrategia, creando dos diferentes modos de pensar:

- **El método de "paralizar y matar"** que usa preguntas de respuestas cerradas, no espera por las respuestas, y desalienta cualquier pregunta adicional.

- **El método de "despertar y enlazar"** que usa preguntas de respuestas abiertas y preguntas de seguimiento, que permite tiempo para pensar, y estimula otras preguntas.

Así es como puede comenzar.

❏ Forme cinco equipos (un equipo puede ser una persona). Asigne a cada equipo una de las cinco porciones de la sección de "Cómo estimular a que piensen":

(1) Haga preguntas de respuestas abiertas.
(2) Haga preguntas de seguimiento.
(3) Espere hasta que los estudiantes den las respuestas.
(4) No evalúe las repuestas de los estudiantes.
(5) Estimule a los estudiantes a hacer preguntas.

Pida que los equipos lean y dialoguen sobre sus secciones, y luego que preparen un escenario de un "salón de clases" que le enseñará al grupo la estrategia que les fue asignada.

❏ Asigne a cada grupo un pasaje bíblico para representar en su escenario de salón de clase. Por ejemplo, use Génesis 11:1-9 (la torre de Babel), el Salmo 23 (el salmo del pastor), Mateo 4:1-11 (la tentación de Jesús), Lucas 15:1-7 (la oveja perdida), ó 1 Corintios 13 (el capítulo del amor). O asigne un sólo pasaje a todos los grupos y vea qué encuentra cada grupo para representar la estrategia asignada.

Pida que cada grupo prepare dos escenas breves del salón de clases para presentarlas ante el grupo entero, y que demuestren el punto que han estudiado. Una escena debe presentar el método de "paralizar y matar" el pensamiento para mostrar *lo que no se debe hacer*, aunque pudiera ser típico o natural para la mayoría de maestros. La segunda escena debe mostrar el método de "despertar y enlazar" el pensamiento, según se explica en la sección respectiva del capítulo.

Por ejemplo, la representación del método de "paralizar y matar" pudiera mostrar a un maestro haciendo preguntas de sí o no o de llenar espacios en blanco, con sólo un estudiante entusiasmado levantando su mano para contestar.

La representación del método de "despertar y enlazar" el pensamiento pudiera mostrar a un maestro haciendo preguntas de respuesta abierta, dejando que los niños tomen tiempo para pensar en lo que se preguntó, y luego dialogando sobre el tema con respuestas bien pensadas.

❏ Una vez que cada grupo haya presentado su actuación, dialogue sobre las diferencias entre las dos representaciones. ¿Qué es lo que asusta en la escena de "paralizar y matar" el pensamiento? Anote esos temores en un papel o en el pizarrón para que todos puedan verlos. (Planee usar la lista más adelante en su oración.) Entonces haga otra columna de temores en cuanto a la representación del método de "despertar y enlazar" el pensamiento.

☐ Analice la lista de temores. ¿Hay algunas similitudes? ¿De qué o de quiénes sienten mayor temor las personas? ¿Cómo se pueden vencer esos temores? ¿Cuál es el papel del Espíritu Santo en el proceso de pensar?

☐ Concluya con una oración en círculo. Pida que cada persona ore respecto a uno de los temores en la lista.

2. Establezca un lugar donde sea "seguro" pensar. Antes de lanzarse a pedir más participación y más pensamiento de los estudiantes, evalúe la atmósfera de la clase. Por ejemplo, ¿hay alguna persona que usa siempre vocabulario eclesiástico e intimida a los que saben menos? ¿Acaso los estudiantes de secundaria hacen comentarios desdeñosos que insultan a algunos miembros de la clase? ¿Hay demasiados niños de jardín de infantes para una sola maestra, y por eso algunos se sienten pisoteados o dejados a un lado? Todas estas cosas contribuyen a que las personas no se sientan "seguras" para pensar.

Use el formulario "¿Es esta una zona segura para pensar?" que se halla en las páginas 101 y 102.

3. Ayude a los estudiantes a lograr éxito aclarando bien lo que espera de ellos. Formulen juntos un "pacto" o acuerdo para su clase.

Un maestro de éxito comienza cada año con una regla: RESPETO. Los estudiantes estudian el respeto y lo dividen en tres categorías: respeto al maestro, respeto del uno al otro, y respeto por el lugar. Juntos deciden qué significa esto: qué apariencia tiene el respeto, cómo suena, y cómo se siente en cada categoría. Luego diseñan un cartelón de muchos colores con la palabra respeto, junto con las definiciones que han encontrado. Una vez completo, cada persona firma el cartelón indicando que se compromete al respeto. Desde que el maestro ha usado esta actividad las clases se han desenvuelto mejor y la atmósfera es más propicia para estimular el pensamiento.

La siguiente es una lista de expectativas que estimulan a los estudiantes a pensar. Hablen sobre la lista. ¡No la guarde en secreto! Deje que las personas sepan cuán importantes son estos elementos para el éxito de la clase. Usted se comprometerá a hacer lo mejor posible y esperará lo mismo a cambio. Ayude a los estudiantes a desarrollar estas habilidades:

- escucharse el uno al otro
- participar
- tomar tiempo para pensar, y sentirse bien al respecto
- dar razones para su respuestas
- mantenerse en la tarea o el tema
- hacer preguntas que provoquen el pensamiento

4. Estudie cómo Jesús hacía preguntas. Pida que los maestros se conviertan en detectives. Realice un estudio bíblico en el que se explore la técnica que Jesús usaba para hacer preguntas. Pida que los maestros formen parejas y divida un evangelio (Mateo, Marcos, Lucas o Juan) en secciones, asignando una sección a cada pareja. O si tiene cuatro grupos asigne un evangelio a cada grupo. Pida que el grupo elabore una lista de toda pregunta que Jesús hizo en la porción de la Escritura que les toque. Anime a los maestros a que analicen el porqué la pregunta fue tan eficaz o poderosa en esa situación. ¿Qué pueden ellos aprender en cuanto a hacer preguntas al estudiar las que hizo Jesús?

5. Aprenda a expresar adecuadamente preguntas que estimulen a pensar. En el libro *Endangered Minds (Mentes en peligro de extinción)* la autora Jean Healy habla de niños que no han tenido experiencia con las preguntas de quién, qué, cuándo, dónde, por qué, y cómo. "Los estudios demuestran que educando a los maestros en técnicas de hacer preguntas específicas se puede mejorar en sus estudiantes la comprensión en la lectura, entre otras cosas, al hacer avanzar su pensamiento de una repetición literal de datos a los ámbitos de comprensión, de aplicación, y de razonamiento para sacar conclusiones."[12] Las siguientes son muestras de algunos tipos de preguntas en particular:

Pregunta con respuesta cerrada: "¿Qué hizo Ricitos de Oro cuando llegó a la casa de los tres osos?"

Pregunta de comprensión: "¿Por qué a Ricitos de Oro le gustó más la silla del osito más pequeño?"

Pregunta de aplicación: "Si Ricitos de Oro hubiera entrado en tu casa, ¿cuáles son algunas de las cosas que ella hubiera podido usar?"

Pregunta de análisis: "¿Cómo podemos decir cuáles cosas le pertenecen a cada oso?"

¿ES ESTA UNA ZONA SEGURA PARA PENSAR?

Evalúe su ambiente de aprendizaje, marcando el cuadrito apropiado para cada declaración.

1. Hay suficiente supervisión/liderazgo adulto.
   ❐ Siempre   ❐ Algunas veces   ❐ Nunca

2. Las personas escuchan a la persona que está hablando.
   ❐ Siempre   ❐ Algunas veces   ❐ Nunca

3. Las personas muestran respeto en la forma en que se hablan unos a otros.
   ❐ Siempre   ❐ Algunas veces   ❐ Nunca

4. Las personas muestran respeto en la forma en que actúan unos con otros.
   ❐ Siempre   ❐ Algunas veces   ❐ Nunca

5. El maestro muestra respeto por cada persona y por las ideas de cada uno.
   ❐ Siempre   ❐ Algunas veces   ❐ Nunca

6. Las expectativas y reglas son claras.
   ❐ Siempre   ❐ Algunas veces   ❐ Nunca

7. Las reglas son pocas.
   ❐ Siempre   ❐ Algunas veces   ❐ Nunca

8. Las personas saben las consecuencias si violan las reglas.
   ❐ Siempre   ❐ Algunas veces   ❐ Nunca

9. El maestro pone el ejemplo siendo un aprendiz él mismo.
   ❐ Siempre   ❐ Algunas veces   ❐ Nunca

10. Se usa el sentido del humor de forma positiva, nunca para denigrar a una persona o sus ideas.
    ❐ Siempre   ❐ Algunas veces   ❐ Nunca

11. Todo lo que se enseña y se hace tiene un propósito claro en línea con su objetivo para el aprendizaje en la iglesia.
    ❐ Siempre   ❐ Algunas veces   ❐ Nunca

12. Los errores y fracasos son vistos como oportunidades para crecer y aumentar el aprendizaje.
   ☐ Siempre   ☐ Algunas veces   ☐ Nunca

13. Las personas tienen un sentido de confianza en el grupo y están dispuestas a correr riesgos.
   ☐ Siempre   ☐ Algunas veces   ☐ Nunca

14. Las personas sienten que los demás se preocupan y se interesan en ellas.
   ☐ Siempre   ☐ Algunas veces   ☐ Nunca

Cuente el número de veces que marcó cada categoría:
___ Siempre
___ Algunas veces
___ Nunca

• Si la mayoría de sus marcas dicen "Nunca," usted tiene un largo camino que recorrer para cambiar la atmósfera hacia una de seguridad. Busque una persona o grupo de personas que le apoyen y le ayuden a hacer los importantes cambios necesarios. Entrene a los estudiantes a esforzarse por alcanzar los catorce puntos enumerados en la prueba. Con la ayuda de Dios y la ayuda de otros es posible hacer los cambios y guiar a las personas a un nuevo método de aprendizaje, más emocionante y que cambia vidas.

• Si la mayoría de sus marcas dijeron "Algunas veces," ¡felicitaciones! Usted tiene un buen comienzo. Las personas en situaciones de aprendizaje entienden apenas las cosas preliminares de un lugar "seguro" para el aprendizaje. Continúe recalcando los catorce puntos enumerados en la prueba. Esto le ayudará a entrenar a otros para enfocar la misma meta, y de esa forma usted pueda avanzar hacia "Siempre."

• Si la mayoría de sus marcas dijeron "Siempre," ¡MARAVILLOSO! Usted obviamente ha trabajado arduamente por lograr confianza y límites claros. Persevere haciéndolo y use los catorce puntos enumerados en la prueba para ayudar a otros a unírsele en su causa de "seguridad." ¡Usted ha logrado dominar una zona segura para pensar!

Se concede permiso para fotocopiar o duplicar esta encuesta para el uso de la iglesia local. Derechos de propiedad intelectual reservados. Copyright © Thom y Joani Schultz. Publicado por Editorial Acción, Box 481, Loveland, CO 80539.

Pregunta de síntesis: "¿Cómo pudiera ser diferente la historia si Ricitos de Oro hubiera visitado a tres astronautas?"

Pregunta de evaluación: "¿Piensan ustedes que Ricitos de Oro tuvo el derecho de hacer lo que hizo? ¿Por qué sí o por qué no?"[13]

Explique a los maestros la información anterior. Dialogue sobre cada tipo de pregunta. Pida que cada maestro traiga su guía del maestro para revisarla. Donde haya preguntas de respuestas cerradas, reemplácelas con preguntas de comprensión, de aplicación, de análisis, de síntesis o de evaluación.

Como parte de la diversión marque en la guía del maestro con una estrella todas las preguntas que requieran pensar en un nivel más alto. Cuéntelas y revise cómo se catalogan las preguntas en cuanto a si hacen pensar a las personas. ¿Cuántas tiene que adaptar?

Como ejercicio adicional asigne a los maestros varios pasajes de las Escrituras y pídales formular preguntas respecto a esos pasajes que estimulen a pensar.

6. Desarrolle una lista de consejos para maestros y salones de clases que estimulen a pensar. Juntos realicen un torbellino de ideas que ayudarán a los estudiantes y maestros a crear una atmósfera que estimule a pensar. Entre otras, pudieran constar las siguientes ideas:

- *Escriba las preguntas en el pizarrón o en papel para que todos puedan verlas.* (Puesto que la mayoría de personas aprenden por la vía visual, esto ayuda a los alumnos a enfocar preguntas que se hubieran perdido si se las usa sólo oralmente.)

- *Explique a los estudiantes desde el comienzo qué es lo que se propone lograr.* (Haga saber a los estudiantes que usted está tratando de hacer algo nuevo y por qué. Permítales que se unan a usted para hacer que surja un salón de clase que piensa.)

- *Diga a los estudiantes que usted esperará por las respuestas.* (Buenas preguntas quiere decir que las personas necesitarán tiempo para formular sus respuestas.)

- *Haga saber a los estudiantes que usted reconocerá sus respuestas con palabras como "gracias" y "ajá."* (Si están acostumbrados a que usted colme de halagos efusivos sus respuestas, esto les ayudará a comprender que no está decepcionado de ellos; sino que sólo quiere asegurarse de que todos tienen una oportunidad para pensar antes de que den por sentado que la respuesta "correcta" ya ha sido dada.)

- *Explique el uso de la interacción en pequeños grupos.* (El capítulo 7 tratará esto a fondo.)

7. Presente a los maestros el reto de romper los viejos hábitos. Si los maestros quieren mejorar su capacidad de hacer mejores preguntas, ellos pueden:

- Usar cintas de audio o video para grabar sus clases. Esto les ayudará a poder "volver a ver" la realidad de lo que se ha preguntado durante la clase. (Los que han hecho esto les advierten a los maestros a no ser demasiado severos consigo mismos. No se fije en cada pequeña infracción que haga; más bien, evalúe el alcance de lo que se preguntó y las formas de mejorarlo.)
- Invitar a alguien a quien respetan a que sea su "observador." Esta persona puede observar y analizar interacciones que tengan lugar en el salón de clases y que el maestro pueda pasar por alto. Luego pueden dedicar tiempo para procesar con sus observadores lo que se hizo en la clase, celebrando sus éxitos y decidiendo vencer sus debilidades.
- Invitar a los estudiantes a estar alertas a las preguntas de respuesta cerrada durante la clase, y señalarlas al maestro. (Una maestra valiente que probó esta estrategia les daba puntos a los estudiantes que reconocían preguntas de respuesta cerrada. Descubrió que esto no solamente la ayudó, sino que ¡hizo que los estudiantes prestaran atención!)
- Encontrar un sistema de apoyo. Reúnase con otros maestros que están tratando nuevos métodos de enseñanza. Esto será un gran grupo de apoyo en la iglesia.

Entonces esfuércese por mejorar poco a poco. No se dé por vencido. Recuerde, hemos estado enseñando durante años y años de cierta forma. No es fácil romper viejos hábitos, y toma tiempo desarrollar nuevos hábitos.

Deje que las palabras de Dios: "¡Bien hecho, buen siervo y fiel!" resuenen en su corazón.

6 USE EL APRENDIZAJE ACTIVO

El aprendizaje activo es, dicho simplemente, aprender haciendo. Difiere grandemente de la metodología que típicamente se usa en demasía en las iglesias: el aprendizaje pasivo.

En la Escuela Dominical los niños típicamente se sientan alrededor de una mesa. Los maestros dictan su clase. Los niños tienen que vérselas con otro crucigrama bíblico más en sus cuadernos del alumno. Es la misma rutina semana tras semana. Muy pocos aprenden y menos aun quieren regresar. La escena se ve igual en muchas de las escuelas seculares.

Para escribir su libro *Redesigning Education (Diseñando de nuevo la educación)* Lynn Stoddard estudió cómo funciona el cerebro humano, y dice:

> **"Los cuadernos de ejercicios, las hojas de ejercicios y los libros de texto que son una parte integral de la rutina del síndrome de tomar exámenes, causan ansiedad y aburrimiento, lo que a su vez hace que el cerebro humano se apague, o que aprenda que la educación es irrelevante para la vida."**[1]

Es diferente en las escuelas japonesas, en donde los estudiantes aprenden más. Los salones de clase están llenos de vida, son bulliciosos y activos. No encajan en el estereotipo que la mayoría de estadounidenses tienen de las escuelas de Asia. Las lecciones japonesas no son de repetición. Los maestros pasan muy poco tiempo dictando lecciones. Los estudiantes no son receptáculos pasivos sino participantes activos en el proceso de aprendizaje.

Las clases japonesas son de manos en la masa. Los estudiantes aprenden al hacer las cosas. La revista *Newsweek* describe un típico salón de clase de una escuela primaria en Tokio: "El salón es un alboroto. Los niños se retuercen, dan de golpes, garabatean mientras trabajaban en parejas, adivinando el peso de lápices, espejos, compases, y luego poniendo y quitando pesas diminutas en una balanza. Nadie toca un libro de texto. Ningún niño es un simple observador. Ningún niño toma notas. La lección pasa de los dedos al cerebro."[2]

¿Suena eso como el tipo de salón de clases que usted recuerda de su escuela primaria? Las escuelas y colegios occidentales escogen el modelo pasivo, y la iglesia los copia mansamente, sin nunca cuestionar si pudiera existir un modelo mejor.

"El modelo de aprendizaje como transmisión de información de la maestra al estudiante está en bancarrota," dice Brian Drayton del Technical Education Research Center (Centro de Investigación de Educación Técnica) en Cambridge, Massachusetts. Su organización, sin fines de lucro, está desarrollando un nuevo programa de educación de matemáticas y ciencias que usa principios de aprendizaje activo.

¿QUÉ ES EL APRENDIZAJE ACTIVO?

Los pilotos de aviones saben muy bien la diferencia entre el aprendizaje pasivo y activo. Su aprendizaje pasivo viene al escuchar a un instructor de vuelo y leer manuales de instrucciones sobre el vuelo. Su aprendizaje activo viene al volar en la práctica un avión o en un simulador de vuelo. Los libros y lecciones pueden ser beneficiosos, pero los pilotos le dirán que aprendieron realmente a volar al manipular con sus propias manos los controles del avión.

Podemos observar el aprendizaje en la iglesia de forma similar. Aunque podamos hacer que nuestros estudiantes lean y escuchen pasivamente a los maestros, su comprensión y aplicación de la Palabra de Dios realmente tomará vida a través de experiencias reales y simuladas.

Un ejemplo: El líder de jóvenes se preocupa por la formación de grupitos dentro del grupo. Ve a los adolescentes excluir a sus compañeros, particularmente a los recién llegados. Les endilga un sermón sobre cómo Dios desea que aceptemos a los demás, y que los grupitos son destructivos.

Esa es un manera de abordar el problema mediante el aprendizaje pasivo. Ahora consideremos una manera de aprendizaje activo.

El líder divide a los jóvenes en grupos de seis personas. Le pide a cada grupo que forme un círculo. A uno de cada grupo se le pide que salga del círculo mientras los otros cinco cruzan sus brazos unos con otros, indicándoles que deben tratar de evitar que los "de fuera" entren en su respectivo círculo. Lo que sucede entonces es una baraúnda de sacudidas, apretones, empujones, cosquillas y risas. Algunos de los que están afuera logran abrirse paso a la fuerza para entrar en el círculo. Otros luchan pero no logran hacerlo. Uno de ellos se da por vencido y se sienta en un rincón.

Ahora el líder de jóvenes pide que los muchachos tomen asiento y les pide que analicen lo que acaban de experimentar. Les pregunta a los que estaban fuera del circulo: "¿Cómo se sintieron al verse fuera del grupo?" Luego le pregunta al grupo que formaba el círculo: "¿Cómo se sintieron al esforzarse por dejar afuera al otro joven?" Entonces sondea un poco más profundo: "¿Cómo se asemeja esa experiencia a lo que sucede en la escuela o colegio o aquí mismo en nuestro grupo de jóvenes?"

Los muchachos comienzan a sincerarse. Se les prendió la luz en su cerebro. Comienzan a comprender lo destructivo de su comportamiento pasado. Aprenden, y su comportamiento cambia.

Eso es aprendizaje activo.

Otras formas de aprendizaje activo incluyen juegos de simulacro, teatro improvisado, proyectos de servicio, experimentos, proyectos de investigación, pantomimas de grupos, juicios simulados, juegos de propósito específico y excursiones.

Este tipo de aprendizaje se puede usar semana tras semana en la iglesia.

¿POR QUÉ USAR EL APRENDIZAJE ACTIVO?

Al entrevistar a niños de edad escolar aprendimos que lo que menos les gusta de la Escuela Dominical es "sentarse sin hacer nada." Están hastiados de los discursos de los maestros y de tareas sin sentido en sus cuadernos del alumno, que deben hacerlas sentados. Saben que no están aprendiendo.

Este problema no se limita a los jóvenes. Abundante investigación ha mostrado que las personas de cualquier edad aprenden relativamente poco mediante los métodos de aprendizaje pasivo. Los métodos que la iglesia ha escogido enfatizar, conferencias y lectura, son los que menos fruto producen.

Edgar Dale, renombrado profesor de educación en la Universidad Estatal de Ohio, realizó un estudio clásico de la eficacia de varios instrumentos de enseñanza. Catalogó estos diez métodos en forma de cono, con los más eficaces apareciendo en la base. (Véase el diagrama de la página 108.)

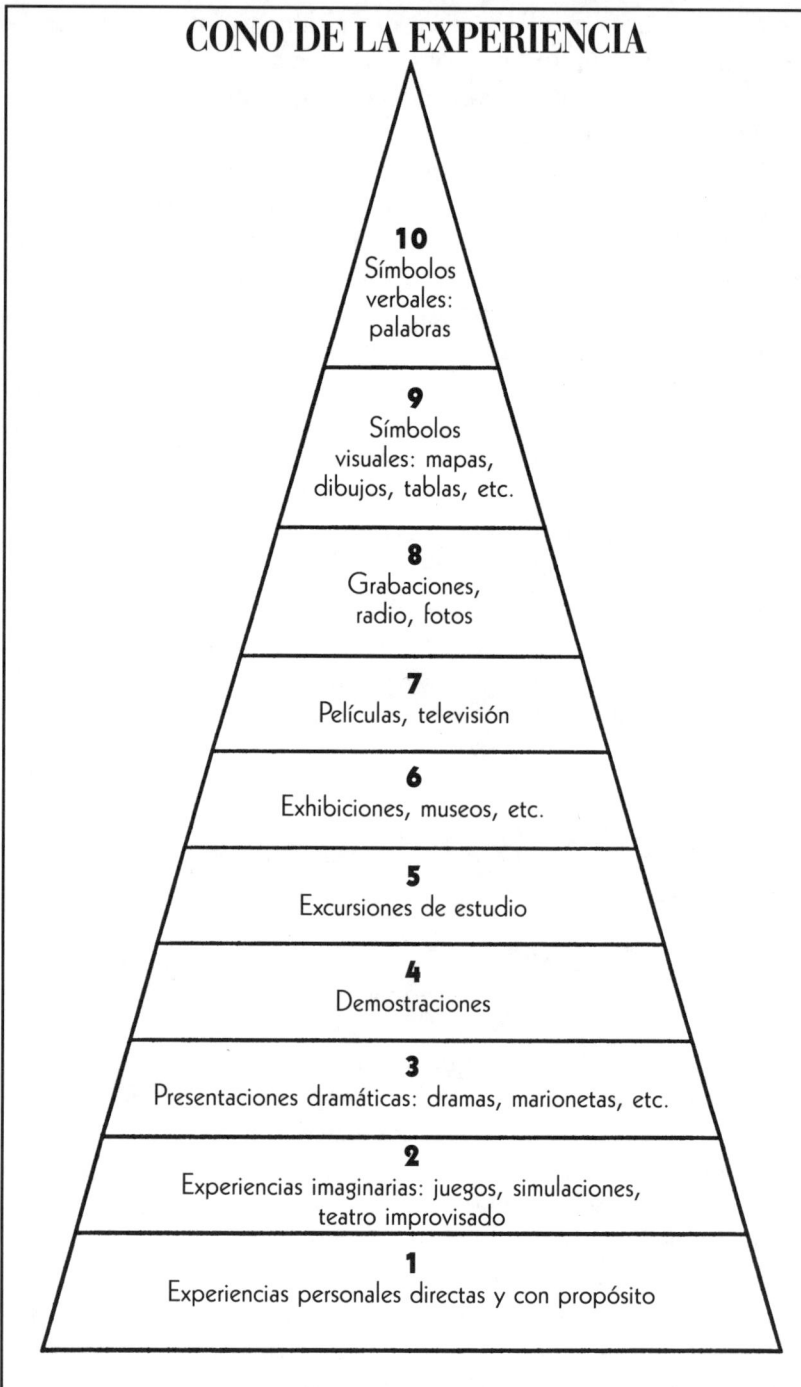

El cono de la experiencia muestra una variedad de métodos de aprendizaje, todos los cuales pueden demostrar ser provechosos en la iglesia. Cada uno puede ser mejorado al suplementar la enseñanza con otros de los métodos en la escala.

La punta del cono muestra métodos de enseñanza que dependen de las experiencias de otras personas. Estos métodos requieren poca participación de los estudiantes y resultan en un aprendizaje relativamente escaso.

La base muestra los métodos que requieren que el estudiante experimente ciertas situaciones. Las "experiencias personales, directas y con propósito" dependen de una participación plena de parte del aprendiz: sus sentidos, su mente y su cuerpo. Este tipo de experiencia puede incluir una clase de la iglesia que decide estudiar lo que significa servir, preparando y llevando comida a una persona recluida en su hogar. Este nivel de participación resulta en un aprendizaje al máximo.

Las "experiencias imaginarias" proveen casi tanto potencial de aprendizaje como las experiencias personales, directas y con propósito. Estas experiencias imaginarias se pueden interpretar en el salón de clase en cualquier momento. Juegos, simulacros, y teatro improvisado, cuando se los planea con cuidado y luego se dialoga sobre ellos, pueden producir aprendizaje con resultados duraderos.

Hay estudios que revelan que mientras más se involucran los estudiantes en una experiencia, mucho más aprenderán de ella. La siguiente gráfica muestra el promedio de retentiva de diferentes métodos de aprendizaje.[3]

RETENTIVA PROMEDIO

Comunicación oral o escrita	Medios de comunicación masiva	Teatro improvisado	Experiencia directa
5-10%	25%	40-60%	80-90%

Es aleccionador admitir que la mayoría de los métodos de aprendizaje que se usan en nuestras iglesias producen los menores resultados. Inflexiblemente mantenemos la esperanza de que nuestra gente memorizará y retendrá todo lo que les decimos y les asignamos para que lean.

Nosotros, la iglesia, hemos logrado mucho menos de lo que pudiéramos. Nuestras congregaciones no saben todo lo que deberían saber, y sus vidas no son afectadas a profundidad porque nos aferramos a las formas viejas, pasivas, con las que se nos enseñó a nosotros.

Imagínese si usáramos la metodología que se usa en la iglesia al intentar enseñarle a alguien a usar una computadora. Se le pide que escuche una conferencia sobre computadoras, que trate de resolver un acertijo para descifrar la palabra "megabitio," que revise el manual y lo memorice, y que luego proceda a encender el aparato. ¡Nadie aprende a usar una computadora de esa forma!

Aprender a usar una computadora requiere encenderla y trabajar con ella, manipulando los controles y experimentando el placer de hacerla funcionar. También sufriendo los contratiempos y descubriendo nuevas capacidades, aplicaciones y usos.

La mejor forma de aprender a usar una computadora, y casi cualquier cosa, es mediante el aprendizaje activo.

ESTILOS DE APRENDIZAJE

Cada uno de nosotros preferimos ciertos estímulos que nos ayudan a aprender. Algunos dependemos más del oído; otros dependemos más de nuestros ojos, y así sucesivamente. Todos somos diferentes. Poseemos diferentes estilos de aprendizaje. En cualquier salón de clase, grupo de jóvenes o congregación se encontrará toda una variedad de individuos con diferentes estilos de aprendizaje. Para poder ayudar a todos a aprender tenemos que variar nuestros métodos. Un buen plan de estudio de aprendizaje activo cubre todos los estilos de aprendizaje.

La siguiente es una breve descripción de los tres estilos básicos de aprendizaje:

1. Visual. Estos estudiantes dependen primordialmente de sus ojos. Tienden a recordar lo que ven. Pueden recordar una cara pero no el nombre.

2. Auditivo. Estos estudiantes dependen de sus oídos para recibir y procesar información. Pueden recordar un nombre pero no una cara.

3. Cinético. Estos estudiantes prefieren el movimiento. Recuerdan lo que hacen, tocan o sienten.

Por favor, no me malentienda. Métodos de aprendizaje tales como el escuchar conferencias o sermones tienen su lugar. También es esencial leer la Palabra de Dios. Pero hemos tenido la tendencia a poner todas nuestras esperanzas en estos métodos pasivos, y hemos pasado por alto casi por completo las formas más potentes de aprendizaje.

Las personas de cualquier edad aprenden mejor haciendo, trabajando en la práctica con los recursos y con otras personas, edificando sobre lo que ya saben.

> "Dímelo y se me olvidará. Muéstramelo y tal vez lo recuerde. Hazme participar y lo comprenderé."—*Anónimo*

CARACTERÍSTICAS DEL APRENDIZAJE ACTIVO

Podemos explicar mejor el aprendizaje activo explorando cuatro características.

1. EL APRENDIZAJE ACTIVO ES UNA AVENTURA.

¿Qué es lo que hace que una vacación rutinaria de familia se convierta en una aventura? ¡Cuando sucede lo que no se espera!

Cuando se emprende una experiencia de aprendizaje activo, no se puede predecir del todo el resultado. Uno nunca sabe con exactitud lo que va a suceder. ¡Es una aventura!

Hemos efectuado docenas de veces, con niños y adultos, la experiencia de los grupitos que mencionamos anteriormente. Pero nunca podemos predecir lo que va a suceder. Durante un retiro del concilio de una iglesia, el pastor se subió a una mesa y se lanzó de cabeza dentro del pequeño círculo de personas. ¡Nada le iba a impedir estar en medio de todo! Luego siguió un diálogo muy revelador. Jamás hubiéramos podido predecir ese resultado. Sin embargo, en efecto hubo verdadero aprendizaje.

El aprendizaje pasivo, no obstante, casi siempre es predecible: Los estudiantes se sientan pasivamente mientras el maestro u orador sigue un bosquejo o guión planeado.

> "Es extremadamente doloroso asistir a muchas de nuestras iglesias, clases de Escuela Dominical y grupos de estudio bíblico; son tan predecibles que uno se puede quedar dormido, despertar diez minutos después, y encontrarlos exactamente donde uno pensaba que iban a estar."
>
> —*Howard Hendricks*[4]

En el aprendizaje activo las personas tal vez aprendan lecciones que el maestro nunca pensó. Debido a que el maestro confía en los estudiantes para ayudar a crear la experiencia de aprendizaje, los estudiantes tal vez se aventuren a descubrimientos insospechados. A menudo los maestros aprenden tanto como los estudiantes.

2. EL APRENDIZAJE ACTIVO ES DIVERTIDO Y/O CAUTIVANTE.

Los adultos de hoy a menudo se quejan de la generación más joven. "Estoy completamente frustrado con estos muchachos," comentan. "Son muy buenos para jugar y divertirse, pero cuando llega el momento de ponerse serios y aprender, no quieren participar."

Un director de educación cristiana nos dijo: "Yo les digo a mis muchachos que si no desean participar en el estudio bíblico serio y profundo, pueden marcharse."

Y se marchan.

¿Qué estamos comunicando cuando les decimos, "Pues bien, la diversión se acabó; ahora es el momento de hablar de Dios"? ¿Cuál es el plan oculto de estudios? El mensaje que los muchachos se llevan es: la diversión y Dios son cosas separadas, y el aprendizaje está separado de la alegría.

¡Qué vergüenza!

Muchas personas dan por sentado que la diversión y el aprendizaje no pueden ocurrir al mismo tiempo. Una vez más, aprendieron esto en su propia experiencia educativa. Cuando estaban en el jardín de infantes encontraron que la escuela estaba llena de colorido, diversión y les cautivaba. Pero ya para el tercero o cuarto grado recibieron el mensaje: La diversión y el aprendizaje no se mezclan. A lo largo del camino maestros bien intencionados confundieron el aburrimiento de los estudiantes y lo consideraron falta de capacidad. Pero, tristemente, fue la propia falta de capacidad de los maestros lo que sacó la diversión del aprendizaje.

> **"Si hay un mal general que aqueja a la educación estadounidense hoy, tiene más que ver con el aburrimiento de los estudiantes que con su capacidad intelectual."**
> —*John Naisbitt*[6]

A menudo escuchamos: "No se debería tener que entretener a los niños para lograr que aprendan." Ese comentario pone de manifiesto a alguien que ha olvidado el objetivo. La realidad es que la metodología (esto es, diversión *versus* falta de diversión) no es el objetivo, sino simplemente un medio hacia el objetivo. Si su objetivo es ayudar a las personas a que se acerquen a Dios, usted estará receptivo a cualquier metodología que logre ese objetivo, incluso metodologías que resultan porque son entretenidas.

En la educación estadounidense la diversión ha adquirido mala fama. Pero no en una extraordinaria escuela en el norte de Italia. La escuela Reggio Emilia usa este lema: "Niente Senza Gioia." Se traduce: "Nada sin alegría." Los maestros aseguran que un espíritu de alegría, juego y creatividad permea la escuela desde el mismo primer día. Esta escuela ha creado un ambiente de aprendizaje de renombre mundial.

El aprendizaje activo es divertido y/o cautivante. Una niña de quinto grado a quien entrevistamos recuerda claramente su "mejor" clase de Escuela Dominical. Cristina lo describió así: "Jesús era la luz, y nos fuimos a un cuarto obscuro y apagamos las luces. Teníamos una vela y aprendimos que Jesús es la luz y que la obscuridad no puede en contra de la luz." Eso es aprendizaje activo. Cristina disfrutó la lección. Se divirtió y aprendió.

El aprendizaje activo intriga a las personas. Cuando encuentran una experiencia de lavar pies cautivadora o tal vez un poco incómoda, aprenden. Y también aprenden en un nivel más profundo que ninguna hoja de ejercicio de conej-to o conferencia jamás podría lograr.

3. EL APRENDIZAJE ACTIVO INVOLUCRA A TODOS.

En el aprendizaje activo no hay espectadores pasivos. Aquí es donde se ve con abundante claridad la diferencia entre el aprendizaje activo y el pasivo. Es como la diferencia entre mirar un partido de fútbol en la televisión y jugarlo en realidad.

Sí, usted aprenderá un poco sobre fútbol mirándolo en la televisión, pero aprenderá mucho más y recordará el partido por más tiempo, si se pone el uniforme y entra a la cancha y juega.

La "caminata de confianza" provee un buen ejemplo de cómo involucrar a todos en el aprendizaje activo. La mitad del grupo se cubre los ojos con vendas, mientras la otra mitad del grupo sirve de guías. Las personas "ciegas" confían en sus guías para que les lleven en un recorrido por el edificio o las afueras del mismo. Los guías evitan que los ciegos se caigan por las escaleras o tropiecen. Todos necesitan participar para aprender las lecciones implícitas de confianza, fe, duda, temor, seguridad y servicio. Si hubiese espectadores pasivos en esta experiencia, aprenderían poco; los participantes aprenden mucho.

4. EL APRENDIZAJE ACTIVO SE ENFOCA MEDIANTE EL DIÁLOGO POSTERIOR.

Tener actividad simplemente por el gusto de la actividad por lo general no resulta en buen aprendizaje. Es por esto que necesitamos realizar un buen diálogo posterior significativo a continuación de cada actividad.

Sin el diálogo posterior la actividad de caminata de confianza que describimos anteriormente puede quedarse en la memoria de los estudiantes meramente como un ejercicio interesante. Para poder obtener el verdadero mensaje bíblico de esta experiencia tenemos la necesidad de dialogar en grupo.

El diálogo posterior, evaluando la experiencia en parejas o pequeños grupos, ayuda a analizar la experiencia y obtener su significado. También ayuda a analizar y poner en orden la información que los estudiantes acumularon durante la experiencia. Ayuda a los estudiantes a relacionar con sus vidas la actividad que acaban de llevar a cabo.

El diálogo posterior resulta mejor cuando se lo hace inmediatamente después de una experiencia. Esto también es verdad en los momentos aptos para la instrucción, esas ocasiones inesperadas cuando los estudiantes están listos para aprender. Simplemente reúna a sus alumnos y dígales: "Hablemos sobre lo que acaba de suceder."

Nosotros usamos un proceso de tres pasos para el diálogo posterior: reflexión, interpretación y aplicación.

A. Reflexión. Este primer paso les pregunta a los estudiantes: *"¿Cómo se sintieron?"* Las experiencias de aprendizaje activo por regla general producen emociones, así que es apropiado comenzar nuestro diálogo posterior aquí.

Algunas personas preguntan, "¿Qué tienen que ver los sentimientos con la educación?" Mucho. Piense en algún momento en su vida cuando usted realmente aprendió una gran lección. Lo más probable es que fuertes sentimientos acompañaron la ocasión. Nuestras emociones tienden a estampar las cosas en nuestra memoria.

Al realizar el diálogo posterior use preguntas de respuesta abierta para explorar los sentimientos. Evite preguntas que puedan ser contestadas con un sí o un no. Haga saber a sus alumnos que no hay respuesta errada a estas preguntas de reflexión. Los sentimientos de todos son válidos.

B. Interpretación. En el próximo paso del proceso de diálogo posterior pregunte: *"¿Qué significa esto para ustedes? ¿Cómo se asemeja esta experiencia a otros aspectos de sus vidas?"* Ahora les está pidiendo que identifiquen un mensaje o principio de la experiencia.

Digamos que usted está enseñando una clase de niños de primer grado. Un domingo en la mañana usted toma una paleta de helado (nieve) y se la come frente a sus estudiantes. Usted observa sus miradas de hambre mientras se acaba el helado. Primero usted les pregunta: "¿Cómo se sintieron mientras me comía el helado frente a ustedes?" (Esta es la pregunta de reflexión.) Luego añade, "¿Cómo se parece lo que acaba de suceder aquí, con las veces que ustedes no comparten sus cosas con los otros niños?" Esa es la pregunta de interpretación, conectando la experiencia fresca con algún otro aspecto de la vida.

Ahora usted quiere que sus estudiantes descubran el mensaje. En vez de decirles a los niños una respuesta, tómese el tiempo y haga preguntas, y anímelos a que lo descubran por sí mismos. Use pasajes bíblicos y diálogo posterior en parejas o pequeños grupos para explorar cómo las acciones y efectos de sus actividades pudieran ponerse en práctica en sus vidas.

¡Esté alerta! Algunos de sus estudiantes pueden interpretar mensajes maravillosos, los cuales no estaban en sus planes. ¡Eso no es fracaso! Es el Espíritu Santo obrando. Dios nos permite captar diferentes destellos de su reino, aunque tal vez todos estemos mirando a través del mismo lente.

C. Aplicación. El paso final para el diálogo posterior es preguntar: *"¿Qué van a hacer al respecto?"* Este paso lleva el aprendizaje a la acción.

Sus estudiantes han participado en una experiencia en común. Han descubierto un principio. Ahora tienen que crear algo nuevo con lo que acaban de experimentar e interpretar. Tienen que integrar el mensaje a sus vidas.

El paso de la aplicación en el diálogo posterior pide un compromiso. Pregunte a sus estudiantes cómo van a cambiar, cómo van a crecer y qué van a hacer como resultado del tiempo que pasaron juntos.

Demasiado a menudo descuidamos el compromiso en la iglesia. Tal vez seamos diligentes para entusiasmar a nuestros estudiantes con algo, pero somos tímidos en cuanto a encaminarlos. Tal vez prediquemos de forma elocuente: "Amarás a tu prójimo," pero rara vez le pedimos a las personas que se comprometan a vivir ese mensaje bíblico la semana entrante.

Realmente, ninguno de nosotros logra nada sin compromiso. Si queremos que nuestros estudiantes crezcan en la vida cristiana, tenemos que pedirles su compromiso.

El proceso del diálogo posterior crea un medio ambiente muy bueno para el compromiso: ¡tenemos testigos! Los compromisos hechos sin testigos que los observen generalmente se rompen y se olvidan. Los testigos proveen el sentido de responsabilidad.

Dentro de parejas o grupos pequeños que están dialogando podemos pedir un compromiso de muchas maneras. Podemos pedir un compromiso oral. Cada persona puede contestar públicamente a una pregunta sencilla, como por ejemplo, "¿Cómo le afectó, en forma individual, la experiencia de hoy sobre los grupitos y el excluir a una persona en cuanto a cómo se comportará en nuestro grupo de hoy en adelante?" o "¿A qué persona va a llamar esta semana para invitarla a nuestro grupo?"

El compromiso puede tener lugar también durante el tiempo de oración, durante el cual cada persona le pide ayuda a Dios en voz alta para alcanzar alguna meta.

Los compromisos también pueden ponerse por escrito. Se puede guardar los compromisos escritos en cierto lugar, o se los puede intercambiar con algún compañero, o el maestro puede recogerlos y entregárselos a los estudiantes un mes más tarde como un recordatorio que les motive.

> **"El conocimiento es experiencia. Todo lo demás es tan sólo información."**
> —*Alberto Einstein*

EL APRENDIZAJE ACTIVO Y LOS ESTUDIANTES CON PROBLEMAS DE APRENDIZAJE

La iglesia no le ha hecho ningún favor a los estudiantes con problemas de aprendizaje (P.A.). Conej-tos, crucigramas y rompecabezas no son medios de aprendizaje divertidos para los niños con P.A. Son pura tortura para ellos.

Las clases basadas en conferencias pasivas dejan a los niños con P.A. varios pasos detrás. La mente de ellos está aún tratando de desmadejar las primeras palabras del maestro mientras que la clase sigue avanzando vertiginosamente al ritmo de "mientras más, mejor."

Los niños con P.A. sufren de algo más que su dosis de baja autoestima. Los salones de clase pasivos basados en el maestro, e interminables ejercicios de conej-tos parecen aumentar sus desventajas. Sus frustraciones aumentan a niveles explosivos en ocasiones, y se convencen a sí mismos de que son tontos y que no valen nada.

Sin embargo el aprendizaje activo les abre nuevos y amplios horizontes a los niños con problemas de aprendizaje. Un buen aprendizaje activo incluye todos los sentidos, y los niños con P.A. que tal vez sean pobres en aprendizaje auditivo, pueden aun aprender lecciones bíblicas por medio de los otros sentidos.

Debido a que los niños con P.A. tienen más éxito y se sienten más cautivados en las clases de aprendizaje activo, son un problema menos de disciplina. Los maestros tradicionales en las iglesias a menudo se frustran mucho con algunos niños "hiperactivos" que siempre parecen estar fuera de control. Muchos de estos llamados niños incontrolables son en realidad niños con problemas de aprendizaje, cuyas necesidades no están siendo suplidas por la metodología poco eficaz que se usa en la clase. Pero cuando los maestros empiezan a usar el aprendizaje activo estos mismos niños se vuelven mucho más dóciles porque se encuentran participando y avanzando a su propio paso.

¡Qué ministerio tan especial puede proveer la iglesia a los niños con P.A.! Y se lo puede lograr sin tener que tratarlos en forma diferente, o separarlos de sus amigos.

El aprendizaje activo es eficaz, con todo tipo de estudiantes.

JESÚS EL MAESTRO ACTIVO

Jesús fue el Maestro de maestros. Usó una gran variedad de métodos de aprendizaje. Desde jovencito modeló el valor de la lectura de la Palabra de Dios. Y como adulto usó su poderoso don de oratoria. Nunca escribió un libro. Confió en que la potencia de sus encuentros con las personas sería recordada y trasmitida a lo largo de las edades.

Jesús sumergió a las personas en experiencias de todo tipo: sanó a algunos, alimentó a otros, y echó fuera demonios de otros más. Manipuló el clima para enseñar a sus discípulos una lección (Mt. 8:23-27).

Le encantaba enseñar con los materiales interesantes que le rodeaban. Nunca usó hojas de llenar espacios en blanco. Usó tierra, agua, vino, ropa, árboles, granos de trigo, ovejas, cabritos, botes, redes, peces, niños, y hasta una moneda romana; los artículos comunes de su época.

Jesús sabía que las personas aprendían al hacerlo. Para enseñar a sus discípulos una lección sobre el servicio se puso de rodillas y comenzó a lavarles los pies. Pudo haberles predicado un sermón elocuente sobre el servicio, pero conocía el poder de la experiencia. Sabía que sus discípulos lo comprenderían mejor si *experimentaban* esta lección.

Sus discípulos, al igual que muchos en la iglesia hoy día, objetaron la metodología de aprendizaje activo de Jesús. Pedro exclamó: "¡No! ¡Jamás me lavarás los pies!" Se hubiera sentido mucho más cómodo escuchando pasivamente un sermón.

Pero Jesús insistió. Es más, le dijo: "Lo que yo hago, tú no lo comprendes ahora; más lo entenderás después" (Jn. 13:7). Lea esa cita de nuevo. Es la esencia del aprendizaje activo. Las grandes lecciones vienen mediante experiencias de la vida. A menudo no nos damos cuenta ni siquiera de que estamos aprendiendo algo profundo. La reflexión acerca de una experiencia destaca la lección y la fija en nuestro corazón. Después de lavarles los pies, Jesús preguntó: "¿Sabéis lo que os he hecho?" (v. 12).

Jesús comprendía el proceso de la mente humana. Sabía que los discípulos nunca iban a captar lo que es el servicio o la naturaleza de Dios mientras no experimentaran algo emocionante. Pudo haber explicado el concepto, pero prefirió enseñárselo con una experiencia contundente que nunca olvidarían.

Sí, Jesús usó anécdotas y otras formas más pasivas de enseñanza, pero las intercaló de forma creativa con muchos episodios de aprendizaje activo, fortaleciendo e impulsando de esta forma un mensaje que vivirá para siempre.

LOS TEMORES DEL APRENDIZAJE ACTIVO

El aprendizaje activo no es una moda que pasa. Es un método eficaz y probado. Jesús lo usó a la perfección, pero muchas personas en las iglesias le tienen miedo. ¿Por qué? Veamos algunos temores comunes.

TEMOR #1: DEMASIADO ARRIESGADO

Algunos maestros y predicadores dicen que es muy arriesgado dejar que las personas descubran lecciones mediante experiencias activas. "Cuando yo doy la charla, al menos sé que las personas están recibiendo algo sólido," dicen. No esté tan seguro. Dictar una conferencia es extremadamente arriesgado. Muchas personas no están concentradas en el orador. Los que están escuchando olvidarán la mayor parte de lo que dijo el orador antes de que tengan tiempo de aplicarlo.

Otros ponen su confianza en los cuadernos de ejercicios del estudiante. "La información está toda allí," dicen. "Es completa y exacta." La realidad es que datos en una página no cambian mágicamente el comportamiento de los estudiantes. La mayoría de las personas olvidan con facilidad casi todo lo que leen en las hojas de ejercicios. Descansar en conej-tos es realmente un alto riesgo.

Sin embargo los maestros aun le temen al aprendizaje activo. "¿Qué tal si ellos no comprenden el punto que deseo comunicarles?" Pues bien, quizás entonces aprendan algo *mejor* de lo que el maestro intentaba comunicarles. El aprendizaje activo les permite a los estudiantes aprender diferentes verdades de una misma experiencia. ¿Acaso no podemos confiar en que el Espíritu Santo va a guiar a nuestros estudiantes?

La Biblia está llena de experiencias de aprendizaje activo, y en cada una se requiere que el estudiante "perciba" la verdad. Abraham, Isaac, Jonás, el diluvio, las bodas de Caná, la tormenta en el mar, la mujer sorprendida en adulterio, la pregunta sobre los impuestos, la sanidad en el día de reposo; todas ellas son lecciones de alto riesgo.

Si Dios puede correr el riesgo del aprendizaje activo, quizás nosotros también podemos arriesgarnos.

TEMOR #2: LA SABIDURÍA DEL MAESTRO SE DESPERDICIA

Algunas personas ven el aprendizaje activo como "el ciego guiando al ciego." Sin la conferencia del maestro, sin el cuaderno del estudiante, temen que los estudiantes simplemente unirán su ignorancia.

En el aprendizaje activo los maestros desaparecen. Ellos sí ofrecen su sabiduría y conocimiento, pero no en forma de discurso o sermón. Durante el tiempo del diálogo posterior los maestros intervienen junto con los estudiantes. Como miembros del grupo tienen derecho de ser escuchados; y en este ambiente informal, de pequeños grupos, el conocimiento de los maestros tiene más peso. Están hablando personalmente desde el corazón, y no presentando un espectáculo desde la plataforma.

TEMOR #3: DEMASIADO RUIDO

Al observar por primera vez una sesión de aprendizaje activo algunos maestros se escandalizarán. "¿Usted llama a esto aprendizaje? ¡Lo que hay es ruido, caos y risas!" terminan diciendo.

Sí, tenemos que admitir que el aprendizaje activo en ocasiones resulta en un alto nivel de ruido. ¿Pero, quién ha decretado que el aprendizaje es más eficaz en un salón de clases pasivo y en silencio?

Una revista de niños hace poco publicó su selección de las diez mejores escuelas de los Estados Unidos. Una de ellos fue la Escuela Pública #87 en la ciudad de Nueva York. La descripción: "Camine por los pasillos y ni siquiera podrá escuchar sus propios pasos. En su lugar, la voces de los niños llenan el ambiente. Las voces de los maestros se pueden escuchar también por encima del barullo, haciendo de esta una escuela realmente muy ruidosa. En ninguno de los salones de clase se halló a los niños sentados detrás de sus pupitres mientras los maestros daban instrucciones."[6]

Bev Box, una maestra de California, reconocida a nivel nacional en los Estados Unidos, dijo en una entrevista en el programa de televisión *20/20* de la cadena ABC: "Me horrorizo cuando veo a los niños plantados sobre sus asentaderas, y a los maestros habla que habla, mientras todo el mundo trata de hacer que se guarde silencio: 'Sh, sh, sh, sh, sh, sh.'"[7]

Marcos, un maestro de Escuela Dominical en una clase con niños de quinto grado, comenzó hace poco a usar el plan de estudios de *"Hands-On Bible Curriculum"™ (Currículo bíblico práctico, en inglés)*, producido por la editorial Group Publishing. Cuenta que antes de cambiar a este plan de estudios de aprendizaje activo pasaba "la mitad del tiempo de su clase mandando a los niños a callar. Ahora no tengo que disciplinarlos mucho. Aún hacen ruido, pero su bulla es bulla de aprendizaje. Realmente participan en la lección."

TEMOR #4: PÉRDIDA DEL CONTROL

Este temor es muy afín con el temor al ruido. A algunos maestros les preocupa que si los estudiantes salen de sus pupitres, ocurrirá un motín. Los maestros se sienten más cómodos estando ellos de pie, en control, frente a una clase en silencio, quieta que recibe pasivamente el conocimiento que el maestro dispensa.

Sin embargo, nuestro objetivo no es ver a los estudiantes sentados quietos en sus pupitres. El objetivo no es el control, sino el aprendizaje; y el aprendizaje fácilmente tiene lugar en medio de la actividad.

En la iglesia se ha hecho demasiado énfasis y entendido mal la cuestión del control en las clases de jóvenes y niños. Los muchachos quieren moverse y gastar energías por una simple razón: ¡así es como son! ¡Son muchachos! Eso es lo que hacen los niños. Parecen tener dentro cincuenta mil vatios de energía, y esa energía tiene que salir de alguna forma. Nosotros los adultos nos pasamos el tiempo tratando de inventar formas de sellar herméticamente la energía en los niños. Es un esfuerzo inútil.

El aprendizaje activo le ofrece a los niños (y a los adultos) una salida positiva y apropiada para su energía natural. Puesto que tienen oportunidades de gastar alguna energía, con mayor probabilidad concentrarán sus pensamientos cuando es tiempo para el diálogo posterior. Es por esto que los maestros de aprendizaje activo se quejan menos de problemas de disciplina que los maestros que usan el aprendizaje pasivo.

TEMOR #5: FRACASO

Algunos maestros temen que una experiencia de aprendizaje activo no resulte como se espera. "¿Qué tal si esto no resulta?"

La belleza del aprendizaje activo es que puede haber educación de calidad sin que importe cómo resulte la actividad. Maestros habilidosos en el aprendizaje activo pueden desarrollar ocasiones de gran aprendizaje aun en lo que parece ser el más desastroso fracaso.

Un maestro trató de realizar una experiencia de lavar los pies a sus adolescentes. Esperaba que hubiera aprendizaje significativo cuando los muchachos se quitaran los zapatos y recibieran su acto de servicio. Sin embargo el "fracaso" se impuso sobre la experiencia cuando un muchacho rebelde, Ricardo, rehusó quitarse los zapatos. En medio de este momento tan incómodo, el líder casi deseó haber dado su acostumbrada charla sobre el servicio en lugar de arriesgarse a fracasar con este asunto del aprendizaje activo.

Pero este líder percibió un momento apto para la enseñanza. Le preguntó al grupo: —¿Cómo se sienten en estos momentos?—. Luego de un breve silencio, uno de los muchachos le preguntó a Ricardo por qué no quería quitarse sus zapatos. Ricardo tragó en seco, y luego dijo: —Eh; me da vergüenza. Mis pies son bien feos. No quiero que nadie los vea.

Lo que sucedió después permitió que Ricardo experimentara el amor incondicional de Dios. Hasta ese momento Ricardo se había sentido como alguien que no encajaba en el grupo. Uno por uno, los muchachos expresaron su afirmación y amor por Ricardo. —No importa cómo se vean tus pies, nosotros te queremos tal como eres—, le dijo uno de los muchachos.

Después de ese incidente de "fracaso" durante el aprendizaje activo Ricardo nunca volvió a ser el mismo. En vez de ser un miembro marginado del grupo, comenzó a participar. Hoy día Ricardo es pastor.

> **"No creo que aprendemos por nuestros triunfos. Pienso que aprendemos por nuestros errores."**
> —Chuck Jones, creador de Wile E. Coyote[8]

TEMOR #6: LAS PERSONAS SE CANSARÁN

Los maestros que usan el aprendizaje pasivo a menudo expresan este temor, porque no comprenden.

Después de emplear el aprendizaje activo por más de veinte años, no hemos escuchado ni a un solo estudiante decir: —Realmente me aburro de hacer algo nuevo todas las semanas. ¿No podríamos regresar a las viejas conferencias y cuadernos de ejercicios?

Lo que cansa a los estudiante es el aprendizaje pasivo, no el aprendizaje activo. Los niños y los adultos se cansan, hasta enfermarse, de discursos, acertijos, y conej-tos.

El aprendizaje activo, por su propia naturaleza, ofrece variedad y expectación. Cada una de las experiencias activas puede ser diferente, utilizando diferentes sentidos, diferentes emociones y diferentes descubrimientos. Las sesiones de aprendizaje activo incluyen una variedad de niveles de actividad. Las experiencias activas se pueden mezclar con momentos tranquilos, como el diálogo, debates, ejercicios bíblicos, y oración. En realidad son escasas las probabilidades para aburrirse, tanto como las de predecir lo que va a ocurrir.

Los que leen inglés pueden aprender mucho más sobre el aprendizaje activo en nuestro libro, *Do It! Active Learning in Youth Ministry* (*¡Hágalo! Aprendizaje activo en el ministerio a los jóvenes*).

La sección de "HÁGALO" que sigue a continuación ofrece ideas de programación práctica que le ayudarán a explicar y aplicar en su iglesia estos principios. Recuerde que las respuestas dadas en paréntesis son simplemente muestras de las respuestas que los alumnos podrían dar, y no quiere decir que sean necesariamente las respuestas correctas.

¿Qué es lo que realmente resulta en el aprendizaje activo? Las próximas páginas le ofrecen una variedad de ideas para todas las edades. Aunque todas las experiencias contienen los ingredientes del aprendizaje activo, las hemos organizado de tal forma que acentuamos ciertos aspectos del proceso de aprendizaje activo. ¡Pruébelas y celebre el gozo del descubrimiento!

IDEAS PARA AVENTURAS

La "aventura" tiene un aura de emoción, de lo desconocido, y de un espíritu pionero. Aquí tiene cuatro actividades que hacen precisamente eso.

- **Una nueva visita a Belén.** Haga de la temporada de Navidad una aventura maravillosa de aprendizaje. Investigue cómo tuvo que haber sido la vida hace dos mil años en Belén: las calles, la comida, la ropa. Involucrando a todas las edades como pastores, vendedores, alfareros, y cosas semejantes, improvise un drama de cómo habría sido la época en la que nació Jesús. Haga de los salones de clase tiendas, lugares para comer, un mesón demasiado lleno, un establo y un campo. Deje que los visitantes curioseen de un lugar a otro para conocer a Belén. Para el gran final, la escena del nacimiento, ¡use un verdadero bebé, por supuesto!

Esto no solamente puede ser una experiencia de aprendizaje inolvidable, sino que ¡puede ser también una forma de alcanzar a la comunidad! Otras posibilidades: la Semana Santa y la historia de la pasión, episodios bíblicos en las calles de Jerusalén, y el mar de Galilea en una piscina o playa.

- **Proyectos de servicio.** Algunas de las aventuras de aprendizaje de mayor éxito tienen lugar cuando las personas tratan de suplir las necesidades de otras. El "factor de aventura" aumenta cuando los estudiantes se ven obligados a relacionarse con personas necesitadas: los ancianos, los desamparados y los niños afectados por la pobreza y sus familiares. Usted nunca podrá imaginarse cuál será el resultado. En ocasiones los necesitados no agradecen o no saben cómo expresar sus sentimientos. ¡En ocasiones los que trabajan entienden que los necesitados son más felices que ellos mismos!

La participación activa en proyectos de servicio es más poderosa cuando se examinan las experiencias mediante el diálogo intencional. Mucho valioso aprendizaje se pierde si no se dialoga sobre lo que ha sucedido, lo que las personas sienten, y cómo se relaciona la Biblia con toda la experiencia. Servir a los necesitados y luego hablar sobre la experiencia puede resultar en un aprendizaje activo en su mejor expresión.

- **Aventuras en el salón de clases.** Muchos piensan que las aventuras ocurren sólo fuera de las paredes del salón de clases. Eso no es cierto. Las que siguen son dos aventuras inolvidables que tienen lugar dentro del salón de clases:

¿EN QUIÉN CONFÍAS?

(Para niños de doce años hasta adultos)

Pida que dos voluntarios pasen al frente del salón. Reparta globos al resto de los asistentes. Pida que cada persona infle su globo y que le haga un nudo. Diga: **En un momento cada uno de ustedes va a pasar al frente, y colocarse frente a uno de los voluntarios pero dándole la espalda. Debe sostener el globo por encima de su cabeza. Si escoge a la persona correcta su globo no será reventado, pero si escoge a la persona equivocada, ¡cuidado! Después de que cada persona haya pasado al frente, yo indicaré a los voluntarios quién es el que hace explotar los globos en la siguiente vuelta. ¿Alguna pregunta?**

Lleve a los voluntarios aparte, y déle a cada uno un alfiler o una presilla de papel enderezada. Dígale a uno de ellos que siempre reviente los globos y al otro que nunca los reviente. Explíqueles que aunque en cada ocasión usted los llevará aparte para pretender que les da nuevas instrucciones, solamente lo hará la persona a la que originalmente se le pidió que reviente los globos. También dígales que deben tratar de convencer al resto de la clase que no van a reventar los globos.

Pida que el primer estudiante pase al frente y que escoja a uno de los voluntarios. Luego pida que el estudiante se coloque de espalda al voluntario, sosteniendo su globo sobre su cabeza. Diga: **¡Listo . . . ahora!**

Observe las expresiones de los estudiantes mientras le revientan o no su globo. Una vez que cada persona haya tenido su turno, forme un círculo y pregunte:

- **¿Qué les hizo escoger a una persona y no a la otra?** (Él o ella no reventó ningún globo; yo evité a la persona que siempre los hacía reventar.)
- **¿Cómo se desarrolló su confianza en la persona que nunca reventaba los globos?** (Mientras más veces decía la verdad, más le creía; uno podía confiar en que cada persona seguiría haciendo lo mismo.)
- **¿Cómo se parece esto a creer en Dios?** (Uno tiene que creer que Dios no le va a hacer daño; Dios siempre es igual, Él nunca miente.)

Diga: **Creer en Dios es como confiar en la persona que hizo lo que dijo que iba a hacer. Si el evangelio hubiera venido de un Dios que continuamente mintiera y engañara a su pueblo, sería difícil creer en Él. Pero nosotros podemos confiar en el evangelio en parte porque sabemos de dónde procede: del Dios que demostró ser veraz al cuidar de su pueblo en el Antiguo Testamento.**[9]

LIDIANDO CON IMPEDIMENTOS

(Para niños de quinto grado hasta adultos)

Escoja un área de su edificio como "zona de seguridad" para esta actividad. Forme equipos de cuatro personas y déle a cada estudiante una sección de la hoja suelta "Heridos en desastre aéreo" que se encuentra en la página 127.

Dígales: **Ustedes han estado en un desastre aéreo ocurrido en un área montañosa y remota. Milagrosamente todos sobrevivieron, aun cuando con diferentes heridas. Para ganar este juego de sobrevivientes tres personas de su equipo tienen que llegar hasta la zona de seguridad, moviéndose solamente según se lo permitan sus heridas. Cualquiera que no llegue antes que pasen dos minutos morirá porque el avión explotará.**

Indíqueles dónde se encuentra la zona de seguridad y pídales que vayan rápidamente allá. Después de dos minutos, reúna a los grupos.

Pida que se sienten en círculo por equipos en el piso. Pida que cada equipo designe a una persona como secretario para anotar las ideas, otra persona que sirva como portavoz, una tercera persona para que sirva como lector y una cuarta que anime a todos a participar en el diálogo.

Pida que cada grupo lea Levítico 19:14-16 y luego dialoguen en sus grupos sobre las siguientes preguntas :

- **Durante esta actividad, ¿de qué forma diferente se trató a las personas debido a sus heridas?** (Era difícil mover a alguien que estaba paralizado; no pudimos convencer al muchacho con la cabeza rota a que nos acompañara.)

- **¿Cómo se sintieron en cuanto a la forma que su equipo les trató? Expliquen.** (Bien, porque todos trabajamos juntos; decepcionado, porque sentí que me dejaron a un lado; frustrado, porque no podía hacer nada para ayudar a mi equipo.)

- **¿Cómo se parece esta actividad a la forma en que nosotros tratamos a las personas que en realidad tienen impedimentos físicos?**

HERIDOS EN DESASTRE AÉREO

Fotocopie esta página y luego recorte suficientes tiras de modo que cada persona reciba una.

Usted tiene rota la pierna izquierda. No puede usarla para nada.

Usted está paralizado de la cintura para abajo. Eso significa que no puede moverse a menos que alguien lo lleve en brazos o que usted mismo se arrastre con los brazos.

Usted se ha roto el brazo derecho y el pie izquierdo. No puede usar ninguno de los dos.

Usted no puede ver.

Las heridas recibidas en la cabeza le han dejado confuso y desconfiado. Lleve la contraria a todo mundo. Trate de convencer a los miembros de su equipo que usted tiene razón y todos ellos están equivocados.

Se concede permiso para fotocopiar esta hoja para el uso de la iglesia local. Derechos de propiedad intelectual reservados. Copyright © Editorial Acción, Box 481, Loveland, CO 80539.

(No sabemos cómo tratarlos; tenemos la tendencia de dejarlos fuera de nuestras actividades; no esperamos que logren gran cosa.)

- **¿Qué actitudes debemos tener hacia las personas con impedimentos según lo que nos dice Levítico 19:14-16?** (Debemos tratarlas con respeto; mostramos respeto hacia Dios cuando ayudamos a las personas con impedimentos.)
- **¿Cuál es la dificultad en cuanto a seguir las instrucciones que se dan en Levítico 19:14-16?** (Me siento incómodo cuando encuentro a personas con impedimentos; no quiero que mis amigos se burlen de mí por codearme con personas con impedimentos físicos; yo no sé cómo una persona impedida desea que se le trate.)
- **¿Cuáles son las recompensas de tener una actitud similar a la descrita en Levítico 19:14-16?** (Puedo hacer nuevos amigos con todo tipo de personas; mis acciones pueden dar honra a Dios; las personas me tratarán como yo las trato.)

Después de unos pocos minutos dé por terminado el diálogo en los grupos pequeños. Pida que los portavoces tomen su turno y digan cómo reaccionó su equipo.

Diga: **Debido a que Dios nos acepta, nosotros podemos aceptar a los demás, sin que importe lo que podemos o no podemos hacer. Todo el mundo se beneficia cuando ponemos en práctica la actitud enseñada en Levítico 19:14-16.**[10]

El aprendizaje activo es una aventura. Sea investigando y creando de nuevo al pueblo de Belén (en vez de escuchar una historia sobre el asunto), alcanzando a personas en necesidad (en vez de leer sobre ellos), reventando globos para mostrar confianza (en vez de simplemente estudiar porciones bíblicas sobre la confianza), o fingir haber quedado inválidos (en lugar de imaginar como se sentiría quedar inválido), usted nunca sabrá exactamente cómo resultará la aventura. Las posibilidades de la aventura son interminables, y de igual forma es el aprendizaje.

IDEAS DIVERTIDAS Y/O CAUTIVANTES

Es muy lamentable que tantas personas piensen que aprender es aburrido. A continuación se presentan algunas ideas que cautivarán a los estudiantes y les permitirá divertirse en el proceso.

1. Cuidado del bebé. Ayude a los jóvenes a experimentar la responsabilidad que significa tener un bebé. Los adultos pueden explicar a los adolescentes las realidades de criar un hijo, pero ese método palidece en eficacia en comparación a éste: Déle a cada joven un paquete de arroz de tres kilos. (Puede usar un huevo crudo, pero algunos han encontrado que el peso y la forma en que se siente el paquete de arroz, es más realista.)

Durante una semana los jóvenes deberán cuidar de su paquete de arroz como si fuese un bebé de verdad. Eso quiere decir que tienen que ponerle nombre, vestirlo, comprarle comida y pañales, y mantenerlo con ellos todo el tiempo a menos que hagan arreglos para que alguien lo cuide en su lugar. Si le pasa cualquier cosa al "bebé," la persona tendrá que comparecer ante sus compañeros para ser sometido a juicio.

Esta actividad permitirá a los estudiantes sentir la presión de la responsabilidad, vergüenza, lucha, novedad, orgullo; todo tipo de sentimientos conectados con el tener un bebé a su edad. Con un diálogo posterior apropiado, esta actividad puede afectar profundamente la decisión de los jóvenes en cuanto a las relaciones sexuales antes del matrimonio.

2. La Santa Cena. Ayude a las personas a comprender la historia de la Última Cena de Jesús con los discípulos. Tenga una Cena Pascual con todo los alimentos especiales y lecturas conectadas con la ceremonia. Deje que los estudiantes investiguen sobre la institución de la pascua, según el libro de Éxodo, y preparen la cena. Pídales que ellos mismos preparen también el pan necesario. Hacer esto alrededor del viernes santo ofrece un significado más profundo a la muerte de Cristo en la cruz y a la celebración de la Santa Cena.

3. Un juicio. Realice una simulación real de un juicio. Ponga a alguien para ser juzgado por ser creyente. Use abogados defensores y fiscales acusadores. Pida que los estudiantes decidan si hay suficiente evidencia para declarar que la persona es creyente.

4. Sorpresas en el salón de clase. Las siguientes son dos actividades de salón de clases muy diferentes que cautivarán a sus estudiantes:

JESÚS LLAMÓ A ZAQUEO
(Para preescolares)

Sostenga en alto una bolsita de plástico transparente llena de monedas y pregunte:

- ¿Qué ven ustedes en esta bolsita?
- Yo tengo que trabajar muy duro para ahorrar mi dinero ¿cómo piensan ustedes que me sentiría si alguien me lo quitara?
- ¿Se sentirían ustedes mal si fueran la persona que me lo quita?

Diga: Dios nos ama y se interesa en nosotros. Debido a que quiere lo mejor para nosotros, nos dice que no debemos robar.

(Guarde la bolsa con las monedas para que los niños no se distraigan con ella.)

Permítanme contarles de un hombre que se sentía mal y triste porque estaba robándose el dinero de las personas. Se llamaba Zaqueo, y aunque tenía mucho dinero no tenía amigos.

Repitan "Zaqueo" conmigo. *(Los niños repiten "Zaqueo.")* Cada vez que oigan el nombre *Zaqueo* quiero que hagan una mueca fea. Recuerden que nadie quería a *Zaqueo*. Muéstrenme su mueca. Todos sabían que *Zaqueo* estaba robándoles el dinero, y a nadie le gustaba estar con él.

Un día todo el pueblo corría por las calles, gritando: "¡Ahí viene Jesús! ¡Ahí viene Jesús!" Vamos a pretender que nosotros somos la multitud. *(Pida que todos los niños salten y señalen hacia la puerta mientras dicen: "¡Ahí viene Jesús!")*

La multitud se puso a los lados del camino para ver a Jesús. Zaqueo era un hombre bajito de estatura, así que no podía ver por entre la multitud; así que, ¿saben lo que hizo? Se subió a un árbol para poder ver mejor. Todos vamos a pretender que nos estamos subiendo a un árbol *(Muéstreles a los niños como pretender que se sube a un árbol.)*

¿Están todos encima de un árbol?

Efectivamente, una vez que *Zaqueo* se subió al árbol pudo ver a Jesús que venía por el camino. ¡*Zaqueo* se emocionó tanto que casi se cae del árbol! Jesús y la multitud se acercaban por el camino. Cuando Jesús llegó a donde estaba *Zaqueo*, se detuvo y miró hacia arriba.

—Zaqueo—, le dijo Jesús, —bájate de ese árbol. Quiero ir a tu casa.

(Si conoce el canto "Zaqueo era un hombre pequeñito," enséñelo a los niños en este momento.)

Zaqueo no podía creer lo que acababa de oír. Se sorprendió de que Jesús supiera su nombre. ¿Pero saben una cosa? Dios nos conoce a todos nosotros por nombre, ¿verdad, (diga el nombre de un niño)?

¡Qué contento se puso *Zaqueo*, especialmente al oír que Jesús quería ir a comer en su casa! Se bajó del árbol y le dijo: —Por supuesto, Jesús, eres bienvenido a mi casa.

Ahora, en vez de hacer una mueca cuando oigan el nombre de *Zaqueo*, sonrían. Porque una vez que *Zaqueo* conoció a Jesús todo cambió.

Zaqueo le prometió a Jesús que iba a dar la mitad de su dinero a los pobres para que ellos pudieran comprar comida y ropa. Y le prometió a Jesús que devolvería todo el dinero que les había robado a las personas. En realidad prometió devolver más dinero del que había robado.

Zaqueo se puso muy contento porque Jesús estaba dispuesto a perdonarlo por robar. *Zaqueo* se sintió limpio y feliz. Estaba contento porque en vez de seguir robando a las personas, ahora estaba ayudando a las personas. ¡De pronto *Zaqueo* tuvo más amigos! ¡Pero su mejor amigo era Jesús!

Pregunte:

- **Al principio de la historia, ¿por qué Zaqueo no tenía muchos amigos?**
- **¿Cómo se sintió Zaqueo cuando Jesús lo vió en el árbol y le dijo que iría a su casa para comer con él?**
- **¿Cómo cambió Zaqueo después de que se encontró con Jesús?**
- **¿Por qué el semblante de Zaqueo cambió de una cara triste a una cara feliz?**

Diga: Zaqueo se sintió feliz al ayudar a las personas y al compartir. También a mí me hace feliz, así que cuando sea hora de irnos les daré a cada uno de ustedes una monedita de mi funda.[11]

MI PEQUEÑITA LUZ

(Para niños de quinto grado hasta adultos)

Forme dos equipos: el equipo Y, y el equipo Z. Pida que el equipo Y forme dos filas, a unos dos metros de distancia, y se coloquen de frente para formar un pasillo humano.

Déle al equipo Z una larga vela encendida. Los miembros del equipo Z deben recorrer por turno el pasillo que forma el equipo Y, sin dejar que apaguen la vela. (Vuélvala a encender según sea necesario.) Indique al equipo Y que no pueden moverse ni inclinarse hacia la vela, pero que deben tratar de apagarla soplando todas las veces que puedan.

Vea cuántos estudiantes logran pasar por el pasillo con la vela encendida. Luego haga que los equipos cambien de papel. Una vez que todos los estudiantes hayan tenido su oportunidad de caminar con la vela prendida, recoja y apague la vela. Forme grupos de no más de cuatro personas y pida que lean Mateo 5:14-16 en cada grupo, y que se numeren del uno al cuatro.

CONSEJOS PARA EL MAESTRO

- Asegúrese de advertir a los estudiantes que manejen la vela con cuidado durante esta actividad. Póngale a la vela un candelero de cartulina, para recoger la cera derretida. Recorte un cuadrado de como diez centímetros, y hágale dos pequeños cortes en el centro, y pase la vela por esas incisiones. Quizás usted quiera tener cerca agua o un extinguidor de incendio en caso de accidente.

- Si en su clase sólo hay cinco estudiantes o menos, elija un voluntario para que recorra el pasillo con la vela, mientras el resto de la clase forma el pasillo. Luego haga que los estudiantes que forman el pasillo se turnen para recorrer el pasillo. Si su clase tiene más de veinte personas forme cuatro equipos y dos pasillos.

Dígales: **Dialoguen en sus grupos sobre las siguientes preguntas. Luego voy a decir un número del uno al cuatro. La persona en su grupo con el número que yo llame será responsable de decir a toda la clase una respuesta de su grupo.**

Pregunte:

- **¿Cómo se sentían al tratar de impedir que apagaran la vela? Expliquen.** (Frustrado, porque no pude caminar con suficiente rapidez; contento, porque yo sí llegué al final con la vela prendida.)

- **¿Qué hicieron para evitar que apagaran la vela?** (La cubrí; la sostuve sobre mi cabeza; caminé de espaldas.)

- **¿Qué hacen ustedes cuando los amigos, maestros u otras personas que no son creyentes tratan de apagar la llama de su fe?** (Les digo cómo me siento; les pido ayuda a mis padres; oro por esa persona.)

- **¿Por qué, en ocasiones, cuesta trabajo ser luz para esas personas?** (Puede ser que ellos no crean en Jesús; los maestros pueden enseñar cosas que yo no creo.)

- **¿Cómo puede Dios ayudarles a "mantener la luz prendida" cuando se encuentran con personas cuyas creencias están en conflicto con la fe que ustedes tienen?** (Dios puede ayudarme para estar firme en lo que creo; Dios puede ayudarme a llevarme bien con ellos a pesar de tener opiniones diferentes.)

- **¿Cómo podemos ayudarnos los unos a los otros para enfrentarnos a las personas cuyas creencias están en conflicto con nuestra fe?**

(Hacernos recordar mutuamente Mateo 5:14-16; orar los unos por los otros.)

Diga: **Nuestra fe puede ayudarnos a llevarnos bien con los demás, aun cuando su punto de vista sea diferente de lo que creemos. La "luz" de nuestra fe también puede ayudar a otros para que vean el amor de Dios, así que hagamos un pequeño ejercicio para animarnos unos a otros para que nuestra "luz" brille.**

Forme un círculo y dé a un estudiante una vela prendida. Pida que los estudiantes pasen la vela alrededor del círculo, diciéndole a la persona que cada uno tiene a su derecha lo siguiente: "Una forma en la que yo veo a Dios brillando en ti (usted) es . . . ." Pueden decir cosas tales como: "por medio de tu (su) sonrisa," "en tu (su) actitud positiva," o "porque eres (usted es) servicial."

Apague la vela cuando todos hayan terminado.[12]

Cada ejemplo dado muestra una forma de captar la atención de los estudiantes mediante actividades emocionantes. ¡Imagínese la diversión de ponerle nombre a un "bebé," darse cuenta de la relación entre la Pascua del Antiguo Testamento y el sacrificio de Jesús en la cruz, participar en un juicio simulado, escuchar e interpretar la historia de Zaqueo, y caminar por un pasillo tratando de mantener encendida una vela! Aprendizaje activo como éste genera interés y emoción. Y no solo eso, sino que ayuda a los estudiantes a descubrir y a apropiarse de lo que han aprendido.

IDEAS DE PARTICIPACIÓN TOTAL

Una de las señales del aprendizaje activo es la forma en que involucra a todos. En lugar de un discurso dictado a los estudiantes, las siguientes son dos actividades de salón de clase que ilustran este tipo de participación.

ROMPECABEZAS
(Para estudiantes de secundaria)

Forme grupos de tres o cuatro personas y déle a cada grupo una venda para los ojos y un rompecabezas de diez o quince piezas. Pida que un voluntario en cada grupo se ponga la venda y que otro desarme el rompecabezas. Luego pida que los que tiene los ojos vendados traten de armar su rompecabezas sin ninguna ayuda de los demás miembros del grupo.

Después de un par de minutos de frustración, pida que el voluntario se quite la venda.

Pregunte:

- **¿Cómo se sintieron al tratar de armar el rompecabezas mientras tenían los ojos vendados?** (Frustrado; inútil.)
- **¿De qué manera se parece el tratar de planear el futuro a la experiencia de tratar de armar el rompecabezas con los ojos vendados?** (Es difícil saber lo próximo que sucederá; uno no puede ver cómo se están uniendo las piezas.)
- **Cuando piensan en lo que desean hacer en el futuro, ¿es fácil ver cómo encajan todas las piezas? ¿Por qué sí o por qué no?** (Sí, voy a ir a la universidad y luego conseguir un empleo; no, en realidad no sé qué es lo que quiero hacer.)

Pida que un voluntario lea Proverbios 3:5-6 en voz alta. Luego pida que otra persona en cada grupo se ponga la venda en los ojos.

Diga: **En esta ocasión los miembros de su grupo les pueden decir qué hacer e incluso guiarles las manos, pero ellos no pueden poner ninguna pieza en su lugar.**

Una vez que todos los rompecabezas estén armados pida que los voluntarios se quiten las vendas.

Pregunte:

- **¿Por qué fue tan fácil esta vez armar el rompecabezas?** (Por la ayuda y dirección de los miembros del grupo; no estábamos solos.)

Lea Proverbios 3:5-6 de nuevo. Pregunte:

- **¿A qué se asemeja la ayuda que recibieron de su grupo a la ayuda que Dios ofrece en estos versículos?** (No tenemos que entenderlo todo; podemos confiar en alguien que ve y conoce más que nosotros.)
- **¿Quién realmente merece el crédito por haber armado el rompecabezas?** (Los ayudantes que sí podían ver; los que me guiaron.)
- **¿Deberíamos confiar en Dios completamente para poner en su lugar las piezas de nuestro futuro? ¿Por qué sí o por qué no?** (Sí, Dios conoce lo que es mejor para nosotros; no, nosotros decidimos nuestro futuro.)
- **¿Cómo piensan ustedes que Dios se siente cuando nosotros tratamos de hacer las cosas a nuestra manera, sin buscar su sabiduría?** (Desilusionado; triste.)

Dígales: **El futuro es algo muy valioso. Solamente Dios puede ver cómo resultarán las cosas. Sin embargo Dios deja que seamos nosotros los que decidamos si vamos a confiarle nuestro futuro o a tratar a ciegas de formarlo nosotros mismos.**[13]

RED DE APOYO
(Para jóvenes y adultos)

Forme un círculo y ponga en el centro y sobre el piso una cantidad de tarjetas de archivador o pedazos de papel recortado y lápices. Diga: **Todos tenemos aspectos de nuestra fe como paciencia, amor por los demás, y confianza en Dios que pueden ayudarnos a lidiar con las burlas y la mofa. Piensen en una cualidad positiva de la persona que tienen a su izquierda. Luego tomen una tarjeta (u hoja de papel) y un lápiz y escriban allí esa cualidad destacada que usted nota en la persona a su izquierda. Denle la tarjeta o papel a esa persona para que la lea. Luego escriban por lo menos otra tarjeta para otra persona en el círculo.**

Cuando cada persona tenga por lo menos una tarjeta, pídales que pongan las tarjetas una al lado de la otra en el piso en el centro del círculo, y luego que le ayuden a pegar las tarjetas con cinta adhesiva para formar una "red." Luego pídales que se agrupen y sostengan la red en el centro del círculo.

Diga: **Al darnos apoyo y aliento unos a otros formamos una red que nos ayuda a sentir confianza en nuestra fe.**

Todavía sosteniendo la red pida que voluntarios concluyan en oración dándole gracias a Dios por la persona que tienen a su derecha, y por el apoyo que él o ella le da. Concluya pidiéndole a Dios que use los puntos fuertes del grupo como una red para ayudar a cada uno a enfrentar los momentos buenos y malos.[14]

Al involucrarse en la actividad los estudiantes no pueden quedarse sentados mientras otra persona hace el "trabajo" del aprendizaje. Cada persona aprenderá haciendo. Cuando todos se involucran en experiencias como la del rompecabezas o el formar una red, los conceptos tendrán mucho más sentido.

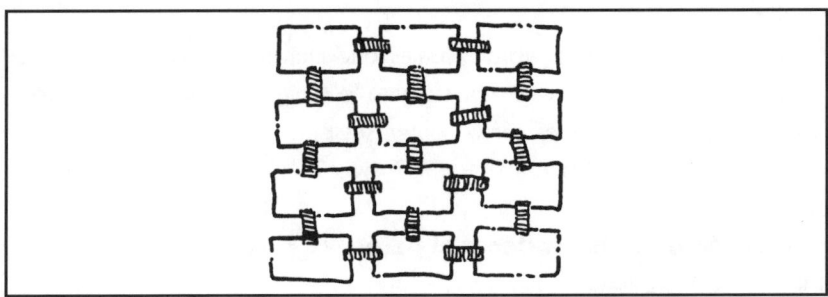

IDEAS PARA EL DIÁLOGO POSTERIOR

Sin el diálogo posterior las experiencias pueden resultar en poco aprendizaje. Pruebe estas ideas y vea cómo el diálogo posterior impulsa a los estudiantes a la acción.

1. Encuesta de la congregación. Dirija a las diferentes clases a escoger un tema que les gustaría explorar y a preparar preguntas que revelen información. Por ejemplo, los adolescentes tal vez quisieran saber la opinión de los adultos acerca de la música en la iglesia. Al respecto podrían hacer preguntas tales como: "¿Qué diría usted si nuestra iglesia usara música más contemporánea? (a) Me opondría firmemente, (b) Ni me va, ni me viene, (c) La apoyaría, ¡pienso que es maravillosa!" Otra posibilidad sería preguntar a los miembros de la iglesia: "¿Qué tiene que hacer una persona para ser salva?"

La finalidad del proyecto no es recopilar información. Use la información como un trampolín para el diálogo posterior. Pregunte: "¿Qué aprendieron? ¿Qué opinan respecto a lo que aprendieron? ¿Qué les sorprendió de lo que aprendieron? ¿Qué acción pudieran tomar ustedes debido a lo que aprendieron?" Exploren lo que han descubierto.

2. Actividades en el salón de clase. Vea cómo las siguientes actividades usan el diálogo posterior para ayudar a los estudiantes a aprender sobre el pecado y el perdón.

EL PESO DEL PECADO
(Para adolescentes, jóvenes y adultos)

Déle a cada estudiante una Biblia grande u otro libro grande, como un diccionario, por ejemplo. Pídales que sostengan los libros con sus brazos extendidos hacia adelante, a la altura de los hombros, el mayor tiempo que puedan.

Mientras sostienen los libros pídales que mencionen ocasiones en que hicieron algo que ofendió a algún amigo o amiga, y cómo se sintieron. Periódicamente pregúnteles cómo sienten sus brazos.

Después de que los brazos de la mayoría de las personas se hayan cansado, pregunte:

- **¿Cuán difícil fue sostener el peso?** (Al principio era fácil; fue más difícil conforme pasaba el tiempo.)

- **¿Cómo se sintieron conforme el libro comenzaba a sentirse más pesado?** (Adolorido; nervioso; frustrado.)
- **¿Cómo se parece esto a la forma que uno se siente cuando ha hecho algo que ofendió a otra persona y no se le ha pedido perdón por lo que uno hizo?** (Mientras no resuelvo el problema me siento cada vez peor; comienzo a sentirme mal por haber actuado mal.)
- **¿Cómo se sintieron cuando pudieron dejar el libro?** (Aliviado; bien.)
- **¿Cómo se asemeja esto a lo que se siente cuando se ha hecho la paz con la persona a quien habíamos ofendido?** (Es como si se nos quitara de encima un enorme peso; uno se siente bien cuando se le quita el peso del pecado.)

Diga: **Cuando nos equivocamos y hacemos las cosas que sabemos que están mal, comenzamos a sentir el peso del pecado sobre nosotros. Afortunadamente nuestros pecados pueden ser perdonados y podemos continuar nuestra vida y volver a sentirnos bien.**

A continuación déle a cada estudiante una Biblia. Diga: **Jesús encontró una mujer que experimentaba exactamente el mismo peso del que hemos estado hablando.** Pida que un voluntario lea en voz alta Juan 8:2-5. Pida que todos procuren imaginarse a la mujer de pie en medio de todas esas personas.

Pregunte:
- **¿Cómo piensan que se sintió la mujer de quien habla este pasaje?** (Asustada; avergonzada; abochornada.)

Pida que un voluntario se ponga de pie de modo que los demás estudiantes puedan verle. Déle al voluntario varios libros para que los sostenga con ambas manos. Indique que esos libros representan el peso de los propios pecados del voluntario. Luego pida que las demás personas se acerquen por turno y pongan otro libro encima de los que ya está sosteniendo el voluntario. Explique que cada uno de esos libros representa una actitud de condenación contra la persona.

Pregúntele al voluntario:
- **¿Cómo te sientes con todos estos libros?** (Con un gran peso; triste; frustrado.)

Pregúntele al resto de la clase:
- **¿Cuándo se han sentido como nuestro voluntario?** (Cuando las cosas no han salido bien; cuando he hecho algo malo demasiadas veces.)

Dé la indicación al voluntario para que deposite los libros sobre la mesa, y luego lea en voz alta Juan 8:6-11.

Pregunte:

- **¿Por qué piensan que Jesús comenzó a escribir en el suelo?** (Para alejar la atención de la mujer; para demostrar a los fariseos que no les iba a responder de la forma que ellos querían.)

Diga: **Jesús les dijo a los fariseos: "El que de ustedes nunca ha pecado puede tirar la primera piedra." Eso los puso a pensar; y luego uno por uno se fueron.**

Pregunte:

- **¿Qué podemos aprender de la manera en que Jesús respondió a los fariseos?** (No debemos condenar a otros; todos somos pecadores.)
- **¿Cómo piensan ustedes que se sintió la mujer después de esta experiencia?** (Aliviada; agradecida; esperanzada; limpia.)
- **¿Qué podemos aprender de la respuesta que Jesús dio a la mujer?** (Jesús nos perdonará; Jesús quiere hacernos diferentes.)

Pida que los estudiantes lean 1 Juan 1:8-2:2 en silencio. Mientras leen, escriba en cualquier orden que desee las siguientes palabras en la pizarra o en una hoja de papel: borracheras, relaciones sexuales antes del matrimonio, robo, egoísmo, mentira, engaño, y blasfemia.

Después de unos pocos minutos pida que los estudiantes miren la lista. Pídales que piensen sobre las cosas que han hecho y que les han separado de Dios. Luego diga: **Todos somos culpables de pecado, pero cuando confesamos nuestros pecados a Dios, Él nos perdona y limpia nuestra vida por completo.** Borre la pizarra o rompa el papel y tírelo a la basura.

Diga: **No fue fácil para Dios perdonar nuestros pecados. Debido a que Dios es justo, no podía simplemente pasar por alto nuestros pecados o pretender que nunca hubieran sucedido.** Pídales que abran su Biblia en Hebreos 9:22, y que un voluntario lea el versículo en voz alta. Explique que en el Antiguo Testamento al pueblo se le instruyó que sacrificara animales como una manera de expresar su arrepentimiento por sus pecados. Los sacrificios no eran perfectos y tenían que ser hechos una y otra vez.

Pida que otro estudiante lea en voz alta Hebreos 9:27-28.

Pregunte:

- **¿Qué nos dice este pasaje sobre el perdón?** (Jesús murió por nuestros pecados; Jesús fue el sacrificio que quitó todos nuestros pecados.)[15]

El diálogo posterior es una clave para el aprendizaje activo exitoso. A menos que se dialogue sobre la información que recopilaron en la encuesta hecha en la congregación, la información es tan sólo eso. Cuando los estudiantes dialogan de forma activa unos con otros sobre estos temas, aprenden el uno del otro. También aprenden cómo expresar sus pensamientos y sentimientos. Los salones de clase florecen con sesiones como "El peso del pecado." Es en estos momentos de diálogo posterior que los estudiantes desenredan los temas de fe al dialogar sobre ellos.

7 USO DEL APRENDIZAJE INTERACTIVO

Hasta aquí hemos explorado varios malos hábitos que nosotros en la iglesia recogimos de nuestra educación en la escuela. Hemos visto:

- los objetivos olvidados de la educación;
- un enfoque equivocado en la enseñanza en lugar de en el aprendizaje;
- una obsesión con lo que no es importante;
- embutir el material para cubrirlo en vez de profundizar tratando de comprenderlo a cabalidad;
- la equivocada prioridad de poner la memorización por encima de la comprensión;
- una preferencia por desperdiciadores del tiempo como conejitos, ejercicios con espacios en blanco para llenar, y crucigramas;
- la ausencia de pensamiento; y
- la tergiversada preferencia por el aprendizaje pasivo: conferencias y libros de textos.

Pues bien, no hemos terminado aún. Desde el jardín de infantes hasta la universidad y seminario, los planes ocultos de estudio han sembrado en nosotros otros malos hábitos.

¿Qué otro equipaje recogimos de nuestra experiencia en la escuela? Hemos sido programados a pensar que el individualismo y la competencia son las estructuras superiores para el aprendizaje. Pupitres individuales, separados el uno del otro, puestos en filas, todos mirando en una misma dirección. El sistema de calificar según la curva que, por naturaleza, requiere que cierto número de estudiantes fracasen. La adoración al esfuerzo individual, trabajar solos, y simultáneamente desalentando el trabajo en equipo. La designación artificial de algunos alumnos como que "aprenden despacio" y de otros como "estudiantes dotados."

¿Y nos preguntamos por qué nuestras escuelas están a la zaga del resto del mundo industrializado?

> **"Las escuelas primarias de Asia no son altamente competitivas. Los niños están deseosos de demostrar lo que han aprendido, y se les reta a aprender lo que se está enseñando en lugar de tratar de sobresalir sobre otro estudiante. Uno de los secretos de la educación en Asia es la fuerte identificación que sienten los estudiantes entre sí y con la escuela."**
> —*Harold Stevenson y James Stigler,*
> *The Learning Gap (La brecha en el aprendizaje).*[1]

Por muchos años muchas de nuestras escuelas han enseñado que el trabajar a solas es la forma de aprender, y la forma de trabajar. Luego, cuando las personas dejan el colegio y entran a la fuerza laboral descubren que la vida real requiere mucho más trabajo en equipo que el que les fue enseñado.

"La mayoría de las personas no tienen problemas en el trabajo por la falta de habilidad. Tienen problemas en el trabajo por no haber aprendido a llevarse bien con los demás," dice Susan Sprague, una administradora escolar de Mesa, Arizona. Ella dirige un plan de estudios innovador que enfatiza la interacción de los estudiantes, la cooperación y el aprendizaje activo. Se lo considera como el mejor programa de ciencias a nivel de distrito en los Estados Unidos.

En esos salones de clases los pupitres ya no forman filas impecables. Están unidos en grupos de tres o cuatro. Los estudiantes trabajan juntos para lograr metas en común (como la mayoría de nosotros lo hacemos en la vida real). Se ayudan el uno al otro, animándose y enseñándose entre sí.

No es ningún secreto que la persona que aprende más en una clase es el maestro. Explicar un concepto a otra persona es por regla general más beneficioso para el que lo explica que para el que lo escucha. Así que, ¿por qué no dejamos que los estudiantes hagan más enseñanza? Esto es uno de los beneficios principales del *aprendizaje interactivo*. Pero esa es una idea difícil de vender a maestros que siempre han enseñado de la forma antigua. Los educadores estiman que un noventa y tres por ciento de la enseñanza consiste en órdenes directas del maestro al estudiante.[2] El educador John Goodlad dijo en *A Place Called School (Un lugar llamado escuela)*, que tan solo el cinco por ciento del tiempo de la clase se usa generalmente en el diálogo.[3]

¿QUÉ ES EL APRENDIZAJE INTERACTIVO?

Según vimos en el capítulo previo el aprendizaje activo gira alrededor de una experiencia. El *aprendizaje interactivo* ocurre cuando los estudiantes dialogan y trabajan cooperativamente en parejas o en grupos pequeños.

El aprendizaje interactivo estimula a los estudiantes a trabajar juntos. Honra el hecho de que los estudiantes pueden aprender el uno del otro, y no tan sólo del maestro o del texto.

Veamos un ejemplo simple. En un ambiente tradicional el maestro dicta la lección y hace preguntas a la clase. Uno o dos estudiantes levantan sus manos y recompensan al maestro con la respuesta "correcta." En comparación, en un salón de clases interactivo el maestro presenta la pregunta, luego les pide a los estudiantes que dialoguen sobre la pregunta en parejas o en grupos de cuatro personas. *Todos* participan. Todos trabajan para resolver el problema. Todos aprenden.

El aprendizaje interactivo difiere de los modelos individuales y competitivos. A continuación encontrará un esquema de cada estructura:

INDIVIDUAL: "Yo hago lo mío."

Los estudiantes trabajan y responden a solas. Tratan de lograr su propio éxito individual. El éxito de un estudiante no beneficia a los demás. El que un estudiante alcance sus metas de aprendizaje no tiene ninguna relación con lo que hacen los demás. (Piense en los cuadernos para el alumno y hojas de ejercicios de la Escuela Dominical.)

COMPETITIVO: "Yo gano; tú pierdes."

Los estudiantes trabajan y reaccionan individualmente, y tratan de ser mejores que sus compañeros. El éxito de un estudiante es el fracaso de otro. Los estudiantes trabajan en competencia para obtener una meta que tan sólo uno o pocos alcanzan. (Piense en los acertijos bíblicos o concursos de memorización.)

INTERACTIVO: "Nadamos juntos o nos ahogamos juntos."

Los estudiantes trabajan juntos, en parejas o en grupos pequeños, para lograr metas comunes. Se enseñan unos a otros y aprenden unos de otros. Se celebra el éxito como grupo. La interdependencia positiva promueve el aprendizaje individual y de grupo.

En pocas palabras, el aprendizaje interactivo ve a los compañeros estudiantes como recursos en el proceso de aprendizaje. Los sistemas individuales y competitivos ven a los compañeros como irrelevantes o adversarios.

> "Mejores son dos que uno; porque tienen mejor paga de su trabajo. Porque si cayeren, el uno levantará a su compañero; pero ¡ay del solo! que cuando cayere, no habrá segundo que lo levante."
> —*Eclesiastés 4:9-10*

CARACTERÍSTICAS DEL APRENDIZAJE INTERACTIVO

Ayudarse el uno al otro mejora los niveles de aprendizaje de todos los estudiantes e incrementa extraordinariamente la retención. El aprendizaje interactivo no tan sólo ayuda a que las personas aprendan, sino que también ayuda a los estudiantes a sentirse mejor respecto a sí mismos y a llevarse mejor unos con otros. Este método logra estas cosas mucho mejor que los métodos independientes o competitivos.

¿Por qué el aprendizaje interactivo resulta tan bien? Examinemos seis características.

1. EL APRENDIZAJE INTERACTIVO SE BASA EN EL ESTUDIANTE, NO EN EL MAESTRO

El énfasis recae sobre el estudiante en lugar de en el maestro. Los estudiantes trabajan, y aprenden, en parejas y grupos pequeños. El salón está lleno a menudo con la bulla del aprendizaje.

No se equivoque. El aprendizaje basado en los estudiantes es un verdadero cambio para muchos maestros. La autora y veterana educadora Jane Healy visitó muchas escuelas para estudiar cómo los niños usan el lenguaje. "Tuve dificultad en encontrar algo que no fuera frases aisladas o respuestas cortas a preguntas de los maestros," comentó ella. "La mayor parte de la 'conversación' venía de un solo lado, conforme el maestro presentaba el material, daba instrucciones, o hacía preguntas de datos que requerían respuestas breves. En raras ocasiones se alentaba a los niños a que hablaran con sus compañeros, a que se hicieran preguntas entre sí, o ¡incluso, a decir verdad, a hacer alguna pregunta!"[4]

El aprendizaje interactivo depende de los estudiantes que trabajan juntos para hacer descubrimientos en vez de que el maestro imparta todos los datos e ideas. El aprendizaje progresa al paso de los estudiantes. Aunque los estudiantes tal vez cubran menos material del seleccionado por el maestro, usualmente aprenden más, y con mayor profundidad.

Los maestros no tienen que tener todas las respuestas. En realidad ellos aprenden a la par de los estudiantes.

2. EL APRENDIZAJE INTERACTIVO PROMUEVE INTERDEPENDENCIA POSITIVA

Los estudiantes interactivos se necesitan entre sí. Pueden resolver problemas juntos, o leer la Biblia juntos, o explicarse mutuamente sus ideas.

Esta interdependencia es una ilustración de lo que Pablo describió en su carta a los corintios: "Pero ahora son muchos los miembros, pero el cuerpo es uno solo. Ni el ojo puede decir a la mano: No te necesito, . . ." (1 Co. 12:12-31).

Las personas que participan en los grupos de aprendizaje interactivo aprenden con prontitud la sabiduría de las palabras de Pablo. Aprenden el uno del otro.

Intente resolver por sí solo el siguiente problema. Mire las letras en ambos lados de la "cerca" que está debajo. Observe si puede descubrir qué sistema se usó para determinar cuáles letras van en el lado izquierdo y cuáles en el lado derecho de la cerca, y en qué orden. ¿En dónde se colocaría el resto del alfabeto?

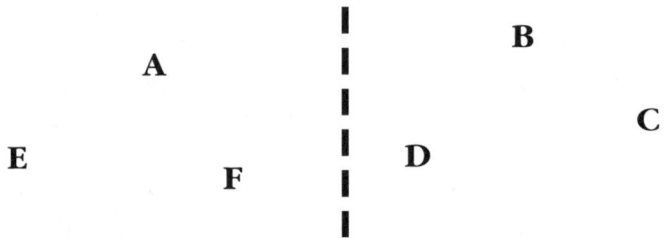

¿Puede adivinarlo? Si no puede, llame a un amigo y traten de descifrar el enigma juntos.

La mayoría de las personas tienen dificultad para resolver este problema por sí solos. Pero las probabilidades de resolverlo aumentan considerablemente cuando dos o más trabajan juntos en el problema. La cita de Eclesiastés se aplica aquí: "Dos son mejores que uno."

(La solución es bien sencilla. Si usted estuvo buscando alguna fórmula matemática compleja, no logró encontrarla. Si usted tuvo a alguna persona intuitiva en su grupo de interacción, tal vez lograron resolver el problema. El lado izquierdo de la cerca está reservado para las letras con líneas rectas. Las letras con curvas van en el lado derecho de la cerca.)

El punto es el siguiente: parejas interdependientes o grupos pequeños pueden por lo general resolver los problemas más rápidamente y aprender más que los que trabajan solos.

3. EL APRENDIZAJE INTERACTIVO PERMITE A LOS ESTUDIANTES HACER DESCUBRIMIENTOS

Los estudiantes encuentran las respuestas en lugar de recibirlas pasivamente del maestro. Trabajan juntos para completar con éxito sus aventuras de aprendizaje.

Vea este fragmento interactivo de Programas Bíblicos Activos® de la Editorial Group Publishing (en inglés), sobre los Diez Mandamientos:

Forme dos equipos. Pida que los equipos se coloquen en un extremo del salón y ponga una tira de cinta adhesiva a lo ancho del otro extremo del salón. Déle a cada equipo tres globos, un balde y dos cucharas. Dígales: **¡El equipo que termine primero este juego es el que gana. ¡Empiecen!**

Cuando los niños comiencen a preguntar qué se supone que deben hacer, dígales: **Se supone que deben tratar de terminar en primer lugar. El resto tienen que descubrirlo por ustedes mismos.**

Deje que los alumnos traten de jugar el juego. Detenga el juego después de unos cinco minutos.

Diga: **Lo que yo quería que hicieran era que dos personas usaran las cucharas para llevar un globo hasta donde estaba la cinta y regresar sin tocar el globo con las manos, luego depositar el globo en el balde, y entonces darle las cucharas a la próxima pareja, la cual debía llevar el siguiente globo. El primer equipo con los tres globos dentro del balde hubiera ganado.**

Un colega nuestro realizó hace poco esta actividad con un grupo de adolescentes. Los muchachos quedaron verdaderamente frustrados y perplejos. Durante el período de diálogo posterior los equipos descubrieron el mensaje. —Ya entiendo—, dijo un muchacho. —No teníamos ninguna regla, y el juego no resultó. Por eso es que necesitamos reglas, como los Diez Mandamientos. ¿No es cierto?

El maestro pudiera sencillamente haberles dicho ese mensaje en un tiempo mucho más corto. Pero la experiencia en equipo les dio a los muchachos la oportunidad de descubrir la verdad sobre los mandamientos de Dios. Aprendieron, y lo recordarán.

4. EL APRENDIZAJE INTERACTIVO NO DEJA A NADIE AFUERA

En el aprendizaje interactivo todos responden, no sólo uno o dos estudiantes locuaces.

En los modelos de aprendizaje independiente y competitivos la mente de muchos, si no de la mayoría, divaga. Tienen que rendirle cuentas solamente a su maestro, y por lo general el número de estudiantes es enormemente desproporcionado al de maestros. El maestro puede preguntarle sólo a un estudiante a la vez. La probabilidad más segura es que el maestro no tendrá ninguna interacción con la mayoría de los estudiantes la mayor parte del tiempo. Ellos lo saben, y por eso es que su mente divaga.

Sin embargo en el aprendizaje interactivo cada par o equipo tiene la responsabilidad de responder. Las parejas cuentan el uno con el otro, y se consideran también mutuamente responsables.

Los maestros interactivos saben cómo aprovechar esto. Tal vez digan: "Pónganse de pie cuando sepan que su compañero sabe la respuesta." Eso motiva a todos a aprender.

5. EL APRENDIZAJE INTERACTIVO DESARROLLA LAS HABILIDADES INTERPERSONALES

Cuando los estudiantes trabajan juntos para alcanzar una meta común, aprenden algo más que la materia que se está enseñando. Aprenden cómo llevarse bien entre sí.

Muchas personas se quejan de que la generación joven de hoy a menudo carece de habilidades sociales básicas. Algunos achacan este problema a la erosión de la comunicación familiar. Graduados de universidad informaron en una encuesta que las habilidades para trabajar en equipo que necesitan ahora como adultos, fueron prácticamente pasadas por alto en sus años de escuela y colegio.[5] Si nuestros alumnos no están adquiriendo habilidades para relacionarse con otras personas en ningún otro lugar, entonces la iglesia es un lugar maravilloso para adquirirlas.

El aprendizaje interactivo provee eficazmente este entrenamiento interpersonal básico. Los participantes aprenden técnicas de comunicación: hablar y escuchar, habilidad para tomar decisiones, desarrollar confianza, resolución de conflictos, negociación, liderazgo y trabajo en equipo.

6. EL APRENDIZAJE INTERACTIVO FORTALECE RELACIONES

Además de proveer habilidades que duran toda una vida, el aprendizaje interactivo promueve las relaciones interpersonales. Se hacen amigos. Una de las verdaderas necesidades que las personas de todas las edades sienten cuando entran por las puertas de nuestras iglesias es la necesidad de relacionarse. La razón primordial por la cual los adolescentes asisten a un grupo es el de hacer amigos y estar con amigos. Nuestro mundo de gran tecnicismo ha producido una epidemia de soledad.

¿Por qué no puede la iglesia servir a su congregación proveyéndole experiencias que permitan a las personas interactuar, para llegar a conocerse el uno al otro?

Pero no; la mayoría de los planes de estudios y de los maestros pasan de largo las oportunidades de forjar amistades cristianas. La mayoría de las clases de adultos a las que hemos asistido son controladas por un maestro que lanza un aluvión de datos, y dos o tres personas locuaces. Pudiéramos asistir por semanas o años sin decir una sola palabra, ni conocer a otra persona o contribuir a la clase.

Sin embargo, el aprendizaje interactivo hace más fácil, aun para las personas tímidas, hablar con otros y desarrollar relaciones. Cuando el líder o el maestro les pide a sus alumnos que trabajen en parejas o en grupos pequeños, esas personas no se sienten como si tuvieran que actuar frente a una multitud. Están trabajando con unos cuantos amigos para encontrar respuestas a las preguntas de la vida.

Además están haciendo buenas amistades cristianas en el proceso. Son esas amistades, más que ninguna enseñanza formal, la causa por la cual seguirán viniendo a la iglesia en el futuro.

No podemos darnos el lujo de no usar el aprendizaje interactivo en la iglesia.

TÉCNICAS DEL APRENDIZAJE INTERACTIVO

La siguiente es una selección de técnicas de aprendizaje interactivo que funcionan bien en la iglesia. Con cualquiera de estos modelos los maestros pueden colocar a los estudiantes en parejas específicas o en grupos pequeños. Esto producirá una máxima cooperación y aprendizaje, al evitar que los más inquietos se unan; y también permitirá que surjan nuevas amistades, fuera de los grupitos ya establecidos.

Después de cualquier período de trabajo en pareja o en grupos pequeños, el maestro puede reunir de nuevo a la clase entera. Durante este período el maestro puede pedir que algunos individuos o equipos presenten informes o digan sus descubrimientos. Esta técnica promueve el sentido de responsabilidad en las parejas o grupos pequeños que trabajan sin maestro.

DIÁLOGO EN PAREJAS

En este método cada estudiante se vuelve a su compañero y le da la respuesta a una pregunta o problema que el maestro o líder presenta. Todos dan respuestas. No hay observadores pasivos. El maestro entonces puede pedir que las personas digan a la clase las respuestas que dieron sus compañeros.

Esto exige que los estudiantes hablen y escuchen. El hablar afirma los conceptos y mejora las probabilidades de que esos conceptos sean transferidos a la vida fuera de la iglesia.

> "El buen aprendizaje brota del diálogo."
> —*TedSizer*

Este procedimiento es muy sencillo de hacer, y muy eficaz; sin embargo la iglesia prácticamente lo ha pasado por alto. ¿Cuántas veces ve usted en los planes de estudio de su iglesia frases como estas: "Vuélvase a su compañero y responda esta pregunta . . ."? ¿Cuán a menudo ve usted a los maestros o predicadores de la iglesia permitir que las parejas respondan a las preguntas hechas?

No, la práctica abrumadora en la iglesia es que el maestro solicite las respuestas de la clase o grupo en general. Generalmente una o dos personas bien articuladas hablan. El resto deja que su mente divague hacia otros pensamientos más interesantes. Esta es una escena verdadera tanto en una clase de adultos, como de niños o jóvenes.

El diálogo en parejas sirve para todas las edades. A muchos maestros nunca se les ocurriría preguntar a niños de jardín de infantes que conversen en parejas. ¡Pero resulta! En vez de preguntar a toda la clase: "¿Puede alguien recordar una ocasión en la que ayudó a alguien?" dígales: "Por favor, vuélvanse a la persona que esta a su lado y cuéntenle de una ocasión en la que pudieron ayudar a otra persona." Incluso los niños de cinco años aprenden más cuando cada uno tiene una oportunidad de hablar y participar.

COMPAÑEROS DE LECTURA

En los primeros grados los estudiantes le leen a su compañero pasajes o historias, recibiendo cualquier ayuda que sea necesaria con palabras o su significado. Los estudiantes en grados superiores y adultos reaccionan al material junto con sus compañeros.

De nuevo, la mayoría de los planes de estudio y la mayoría de los maestros piden que alguien lea en voz alta el pasaje de las Escrituras a toda la clase. Uno lee; los demás duermen.

¿Por qué los maestros no aflojan un poco el control de la clase y dejan que por parejas los estudiantes lean y reaccionen? Todos participarán y aprenderán más.

Tal vez los maestros teman que algunas parejas, sin la supervisión directa del maestro, no se concentren en el pasaje. Pero créannos, en el sistema en que el maestro dirige tampoco se están concentrando. No tenemos nada que perder si tratamos de usar el sistema de parejas en nuestra enseñanza.

GRUPOS DE APRENDIZAJE

Los estudiantes leen pasajes o historias juntos en grupos pequeños y responden preguntas. A cada persona en el grupo de aprendizaje se le puede asignar un papel específico. Algunos ejemplos:

- lector
- secretario (toma notas de pensamientos clave que se expresan durante la lectura o el diálogo)
- el que verifica (se asegura que todos comprendan y estén de acuerdo con las conclusiones a las que llega el grupo)
- animador (anima a los miembros silenciosos a que expresen sus pensamientos)

Cuando cada uno tiene una responsabilidad específica, sabe cuál es, y contribuye en un grupo pequeño, se logra y se aprende mucho.

COMPAÑEROS DE RESUMEN

Un estudiante lee un párrafo, luego el compañero resume el párrafo o interpreta su significado. Las personas alternan su papel con su pareja o compañero.

La técnica de parafrasear también es eficaz en el diálogo. Cualquiera que quiera expresar un pensamiento tiene primero que parafrasear lo que la última persona acaba de decir. Esto agudiza la habilidad de escuchar y demuestra el poder de la comunicación en respuesta a lo que se ha dicho.

ROMPECABEZAS

Cada persona en un grupo pequeño aprende un concepto diferente, pasaje bíblico, o parte de un tema. Luego cada uno enseña a los demás en su grupo. De este modo todos los miembros enseñan y todos tienen que aprender los descubrimientos del otro. A esta técnica se le llama rompecabezas porque los individuos son responsables ante el grupo por diferentes partes del rompecabezas.

El que sigue es un ejemplo de este rompecabezas:

Forme equipos de cuatro personas. Pida que los miembros del equipo se numeren del uno al cuatro. Pida que todos los números uno vayan a una esquina del salón, todos los dos a otra esquina y así sucesivamente.

Indique que cada persona es responsable por aprender la información que consta en la esquina que lleva su número, y luego explicársela a los demás miembros de su grupo al regresar al equipo original.

Asigne las siguientes tareas a las diferentes esquinas:

Esquina uno: Lean Salmo 22. Dialoguen (entre todos los número uno) y hagan una lista de las profecías que se dan acerca de Jesús.

Esquina dos: Lean Isaías 52:13-53:12. Dialoguen y hagan una lista de las profecías que se dan acerca de Jesús.

Esquina tres: Lean Mateo 27:1-32. Dialoguen y hagan una lista de las cosas que le sucedieron a Jesús.

Esquina cuatro: Lean Mateo 27:33-66. Dialoguen y hagan una lista de las cosas que le sucedieron a Jesús.

Una vez que los grupos de las esquinas se han reunido y realizado su diálogo, pida que todos regresen a sus equipos originales e informen lo que han aprendido. Luego cada equipo debe determinar cuáles profecías sobre Jesús se cumplieron en el pasaje de Mateo.

Pida que cada equipo mencione una o dos profecías que se cumplieron.

CÓMO ORIENTAR EL APRENDIZAJE INTERACTIVO

No espere que los estudiantes se adapten inmediatamente y tengan éxito instantáneo en los grupos interactivos. Recuerde el marco de referencia de donde vienen; están acostumbrados a las situaciones de aprendizaje individual y competitivo. No están acostumbrados a la cooperación, a servirse el uno al otro, a hablar el uno con el otro. No podemos esperar que se sientan cómodos al instante en este nuevo ambiente de aprendizaje.

Así que no se dé por vencido después de los primeros intentos de aprendizaje interactivo. Entienda que así como pasa con cualquier nueva destreza, esta requerirá un poco de práctica.

Haga saber a sus estudiantes que usted está probando nuevos métodos de aprendizaje. Asegúreles que aunque al principio tal vez se sientan un poco incómodos, con la práctica se acostumbrarán y disfrutarán de la interacción.

Asimismo dedique tiempo para educar a sus alumnos respecto a algunas señales de procedimiento en el aprendizaje interactivo. Debido a que usted estará constantemente cambiando de dar instrucciones al grupo en general a dar indicaciones a los grupos pequeños, el nivel de ruido subirá. Para poder recuperar la atención de todos con facilidad, todos necesitan conocer la señal. No recomendamos ¡"Shhhh!" o

"¡Silencio!" En lugar de eso, entrene a todos para que observen o escuchen una señal como:
- prender y apagar la luz
- tocar un silbato
- levantar una mano, como señal para que otros levanten su mano y guarden silencio
- palmoteo rítmico, o
- una tonada en la armónica.

Pronto sus estudiantes aprenderán las señales del aprendizaje interactivo, y estarán en marcha hacia un significativo crecimiento espiritual.

La sección de "HÁGALO" que sigue a continuación le ofrece ideas de programación práctica que le ayudarán a explicar y aplicar en su iglesia estos principios.

Ahora que usted ha comprendido los beneficios del aprendizaje interactivo, es hora de probarlo. A continuación encontrará varias experiencias para diferentes edades como ejemplo de las técnicas del aprendizaje interactivo. ¡Veamos!

USANDO EL DIÁLOGO EN PAREJAS

La siguiente actividad muestra el valor del trabajo en parejas y de aprender el uno del otro.

HACIENDO QUE LA PALABRA COBRE VIDA
(para jóvenes y adultos)

Pida que los estudiantes formen parejas y se cubran los ojos con un pañuelo o venda. Dígales: **A cada uno le voy a dar un objeto para que lo describa a su compañero. La persona a quien le dé el objeto debe describirlo sin decir el nombre del objeto ni decir para qué se usa. No importa si sabe o no sabe qué objeto ha recibido; todo lo que tiene que hacer es describirlo. Comenzando por la persona que ten-**

ga el apellido más largo, cada persona tendrá alrededor de 20 segundos para hacer la descripción de su objeto. **El que escucha debe tratar de formar una imagen mental de cómo se ve o se siente el objeto que está oyendo describir. Luego, sin quitarse la venda, debe tomarlo de su compañero para tocarlo él mismo.**

Déle a cada persona un artículo misceláneo. Puede incluir presillas de papel, llaveros, tapas de botella u otros artículos menos conocidos como piezas de repuesto de una tostadora, un radio u otro aparato mecánico. ¡Traiga de su casa una caja llena de cachivaches diferentes!

Una vez que todos hayan descrito e intercambiado sus artículos, pida que se quiten la venda de los ojos.

Pídales que les hagan las siguientes preguntas a sus compañeros:

• **¿Cómo se sintieron mientras trataban de describir el objeto que tenían en la mano?** (Frustrados, confiados, inseguros.)

• **¿Cómo cambió la imagen mental de cada artículo una vez que lo tuvieron en la mano?** (Descubrí lo que se me describía; comprendí mejor.)

• **¿Cómo cambió la imagen de cada artículo una vez que en efecto pudieron verlo?** (Yo ya sabía de qué se trataba; comprendí lo que mi compañero estaba tratando de comunicarme.)

Pida que las parejas presenten un breve informe a todo el grupo. Luego pídales que por parejas lean en voz alta Juan 1:1-18, alternándose para leer los versículos. Después de que se lea un versículo, el compañero que está oyendo debe resumir lo que piensa que significa ese versículo.

Luego pídales que en las parejas dialoguen sobre lo siguiente:

• **¿De qué manera se parece el hecho de que Dios se hizo carne con lo que hicieron ustedes al tener en sus manos el artículo que usamos en la última actividad?** (Dios se convirtió en alguien que podíamos comprender mejor; Dios se hizo carne para que podamos relacionarnos con Él.)

• **¿Por qué decidió Dios venir a la tierra como Jesús?** (Para que pudiéramos conocerlo mejor; para no ser tan intangible.)

Pida que las parejas informen al grupo entero lo que han descubierto. Luego forme un círculo y pídales que pongan en el centro del círculo los objetos que se usaron en la actividad. Pídales que por turno tomen del montón un objeto y expliquen cómo ese artículo representa algo de Jesús como humano o como Ser divino. Por ejemplo, una persona que toma un lápiz puede decir: "Si Jesús caminara por la tierra hoy día, Él podría usar en realidad este lápiz," o "Jesús tiene el poder de crear el árbol de donde salió el lápiz, pero Él escogió caminar entre los árboles con nosotros." Aliente la creatividad en las descripciones que dan de Jesús.

Dígales: **Al explorar lo que la Biblia dice sobre Jesús tal vez descubramos más preguntas que respuestas. No tengan temor de hacer preguntas y profundizar. Mientras más aprendamos sobre Jesús, más desearemos conocer.**

Déle a cada estudiante un lápiz y una hoja de papel. Pídales que rasguen sus hojas formando un signo de interrogación. Diga: **Escriban su nombre en el signo de interrogación que tienen, luego completen las siguientes oraciones:**

- **Si Jesús es realmente Dios y realmente hombre, eso significa . . .**
- **Una pregunta que tengo aún sobre Jesús es . . .**
- **Una cosa que puedo hacer para llegar a conocer mejor a Jesús es . . .**

Pida que todos formen una nueva pareja y que se digan el uno al otro lo que escribieron en sus signos de interrogación.

Tómense de las manos formando un círculo y pida que cada persona diga una cosa que aprecia respecto a lo que escribió su compañero. Por ejemplo, uno puede decir: "Me encanta la pregunta que Beatriz hizo sobre Jesús," o "La idea de Pepe en cuanto a cómo llegar a conocer a Jesús mejor es excelente."

Cuando todos hayan terminado pegue con cinta adhesiva en la pared los signos de interrogación y déjelos allí por el resto de la clase.[6]

El diálogo en parejas resulta bien en esta actividad porque el procedimiento le da a cada persona la oportunidad de formarse una idea sobre un objeto y expresarla. Nadie puede sentarse pasivamente. El diálogo con un sólo compañero es menos amenazador, es más fácil franquearse y decirle a otra persona las preguntas de fe que se tienen, antes que decírselo a toda la clase. Si hubiera hecho esta actividad con un grupo grande, probablemente habrían participado tan solo uno o dos estudiantes osados. Los otros se hubieran quedado en silencio, sin aprender nada.

La idea de diálogo en parejas puede adaptarse a casi cualquier situación en la clase para mejorar la participación de todos.

USANDO GRUPOS DE APRENDIZAJE

Note cómo la próxima actividad asigna un papel específico a cada participante en un grupo pequeño. Esto le da a cada persona una tarea que es importante para el éxito del grupo.

MENSAJES OCULTOS

(desde quinto grado hasta adultos)

Escriba las palabras "Yo no dije que eras feo," en un papel y colóquelo frente a la clase, o escríbalas en el pizarrón.

Forme grupos de cuatro personas. Asigne los siguiente papeles dentro de cada grupo: Una persona actuará como secretario para escribir las ideas, otro actuará como representante, un tercero actuará como director y un cuarto actuará como animador alentando a todos a participar.

Déle un lápiz y papel a cada secretario. Instruya a todos para que comiencen por el director y luego se turnen para decir la frase escrita en el papel frente a ellos, en voz alta en el grupo. En cada ocasión deben recalcar fuertemente la siguiente palabra de la frase. Por ejemplo el director dirá: "*Yo* no dije que eras feo." La persona a la derecha del director enfatizará "no," y así sucesivamente.

Cada vez que se lea la oración, el director debe preguntarle al resto de los miembros del grupo lo que significa la oración con este énfasis. Pida que el secretario anote la reacción del grupo.

Cuando todos hayan acabado los grupos deben dialogar sobre estas preguntas:

- **¿Cuántos significados tiene esta oración?** (Por lo menos siete.)
- **¿Qué interpretaciones encontraron?** (Yo sólo *pensé* que eras feo; otra persona pensó que eras feo.)
- **¿Qué otras cosas, además de las palabras, les comunica a otros lo que queremos decir en realidad?** (Tono de voz; expresión facial; lenguaje del cuerpo.)
- **¿Cómo reaccionan cuando un miembro de su familia interpreta mal lo que dicen?** (No le hago caso; trato de explicarme; me frustro y me doy por vencido.)

Invite a cada representante de grupo a que, por turno, diga al resto de la clase las respuestas de su grupo haciendo uso de las notas del secretario. Luego pida que el director de cada grupo lea Efesios 4:29-32 en voz alta dentro de su mismo grupo. Pida que en los grupos dialoguen sobre las preguntas que usted va a leer:

Pregunte:
- **¿Cómo resumirían este pasaje en siete palabras o menos?** (Use las palabras para ayudar a otros; sea bondadoso y cariñoso.)
- **¿Por qué causa se pueden interpretar mal las palabras en la familia?** (Falta de confianza; malas actitudes; no poner atención a lo que en realidad se dice.)
- **¿Cómo podemos asegurarnos de que nuestros familiares escuchan las cosas buenas que tratamos de comunicar?** (Decir repetidamente cosas buenas a nuestros familiares; dejar que nuestras acciones igualen nuestras palabras; pedir su reacción para asegurarnos de que han entendido lo que hemos dicho.)

Dígales: **En ocasiones usamos palabras hirientes al hablar con nuestros familiares. En otras ocasiones las palabras no son tan hirientes; lo que duele es simplemente la forma en que las decimos. Una comunicación cuidadosa edifica familias saludables. Esto quiere decir que debemos esforzarnos para que nuestra comunicación sea amable y cariñosa, y vigilar para asegurarnos que nuestras palabras no se interpreten mal.**[7]

Imagínese cómo surte efecto esta actividad cuando cada persona tiene asignada una tarea especial. Grupos de aprendizaje como estos permiten que cada persona haga una contribución valiosa. Ayuda a estimular la autoestima, ayuda a las personas a practicar desempeñando papeles que tal vez no harían naturalmente, y mejora la participación. El grupo cuenta con que cada persona haga su parte; los miembros del grupo no pueden simplemente ausentarse.

USANDO COMPAÑEROS DE RESUMEN

Vea cómo la siguiente actividad permite a los estudiantes ayudarse mutuamente al resumir e interpretar los pasajes bíblicos que se les asigna.

SALMOS SALTARINES
(para niños de segundo grado en adelante)

Forme a los niños en parejas. Déle a cada pareja una Biblia, papel y lápiz. Asigne a cada pareja uno de estos pasajes de la Biblia: Salmo 8:1-2, Salmo 18:2-3, Salmo 66:3-4, Salmo 149:1 y 3, Salmo 150:1-2. Cada persona, por turno, debe leer un versículo, y a continuación su compañero o compañera debe decir ese mismo versículo en sus propias palabras. Luego la pareja junta debe volver a escribir el salmo como una tonada para jugar a saltar la cuerda.

Pida luego que cada pareja haga dar vueltas a la cuerda y que canten la tonada mientras los otros niños saltan la cuerda al ritmo. Deben turnarse hasta que se hayan cantado todas las tonadas. Aliente a los niños a que no olviden sus tonadas y que las usen en sus juegos.

Aplauda el esfuerzo de cada pareja, y luego pregunte: **¿Por qué es bueno alabar a Dios? ¿Cómo podemos alabar a Dios? ¿Cuál es una cosa por la cual les gustaría alabar a Dios?**

Pida que se arrodillen formando un círculo. Luego pida que cada pareja lea en voz alta sus tonadas, por turno, como una gran oración para concluir la clase. Una vez que todos hayan leído, diga: **En el nombre de Jesús, amén.**[8]

Imagínese a los niños trabajar juntos en parejas para crear sus tonadas para saltar la cuerda. El uso de este procedimiento de compañeros de resumen permite a los estudiantes que se ayuden entre sí para explorar las Escrituras. En contraste, una clase convencional tiene tan sólo al maestro dando la información a la clase en conjunto. Los compañeros de resumen aumentan la participación, aumentan la creencia en la capacidad del estudiante y aumentan el aprendizaje por medio del descubrimiento.

USANDO ROMPECABEZAS

Las siguientes actividades muestran cómo se puede usar el método del rompecabezas. Es una forma innovadora de demostrar interdependencia y la necesidad recíproca.

UNA NUEVA VISITA A LA CREACIÓN
(Para niños de grados superiores de escuela primaria hasta adolescentes)

Forme siete grupos. Un grupo puede estar formado por una sola persona. Si tiene menos de siete estudiantes combine algunos de los pasajes bíblicos. Asigne a cada grupo uno de los siguientes pasajes de Génesis 1: versículos 1-5, versículos 6-8, versículos 9-13, versículos 14-19, versículos 20-23, versículos 24-25 y versículos 26-31.

Diga: **Lean sus versículos y decidan cómo pueden dramatizarlos con efectos de sonido y acciones. Imagínense cómo hubiera sido poder observar personalmente mientras se formaban los cielos y la tierra. Tendrán tres minutos para prepararse; entonces presentaremos Génesis 1 mediante una dramatización teatral improvisada.**

Después de tres minutos, dé la señal para que todos vuelvan al grupo entero.

Diga: **Ahora voy a leer Génesis 1 mientras ustedes actúan. Cada vez que yo lea las palabras "Entonces Dios dijo," les daré la señal para que ustedes las repitan conmigo. Practiquémoslo una vez.** Haga la señal y diga: **Entonces Dios dijo.** Luego diga: **¡Maravilloso! Empecemos con Génesis 1.**

Después de que los niños hayan actuado interpretando sus versículos bíblicos felicítelos por su esfuerzo y creatividad.

Luego pregunte:
* **¿Cómo se sintieron mientras leían y dramatizaban esta historia?** (Me recordó lo maravilloso que es Dios; fue difícil imaginarme cómo Dios lo hizo todo.)
* **¿Cómo le contestarían ustedes a alguien que les dijera que todo esto sucedió por accidente, que Dios no tuvo nada que ver con esto?** (Le diría que un mundo tan maravilloso no pudo haber aparecido por casualidad; le diría que las primeras palabras de la Biblia son "En el principio creó Dios," y que eso es lo que yo creo.)

Diga: **Es un privilegio vivir en el mundo maravilloso de Dios. Es difícil creer que alguien pueda decir que todo esto fue pura casuali-**

dad. Podemos confiar en la Biblia cuando nos dice: "¡En el principio creó Dios!"⁹

Al asignar a diferentes grupos distintos versículos de la Biblia la participación de cada uno es necesaria para tener la historia completa. Igual que las piezas de un rompecabezas, la parte de cada grupo es vital para completar el cuadro de la creación. A diferencia de cuando un maestro o un voluntario lee el pasaje bíblico para toda la clase, en este procedimiento todos intervienen, aumentando así la participación y la retención.

El que sigue es otro giro del método de rompecabezas:

PODER DEL COMPAÑERO
(de quinto grado en adelante)

Forme tríos. Pida que cada trío escoja una persona para que sea el león, una para que sea el tigre y la otra para que sea el oso (¡vaya, vaya!). Comenzando con los leones pídales que cuenten al tigre y al oso en su trío una ocasión en que alguien les consoló cuando perdieron a alguien o algo que querían mucho. Por ejemplo, la muerte de un familiar o de una mascota o un momento de calamidad en su familia. Asegúrese de que los tigres y los osos escuchan con cuidado procurando notar las formas en las que se puede ayudar a alguien para que se sienta mejor cuando atraviesa momentos difíciles. Luego los osos y los tigres deben decir, por turno, sus ejemplos también.

Déle a cada estudiante una tarjeta de archivador o un pedazo de papel y un lápiz, y envíe a los leones a la parte posterior del salón. Pida que los leones lean 2 Corintios 1:3-4 y que lo escriban de nuevo en sus propias palabras, con la ayuda de los demás leones. Envíe a los tigres al uno de los lados del salón para hacer lo mismo con Romanos 5:21, y a los osos al frente del salón para trabajar con 1 Tesalonicenses 4:13-18.

Después de unos minutos dé una señal a fin de captar de nuevo la atención de los estudiantes. Pídales que vuelvan a formar sus tríos originales y que se turnen para leer lo que escribieron. Luego, con estos pasajes bíblicos en mente, pídales que cada trío piense y dialogue sobre cosas que podrían hacer para consolar a un amigo que ha perdido a un ser querido. Pídales que escriban sus ideas en el reverso del papel o tarjeta.

Pregunte a los tríos:
- **¿Qué impide que pongamos en práctica estas ideas cuando vemos a un amigo afligido?** (No sabemos qué decirle; no estamos seguros de si desea que le hablemos; nos sentimos incómodos hablando sobre la muerte.)
- **¿Cuál de las ideas les consolaría más?** (Me gustaría que alguien me diera una tarjeta de condolencia; quisiera que alguien me diera un abrazo con todo cariño.)

Dígales: **Estas son ideas maravillosas que nos ayudan a consolar a un amigo que ha perdido a un ser querido. En ocasiones nos vemos tentados a evitar a las personas que están afligidas, pero Jesús nos puede dar la fuerza que necesitamos para hacer frente a la muerte y al dolor. A menudo nos usará a nosotros y nuestras ideas para hacer eso.**

Pida que cada persona en cada trío mencione algún momento difícil que pudieran estar atravesando en esos momentos. Después de que cada persona haya hablado, los otros dos estudiantes deberán ofrecerle apoyo y aliento usando ideas de las Escrituras.[10]

De nuevo, el procedimiento del rompecabezas une a los estudiantes para aportar diferentes piezas de información. En esta actividad los estudiantes no tan sólo proveen diferentes porciones de la Biblia, sino que también se proveen apoyo los unos a los otros.

8 USE UN PLAN DE ESTUDIOS QUE PRODUZCA APRENDIZAJE AUTÉNTICO

En los capítulos anteriores usted ha visto lo que resulta y lo que no resulta en el esfuerzo de ayudar a que las personas aprendan. Nos hemos concentrado en cómo aprenden las personas. No hemos hablado mucho sobre quién da la enseñanza.

¿Qué tal los maestros? Muchas personas le dirán que lo que hace que los estudiantes aprendan y crezcan es la "persona y no el programa." Hay cierto grado de verdad en esto. Cuando la mayoría de los adultos recuerdan su niñez en la Escuela Dominical o en los grupos de jóvenes, recuerdan con más frecuencia a una persona, a un maestro, en lugar de una lección específica. El Espíritu Santo habla a menudo por medio de los maestros que Dios ha dotado.

Se ha escrito mucho en otras obras sobre la importancia que tiene que los maestros traten a sus estudiantes con cariño, compasión, comprensión, estímulo, y que sean mentores y pasen tiempo con ellos fuera de la iglesia. Ya que de eso se ha escrito mucho, no trataremos de esos aspectos en estas páginas.

Además, la preponderancia de la evidencia sugiere que el aprendizaje en la iglesia no se ha derrumbado por causa de maestros con poco amor, sin compasión, fríos, y desapegados. No hay nada en nuestras investigaciones o en las de ninguna otra persona, que indique que este sea el problema.

No; la mayoría de nuestros maestros son buenas personas que se interesan por sus estudiantes. Son voluntarios que donan su valioso tiempo porque desean hacer una diferencia en la vida de los demás. En su mayoría hacen lo mejor que pueden con los recursos que se les da.

Así que ahora dirigimos nuestra atención a lo que se les da: los materiales del currículo o plan de estudios. La mayoría de las iglesias dedican una considerable porción de su presupuesto al material impreso para todas las edades. Año tras año los fieles en las bancas depositan sus diezmos en el plato, confiando en que los administradores usarán el dinero con sabiduría. Pues bien, ¿es un ejemplo de buena administración la cantidad de dinero que se gasta en los materiales impresos? ¿Recibimos material equivalente al dinero que pagamos? ¿Nos acerca la mayor parte de estas cosas a nuestro gran objetivo para la educación cristiana? ¿O es acaso en su mayor parte un costoso activismo que se asemeja mucho a lo que las escuelas seculares están descubriendo ahora que no resulta?

> **"No hay nada que un ser humano resienta más que la tarea por el gusto de la tarea. Y es esa la razón por la cual la mayoría de los materiales impresos de la Escuela Dominical pudieran usarse mejor para alimentar el fuego en su chimenea."**
> —*Howard Hendricks,*
> *The 7 Laws of the Teacher (Las siete leyes del maestro).*[1]

Para ayudarle a ver lo que las iglesias están enseñando, examinamos el plan de estudios o currículo producido por las principales casas publicadoras (y muchas de las pequeñas), tanto denominacionales como independientes. Hemos seleccionado algunos ejemplos como muestra de lo que contienen la mayoría de los planes de estudios de estos impresos. No nos pusimos a buscar casos aislados o extremos. Lo que usted encontrará en las páginas que siguen es la norma.

ESPECIALIZÁNDONOS EN MINUCIOSIDADES

Encontramos montañas de revistas o cuadernos para alumnos llenos de preguntas de respuesta cerrada, preguntas que buscan datos por respuesta. A continuación hay un ejemplo que se relaciona con el apóstol Pablo:

Lugar de nacimiento (Hechos 22:3): _____
Lista de dificultades (2 Corintios 11:21b-28):
    Número de azotes de los judíos: _____
    Número de azotes con varas: _____
    Número de apedreamientos: _____
    Número de naufragios: _____
    Tiempo que pasó en el mar: _____

A continuación hay otro que muestra la historia de Noé. El objetivo es identificar cómo se relaciona cada número con la historia de Noé.

    3 _____
  40 _____
450 _____
    2 _____
  75 _____
    7 _____
600 _____
  45 _____
150 _____
601 _____
    8 _____
  25 _____

Hemos encontrado que los números son populares. El siguiente es otro ejemplo que pide que los niños de tercer y cuarto grado, debido a su mejor dominio de matemáticas, calculen la edad que tenían Abraham y Sara cuando nació su hijo Isaac.

El número más alto en un reloj es   _____
El número que viene antes del 20 es + _____
                                                           = _____

El número de centavos en medio peso son + _____
= _____
El número que va a continuación (5,6,7,8, __) es +____
La edad de Sara = _____
El número de ruedas en cinco bicicletas son + _____
La edad de Abraham = _____

Si usted quisiera determinar la edad de un personaje de la Biblia, ¿sería esta la forma en que lo haría? ¿Es este tipo de actividad la mejor forma de usar el tiempo de los estudiantes? ¿Es probable que los estudiantes recordarán esta información? ¿Por cuánto tiempo? ¿Aprenderán conceptos que cambien sus vidas?

SIN USAR EL CEREBRO

Muchos ejercicios requieren muy poco pensamiento; sin embargo, consumen el tiempo de la clase. El siguiente es un ejemplo típico que pide que los estudiantes llenen las palabras que faltan según Oseas 11:1-4. Los estudiantes copian las palabras de sus Biblias.

**Cuando Israel era _____, yo lo _____, ...
Yo con todo eso enseñaba a_____ al mismo Efraín, ...
Con cuerdas _____ los atraje, con cuerdas de _____ ; . . . . y puse delante de ellos la _____ .**

Este ejercicio en particular era mucho más largo de lo que mostramos aquí. En el siguiente paso se pedía que los estudiantes repitieran el mismo ejercicio, con el mismo pasaje, usando otra versión de la Biblia. ¿Es acaso un buen uso del tiempo del estudiante pedirle que transcriba la Biblia palabra por palabra?

Nos encontramos con el siguiente material en un plan de estudios para estudiantes de secundaria. La guía del maestro pedía que el profesor mostrara a la clase un pedazo de queso, y luego hiciera las siguientes preguntas:

**1. ¿De dónde viene el queso?
2. ¿De qué color era la vaca que dio la leche para hacer este queso?
3. ¿De qué color era la leche?**

¿Qué supone usted que están pensando esos estudiantes con este tipo de interrogatorio? El estudio que acabamos de citar intentaba relacionar los misterios de la naturaleza con los misterios de Apocalipsis. Sin embargo, el verdadero misterio es: ¿Por qué alguien le haría preguntas como éstas a estudiantes de secundaria?

Las preguntas de respuestas fijas no se limitan a los materiales de niños y jóvenes. Lo siguiente es un ejemplo de una pregunta que se encuentra en una revista para adultos:

¿En casa de quién hizo Jesús serias acusaciones en contra de los fariseos? (Lc. 11:37)

Otra forma favorita de desperdiciar el tiempo son las preguntas de selección múltiple. El que sigue es un ejemplo de un estudio para escolares de tercer y cuarto grado, sobre Génesis:

¿Qué fue lo que Noé construyó cuando salió del arca?
  a. un castillo
  b. un restaurante
  c. un altar

El mismo currículo pedía más adelante, que los estudiantes buscaran Génesis 22:9 y completaran esta oración.

Abraham edificó un _____ .

¿Es culpa de los estudiantes que se aburran en la iglesia? ¿Necesitamos más evidencia para entender por qué la mayoría de los niños y los jóvenes dicen que sus iglesias no les estimulan a pensar?

OBSCURECIENDO LO OBVIO

Algunos autores de materiales educativos para la iglesia toman una parte perfectamente clara de la Palabra de Dios y la convierten en algo confuso, desconcertante y vago. Tenemos que admitir que han sido creativos en esta empresa. Todo método imaginable para oscurecer la Palabra de Dios aparece en los materiales educativos para la iglesia. Crucigramas, acertijos, palabras mezcladas, mensajes en código, escritura al revés, letras ocultas, jeroglíficos, y conej-tos son métodos favoritos de enseñanza.

La primera parada en nuestra odisea nos trae a una página de mucho color de un libro de jeroglíficos y palabras escondidas publicado por una prominente casa de publicaciones. No pudimos evitar reírnos al ver esta página de introducción:

La Palabra de Dios no es una mezcolanza de palabras y pensamientos. Pero el siguiente es un divertido juego sobre la Palabra de Dios que necesita ser puesto en orden.

**Tenemos que
P L F A M N I C L O P E N G D W Q O C R B E K S
a la Palabra de Dios**

**Tenemos que ser
R K A C R E T D Q O V R B E M S
y no tan solo oidores de la Palabra de Dios**

Otro material presenta un mensaje en clave para niños de diez a doce años de edad. El mensaje viene de Isaías 43, pero se necesita tener un teléfono para resolver el problema. Simplemente busque en el tablero marcador del teléfono las letras para descifrar el código.

$$\overline{6\,6}\quad \overline{8\,3\,6\,2\,7}\,,\ \overline{7\,6\,7\,7\,8\,3}\quad \overline{9\,6}\quad \overline{8\,3}\quad \overline{7\,3\,3\,4\,6\,4}$$

El siguiente es otro ejemplo, procedente de otra editorial, en que se les pide a los niños descifrar otro mensaje. Sobre cada letra en el acertijo los niños tienen que escribir la letra anterior a la que está escrita. La primera palabra ha sido escrita para ayudarle.

H	A	C	E	R	_	_	_	_	_	_
i	b	d	f	s	k	v	t	u	j	d	j	b

Este acertijo era mucho más largo de lo que mostramos aquí. Tomará mucho tiempo para que Juanito descifre este en particular. Le sugerimos que simplemente busque Miqueas 6:8 y lea el pasaje en español claro y sencillo.

El siguiente es otro favorito. Casi todas las casas publicadoras de material educativo llenan las páginas de los cuadernos del alumno, y el tiempo, con sopa de letras, tal como ésta a continuación, para adolescentes:

En el acertijo que sigue hay ocultas 15 palabras del capítulo 1 de Génesis. ¿Cuán rápido las puedes encontrar? Pueden aparecer vertical, horizontal, diagonalmente o al revés. Luego contesta la pregunta al final.

```
H W W R C Y T R D P Y M K I
N I P P L I I K D I A K L P
G N E U N U E U R M O K E T
T G U R F F R L F C V S Y T
G T O N B F R F O K E P W W
R G N M N A A K K S L P O O
```

En una sola frase, ¿cuál es la verdad principal de este pasaje?

Ahora bien, *a nosotros* nos gustaría pedir que se nos dijera en una sola frase, ¿por qué someter a los jóvenes a minuciosidades tan tediosas?

A continuación hay otro ejercicio para adolescentes. Les piden que copien cada grupo de letras y signos gramaticales en los espacios en blanco que están al lado. Luego, cuando hayan terminado todo esto, pueden leer verticalmente cada columna para descubrir las palabras de los versículos en Hechos 1:1-2.

E,CSOHEEMEAE- _ _ _ _ _ _ _ _ _ _ _
NOEAAARSASPSS _ _ _ _ _ _ _ _ _ _ _
EHRSHSEPNPOC _ _ _ _ _ _ _ _ _ _ _
LTCQATCUDISO _ _ _ _ _ _ _ _ _ _ _
PEAUCAIEARTG _ _ _ _ _ _ _ _ _ _ _
RODEEEBSMIOI _ _ _ _ _ _ _ _ _ _ _
IFEJRLIDITLD _ _ _ _ _ _ _ _ _ _ _
MITEYDDEEUEO _ _ _ _ _ _ _ _ _ _ _
ELOSAIOHNSS. _ _ _ _ _ _ _ _ _ _ _
RODUEAAATAQH _ _ _ _ _ _ _ _ _ _ _
T,ASNERBONUC _ _ _ _ _ _ _ _ _ _ _
RHSCSNRESTEH _ _ _ _ _ _ _ _ _ _ _
AALOEQIRPOHO _ _ _ _ _ _ _ _ _ _ _
TBAMÑUBDOAAS _ _ _ _ _ _ _ _ _ _ _
ALSEAEAARLB1 _ _ _ _ _ _ _ _ _ _ _
DECNRF,DEOI: _ _ _ _ _ _ _ _ _ _ _
OAOZ,UDOLSA1 _ _ _ _ _ _ _ _ _ _ _

¿Ayudará este tipo de ejercicio a los adolescentes que usted conoce a que realmente anhelen regresar a la iglesia el próximo domingo?

En los Estados Unidos las iglesias de prácticamente todas las denominaciones experimentan un descenso en la asistencia de los alumnos una vez que éstos llegan a la secundaria. En otros países la situación no es muy diferente. Después de haber sido sometidos a este tipo de enseñanza, ¿le queda alguna duda de por qué no regresan?

UN PROBLEMA MONUMENTAL

Recuerde que lo que ha visto en estas páginas no son casos aislados. Este tipo de ejercicios por gusto aparece en el cincuenta al ochenta por ciento de los materiales para la iglesia que se publican. Esto es lo que ocupa el tiempo de nuestros niños, semana tras semana. Este es el barrio bajo de la educación cristiana.

Quizás usted opine que hay niños a quienes *les gustan* los rompecabezas y acertijos de palabras. ¿Justifica eso el tiempo que se emplean en esas cosas en la iglesia? A algunos muchachos también les gusta hacer tronar sus nudillos; entonces, ¿debemos por esa razón incorporar el tronar nudillos como parte del plan de estudios? No. El hacer lo que les gusta a unos pocos muchachos no es el objetivo de la educación en la iglesia.

Todos estos rompecabezas, hojas de ejercicios, acertijos, palabras enredadas, crucigramas, pasajes bíblicos en código, y preguntas con respuesta cerrada, virtualmente no producen nada. Nadie aprende nada que valga la pena, excepto que la iglesia, Dios y la Biblia no tienen sentido, son tediosos, confusos, aburridos y una pérdida monumental de tiempo. Ese es el plan oculto de estudios que nuestros estudiantes realmente retienen.

No es en balde que los muchachos dicen que la Escuela Dominical "se parece demasiado a la escuela." Su tierna mente percibe que sus clases de lunes a viernes están también repletas de datos irrelevantes. George Wood, autor y profesor en el estado de Ohio, EE.UU., dice: "Mucho de lo que los estudiantes producen en la escuela es artificial. Es decir, que no tiene ningún propósito, no tiene auditorio, no tiene ninguna razón para hacerse excepto el satisfacer al maestro. La mayoría de los niños son buenos para estos ejercicios, entendiendo que el llenar espacios en blanco con palabras o frases copiadas del libro de texto es todo lo que necesitan hacer."[2]

Es el modelo de la escuela estatal lo que la iglesia ha escogido imitar. Si un plan de estudios para la iglesia no se parece al programa tradicional secular de las escuelas, entonces muchos piensan que no es realmente un plan de estudios. La realidad es que la iglesia se ha dejado embaucar.

NUEVOS MÉTODOS PARA EL PLAN DE ESTUDIOS

Tanto en la arena secular como en la iglesia están surgiendo direcciones nuevas y eficaces en los planes de estudios. Son ejemplos de lo que hemos estado planteando en este libro. Estas nuevas direcciones 1) recuerdan la meta, 2) enfatizan el aprendizaje antes que la enseñanza, 3) se concentran en lo que es más importante, 4) enfatizan la comprensión del material, 5) promueven el pensamiento, 6) utilizan el aprendizaje activo, y 7) usan aprendizaje interactivo.

Vamos a explorar algunos modelos interesantes que están alcanzando éxito en las escuelas seculares. También le daremos un breve resumen del trabajo que hemos estado llevando a cabo en el desarrollo del currículo para la iglesia. Nuestro trabajo brota de nuestra propia experiencia, la observación en el campo, y la interacción con cientos de maestros, pastores, líderes de jóvenes, directores de educación cristiana y superintendentes de Escuela Dominical. El currículo que hemos preparado no se parece en nada a los tradicionales.

Somos de la opinión que en esto usted encontrará esperanza real, métodos prácticos que puede poner en práctica de inmediato, y un atisbo del futuro de la educación.

MÁS ALLÁ DE LOS LIBROS DE TEXTO

Por décadas las escuelas y las iglesias han confiado en los libros de texto y en cuadernos de ejercicios atiborrados de conej-tos. Estos materiales educativos parecían estar repletos de información. Los maestros daban por sentado, abrigaban la esperanza, de que toda la información que contenían los libros de alguna forma sería trasmitida al cerebro de sus estudiantes. Así que estos áridos libros se convirtieron en el punto focal del plan educativo.

Los reformadores de la educación están reconsiderando la eficacia de poner tanta confianza en los libros de texto. Una escuela innovadora de Minneápolis ha descubierto que es posible que los niños de hoy aprendan mucho más, y más rápido, mediante otros métodos. Mike Erdman, maestro de matemáticas de tercero y cuarto grado en la escuela Tesseract, no introduce a sus estudiantes al uso de fracciones a partir de un libro inerte. En su lugar comienza usando bloques y otros objetos que se pueden "manipular," para que los niños puedan ver y sentir la diferencia entre una tercera parte y una mitad.[3]

En la ciudad de Winnetka, en Illinois, los maestros y dirigentes escolares han encontrado que los niños aprenden poco de los cuadernos de ejercicios tradicionales. Así que los han eliminado por completo. Los salones de clase usan métodos que ofrecen experiencias prácticas. Los estudiantes ven, tocan y huelen lo que necesitan aprender. Sus salones de clase están llenos de cosas interesantes que les ayudan a aprender: dispositivos, aparatos, disfraces; y los estudiantes se ayudan unos a otros a aprender; los mayores ayudan a los menores.

Susan Sprague, administradora de las escuelas en la ciudad de Mesa, Arizona, junto con sus colegas, han prohibido los libros de texto en las clases de ciencias en las escuelas primarias del distrito. Han encontrado algo mejor. Reconocen que los estudiantes olvidan la mayoría de las cosas que leen o escuchan, pero recuerdan casi todo lo que experimentan directamente.

Estos educadores recuerdan su objetivo. Quieren que los niños comprendan los principios científicos relevantes, y que se encariñen con la ciencia. En la ciudad de Mesa se han alcanzado ambos objetivos desde hace casi veinte años. Los estudiantes saben la materia y en realidad se esfuerzan más por aprender más ciencia. La Sra. Sprague hizo un examen comparativo. Contó cuántos niños se matricularon en clases electivas de ciencias cuando ingresaron a la secundaria. De los niños que crecieron con el método obsoleto de clases de ciencias, tan solo un cuatro por ciento eligieron continuar con las ciencias. ¡Sin embargo, de los que experimentaron las clases innovadoras de ciencia y el aprendizaje práctico por medio de la experiencia, un noventa y seis por ciento escogió continuar tomando clases de ciencia! (¿No sería maravilloso si la iglesia pudiera estimular ese amor por el aprendizaje? Siga leyendo.)

"¿Cuál es el secreto de la ciudad de Mesa?" pregunta usted. Pues bien, nosotros también nos hicimos esa pregunta; así que viajamos hasta ese suburbio de Phoenix para verlo con nuestros propios ojos. Lo que encontramos explica el porqué los educadores consideran este distrito como el mejor en programas de ciencias en todos los Estados Unidos.

Si no hay libros de texto, ¿entonces qué hay en su lugar? ¡Estuches de aprendizaje! La Sra. Sprague y sus especialistas en recursos han desarrollado más de cien diferentes estuches para clases de ciencias. Los estuches contienen objetos de colores que los niños encuentran fascinantes. Para comprender acerca de la flotación los niños de tercer grado trabajan con arcilla para diseñar botes que floten. Para entender circuitos eléctricos los estudiantes de secundaria tratan de hacer que las series de luces de los árboles de Navidad se enciendan intermitentemente.

El distrito contrata secretarias a tiempo completo para llenar estos estuches de aprendizaje con los ingredientes necesarios y mantenerlos circulando entre los salones de clase en toda la comunidad.

Visitamos un salón de clase de quinto grado para ver en acción este método de aprendizaje basado en estos estuches. Los pupitres de los estudiantes estaban agrupados por grupos de interacción. Los niños se movían por todo el salón conduciendo su investigación. El maestro pasaba de grupo a grupo, sirviendo más bien como entrenador y dando ánimo en lugar de disciplinando.

El nivel del ruido era un poco más alto del que hubiera en un salón de clase tradicional, pero todos los niños estaban totalmente ocupados. Cuando sonó la campana para el almuerzo, nadie quería irse. ¡El maestro tuvo que obligarlos a que se fueran!

Ese era un lugar de aprendizaje auténtico.

Los niños no necesitan enredijos artificiales de palabras y hojas insulsas de ejercicios. Pero sumérjalos en actividades que naturalmente les cautiven, y aprenderán.

Este es el concepto que motiva a la impresionante escuela Key en la ciudad de Indianápolis. Los niños sobresalen en este lugar, no por el aprendizaje de pura memorización, sino mediante una amplia variedad de experiencias que ellos mismos ayudan a crear. La directora Patricia Bolanos dice: "La mayoría de las escuelas se basan en recompensar a los estudiantes por hacer las cosas que deben hacer. Nosotros hemos cambiado eso por completo. Estamos diciendo que en vez de obligar a los niños a que hagan ciertas cosas, se les debe dar oportunidades de involucrarse en actividades que disfrutan."[4]

UNA REVOLUCIÓN EN EL PLAN DE ESTUDIOS PARA LA IGLESIA

Muchas personas se quejan del estado de la educación, pero son muy pocos los que hacen algo al respecto; y eso ha venido a ser parte del problema. Hay abundancia de críticos pero muy pocos reformadores.

Sin embargo las escuelas que hemos descrito anteriormente han avanzado incontenibtemente. Han creado soluciones que están produciendo resultados impresionantes. ¿Podrá acaso también la iglesia responder al reto, y considerar algunos enfoques al currículo que produzcan algunos resultados que cambien vidas?

Tenemos que admitir que nosotros también en las últimas dos décadas hemos pasado quejándonos sobre el estado de la educación, particularmente en la iglesia. Manteníamos la esperanza de que las cosas cambiarían, pero nos cansamos de esperar mientras que otra generación seguía los pasos de la anterior, buscando la salida de la iglesia.

Así que dejamos la seguridad de las líneas laterales, y comenzamos a probar algunas ideas revolucionarias de planes de estudios o currículo para la iglesia. Un resultado de este proceso es el plan de estudios *Hands-On Bible Curriculum*™ *(Currículo bíblico práctico)*, publicado por la Editorial Group Publishing. A riesgo de que se vea como propaganda propia, nos gustaría de todas formas describirle este nuevo enfoque a un currículo para niños. Este ejemplo práctico muestra que en efecto es posible incorporar los métodos de aprendizaje descritos en los capítulos anteriores. Quizás usted encuentre aquí una dosis de esperanza y algunas ideas para reformar el plan educativo. Al mismo tiempo tendrá la oportunidad de atisbar cómo lucirán los planes educativos para todas las edades en el siglo próximo.

El plan educativo *Hands-On Bible Curriculum (Currículo bíblico práctico)* consiste de una guía del maestro y una caja de artefactos llamada *Learning Lab*™ *(Laboratorio de aprendizaje)*. No hay cuadernos de ejercicios para el estudiante (los niños nos dijeron que detestaban los cuadernos de ejercicios de la Escuela Dominical). Todo lo que la clase necesita está en la guía para el maestro y en la caja. Cada laboratorio de aprendizaje trimestral está lleno de toda una variedad de objetos de colores que cautivan a los niños: lentes de aumento, cosas pegajosas, tinta invisible y calcomanías. También hay una cinta grabada con historias interactivas, efectos de sonido poco comunes y pistas de música para acompañar el canto.

Cada lección incluye el aprendizaje activo y el diálogo posterior. Nunca se les pide a los niños que se sienten y resuelvan crucigramas. En su lugar ellos experimentan sus lecciones: ven, escuchan, tocan, gustan y huelen, usando los objetos del laboratorio de aprendizaje.

A primera vista este laboratorio de aprendizaje y su colorido contenido se ve "demasiado divertido" para algunos maestros. Nos preguntan: "¿No es todo esto sencillamente trucos?"

De la misma forma que Jesús fascinó a las personas a quienes enseñaba, los objetos del plan educativo *Hands-On Bible Curriculum (Currículo Bíblico Práctico)* intrigan a los estudiantes y les ayudan a recordar lo que aprenden. Algunos que dudan nos preguntan: "¿Pero no recordarán acaso tan sólo los objetos y no la enseñanza bíblica?" Pues bien, Jesús también se enfrentó a ese riesgo, pero eso no le impidió enseñar usando cosas cautivantes.

Después de involucrar a las personas en experiencias de aprendizaje activo, Jesús tomó el tiempo necesario para dialogar posteriormente con sus estudiantes, para que captaran el mensaje real. El diálogo posterior es clave. Después de recoger grano en el día de reposo, Jesús dijo: "¿No habéis leído lo que hizo David, cuando él y los que con él estaban tuvieron hambre?" (Mt. 12:1-8). Después de enseñar sobre los impuestos usando una moneda, Jesús preguntó: "¿De quién es esta imagen, y la inscripción?" (Mt. 22:15-22). Después de experimentar las lágrimas y el perfume con que la mujer pecadora le lavara los pies, Jesús dialogó sobre la situación con una parábola y una pregunta (Lc. 7:36-50).

¿Recordaron todas esas personas tan solo el grano, la moneda y el perfume? No lo creo. El mensaje, grabado en su mente mediante el diálogo posterior, transcendió todos los objetos que se usaron.

Lo más probable es que la próxima vez que los estudiantes de Jesús vieron alguno de los objetos de enseñanza que usó su Maestro, en otro contexto diferente, pensaron también en la lección que Jesús les había dado. Lo mismo sucederá cuando usemos objetos actuales para enseñar. En vez de ponernos frenéticos por la posibilidad de que nuestros estudiantes recuerden solo los objetos, celebremos el hecho de que nuestros estudiantes pensarán en su lección espiritual cada vez que se encuentren de nuevo con ese objeto.

Una de las lecciones de *Hands-On Curriculum (Currículo Bíblico Práctico)* usa tinta que desaparece. Pero cuando el maestro les echa encima de sus ropas este líquido negro, los niños no saben que es inofensivo. Se inquietan y comienzan a quejarse con el maestro de que sus padres se enojarán cuando lleguen a casa con las ropas manchadas. El maestro les dice: "Lo lamento. ¿Me perdonas?" En pocos momentos las manchas de tinta desaparecen, y el maestro comienza un diálogo para tratar sobre el perdón. Los niños recuerdan sus reacciones cuando el maestro les pidió perdón. Lidian con las cuestiones del perdón. Mateo 6:12-15 es la guía bíblica. Es un momento inolvidable.

UN PLAN DE ESTUDIOS "MENOS ES MEJOR"

Este currículo o plan de estudios también abre nuevos campos al enfatizar sólo lo esencial. La lección de la tinta invisible, como todas las otras lecciones en el plan de estudios, tiene sólo un punto sencillo. En esta lección el punto es: Dios desea que perdonemos a los demás como Él nos ha perdonado a nosotros. Eso es todo. Durante esa sesión de una hora se martilla el punto una y otra vez mediante una variedad de experiencias multisensoriales. Cada estudiante se va sabiendo y comprendiendo un sólo mensaje sencillo.

Se utilizan todos los estilos de aprendizaje para recalcar el punto de la lección. Sin que importe si el niño es un aprendiz visual, auditivo o cinético, de todas maneras recibe el mensaje.

Esta lección no usa el método de embutir Biblia. Solamente se emplean dos pasajes de Mateo durante la hora. Sin embargo, estos pasajes sobre el perdón se inculcan de una forma poderosa. El objetivo no es sofocar a los niños con Biblia, sino alimentarlos con lo que ellos puedan digerir en el transcurso de una hora.

> **"La reforma genuina del plan de estudios tiene que comenzar reconociendo que no toda la información que le enseñamos a los niños se quedará en su mente. Pero un hábito mental, algo mucho más importante, se quedará grabado en ellos. Esto significa cubrir menos material, de forma más detallada y con más cuidado."**
> —*George Wood, Schools That Work (Escuelas que resultan)*.[5]

UN PLAN INTERACTIVO DE ESTUDIOS

Otra característica importante de este nuevo plan de estudios es que los niños trabajan juntos. Se ayudan entre sí. Se apoyan unos a otros. Oran el uno por el otro.

Más adelante en la lección sobre el perdón, los niños forman parejas y el uno al otro le dice alguna ocasión en que le fue realmente difícil perdonar a alguien. Esto requiere un poco de vulnerabilidad, una cosa que nunca resultaría bien en grupos grandes.

Los estudiantes se acostumbran a trabajar en parejas y en grupos pequeños. Forman nuevas amistades y anhelan regresar la semana próxima para estar con sus amigos. Una iglesia informó que desde que adoptaron este plan de estudios, niños que anteriormente no asistían a la iglesia se han estado quedando a dormir los sábados por la noche en casa de sus amigos que van a la iglesia, ¡con el único propósito de poder asistir a la Escuela Dominical el domingo por la mañana!

Muchas iglesias han informado un aumento significativo en la asistencia desde que empezaron a usar este nuevo plan de estudios. Los maestros les piden a sus estudiantes que digan lo aprendido, y los niños recuerdan las enseñanzas de las lecciones dadas meses atrás. Los padres informan de cambios positivos en el comportamiento de sus hijos como resultado de lo que han aprendido en la Escuela Dominical. Y los maestros que al principio miraban con suspicacia este plan de estudios tan novedoso se encuentran entusiasmados por este método vivo de aprendizaje, que hace de la enseñanza algo divertido y satisfactorio.

Esta innovación en el plan de estudios muestra que es posible cautivar a los niños de hoy, hacerlos pensar y ayudarlos a descubrir las verdades de Dios que cambian la vida.

PARTICIPACIÓN CON SIGNIFICADO

Los innovadores en la educación estatal han sido también pioneros en otros enfoques al plan de estudios. Ted Sizer, profesor de educación en la Universidad Brown, preside la Coalition of Essential Schools (Coalición de Escuelas Esenciales). Este grupo de escuelas de gran prestigio se basa en el principio de que los niños tienen que mostrar lo que han aprendido, no en exámenes de selección múltiple, sino exhibiendo lo aprendido.

Del libro *Horace's School (La escuela de Horacio)* escrito por Sizer, tomamos un ejemplo de la tarea asignada a un estudiante para su exhibición:

Actúe como el nutricionista de la escuela: La cafetería tiene $2.56 para gastar en el almuerzo de cada persona. Diseñe tres menús, cada uno de los cuales tiene que reunir las

siguientes condiciones: 1) estar dentro del presupuesto asignado, 2) ofrecer máxima nutrición, y 3) ser lo más atractivo posible a los estudiantes de su escuela. Tiene que consultar varias tablas y datos que constan en la guía del nutricionista, disponible en la biblioteca y en la oficina de la cafetería. Prepárese para defender su definición de "nutrición" y "atractivo" y los menús que ha preparado. Su proposición será parte de un concurso entre todo el alumnado, y los seis menús ganadores serán servidos durante el próximo período escolar.[6]

En la escuela primaria Kiva, en Scottsdale, Arizona, los estudiantes aprendieron sobre el antiguo Egipto al publicar un periódico de cuatro páginas titulado *King Tut's Chronicle (Crónicas del rey Tut)*. Tenía la apariencia de un popular tabloide sensacionalista, con titulares tales como "¿Está Cleo otra vez en problemas?" Los niños incluyeron una sección deportiva (carrera de botes en el Nilo), una columna de consejos ("Querida Cleopatra") y noticias financieras (cotización de telas para envolver momias). Aprendieron historia, y adquirieron experiencia sobre cómo hacer una investigación, cómo escribir, y cómo cooperar.

Los estudiantes de inglés en una escuela secundaria de Clayton, Georgia, investigaron, escribieron, editaron y publicaron la revista Foxfire. Es una colección de entrevistas a los ancianos apalaches y contiene artículos sobre cocina y otras artesanías típicas de la región. El contenido de las revistas fue compilado y publicado en libros, que se venden en todas partes. Los estudiantes aprendieron gramática al hacerlo. Sintieron gran satisfacción por su trabajo, y nunca hicieron la pregunta que se escucha con tanta frecuencia en las escuelas: "¿Por qué tenemos que saber esto?"

Estos ejemplos ilustran "las experiencias directas y con propósito" de que hablamos en el capítulo 6. Hacer que los estudiantes participen en proyectos con significado como éstos resulta en una mayor comprensión y mayor porcentaje de retención de lo aprendido.

REVITALIZANDO LAS CLASES BAUTISMALES

¿Cómo podemos trasladar a la educación en la iglesia estos conceptos de participación? Hay muchas oportunidades. Veamos un ejemplo que se aplicó al proceso educativo que algunas iglesias llaman las clases bautismales.

Consultamos con una iglesia respecto a su programa de clases bautismales. Los líderes de esa iglesia vieron que las estadísticas mostraban un negativo plan oculto de estudios en las clases bautismales o doctrinales. Una vez que las personas asistían a las clases exigidas, y eran bautizadas, una significativa mayoría simplemente dejaban de asistir fielmente. Se "graduaban" y se iban. El proceso tenía el efecto contrario de lo que su pastor intentaba lograr. Las clases requeridas confirmaban que la iglesia era seca, aburrida, tediosa e irrelevante. Muchas iglesias lograrían más si no obligaran a los nuevos creyentes a asistir rigurosamente a las clases bautismales tan dañinas que ofrecen ahora.

Mediante nuestro trabajo de consultoría ayudamos a la iglesia a entender a cabalidad su objetivo para las clases bautismales. El pastor y los líderes concordaron en que el objetivo final era "alentar una fe permanente en Jesucristo." Con ese objetivo como fin, sugerimos que el programa de clases bautismales existente fuera reemplazado con proyectos de participación como los descritos anteriormente.

Uno de estos proyectos trató con el concepto teológico de la gracia. Sabíamos que el plan antiguo de estudios no había logrado ningún éxito en cuanto a enseñar este concepto clave. Así que sugerimos que la clase de adolescentes produjera un programa al estilo de *Cámara Escondida*. Los muchachos pidieron prestada una videograbadora y encontraron un lugar donde esconderse en un centro comercial de la localidad. Mientras que un par de muchachos operaban la cámara, los otros detenían a personas y les ofrecían dinero. ¡En efecto ofrecían regalarles monedas! La gente los miraba perpleja. Algunos se molestaron. ¡La mayoría no quería aceptar las monedas! La cámara escondida grabó la reacción de todos.

Después de pasar una tarde muy entretenidos los muchachos y muchachas regresaron a la iglesia y vieron su producción. Gritaban regocijados al ver a sus compañeros hablar con los perplejos compradores.

Cuando terminó el espectáculo el pastor comenzó el diálogo posterior. Les preguntó: ¿Qué piensan ustedes de la forma en que reaccionaron las personas al obsequio que ustedes les ofrecían? En su opinión ¿por qué algunas personas no aceptaron el regalo? ¿De qué tenían temor? ¿En qué se parece la oferta que ustedes hicieron a la oferta que Dios hace de la salvación? ¿En qué se parece la reacción de las personas en el centro comercial a la forma en que algunas personas le responden a Dios? ¿Qué significa para ustedes el obsequio de Dios, que llamamos gracia?

Los muchachos estuvieron hablando durante meses sobre su proyecto de la *Cámara Escondida*. Organizaron un programa para mostrárselo a sus padres. Lo más probable es que estos niños recordarán toda su vida esta lección acerca de la gracia.

UN PROYECTO SOBRE UNA HISTORIA DE FE

Las posibilidades son innumerables para los proyectos de participación con significado. Algunas iglesias involucran a sus jóvenes en proyectos sobre una historia intergeneracional de la fe. Los muchachos usan grabadoras y entrevistan a sus padres y abuelos respecto a las raíces de su fe. Les hacen preguntas tales como "¿Cuándo fue la primera vez que recuerda usted haber orado a Dios? ¿Cómo llegó Dios a ser real en su vida? Describa una ocasión en la que usted dudó de Dios. ¿Cómo venció esa duda? ¿Cuándo ha sentido con más fuerza la presencia de Dios?"

Este tipo de actividad tiene posibilidades poderosas para el crecimiento en la fe.

> **Una investigación del Search Institute (Instituto de Investigación) sobre educación cristiana muestra que las conversaciones sobre Dios de un adolescente con sus padres son la influencia más fuerte en la fe de ese adolescente.**

Con demasiada frecuencia los padres no saben cómo iniciar una conversación con sus hijos sobre la fe. Un proyecto como este les da a los hijos y a los padres una maravillosa oportunidad de hablar sobre el tema más importante del mundo.

COMIENCE TEMPRANO LA REFORMA DEL PLAN DE ESTUDIOS

El plan de estudios que usted utiliza hace una diferencia crucial. Esto es cierto en toda edad. Es hora de fomentar una innovación que abarque desde las clases de edad preescolar hasta las clases de adultos.

A menudo escuchamos a los educadores y a los pastores en las iglesias reconocer la necesidad de cambios en grupos aislados como los de jóvenes. Sin embargo el problema del plan de estudios pasivo comienza en el departamento preescolar.

Muchas iglesias se preocupan cuando ven que la asistencia y el interés de los estudiantes empieza a decaer en el quinto o sexto grado. Cuando se les pregunta respecto a los niños menores los maestros dicen a menudo: "No hay problema." Perciben que no hay problemas debido a la edad del cliente, no por la calidad del producto. Los maestros pueden controlar con más facilidad a los pequeños. Y los niños más pequeños tienen menos habilidad para expresar su frustración. Tienen menos habilidad de persuasión para convencer a sus padres de que preferirían estar en otro lugar. Pero a pesar de su inmadurez son víctimas de un sistema educativo que subestima su capacidad y gasta su precioso tiempo en trabajos sin sentido.

Los niños más pequeños pasan horas interminables pegando calcomanías en hojas de Escuela Dominical. Sus maestros se quedaron despiertos hasta altas horas de la noche, la noche anterior, recortando esas calcomanías. Las manos de los niños no están suficientemente desarrolladas como para recortar sus propias calcomanías. Así que en lugar de preparar actividades de clase que resulten en un aprendizaje con sentido, los maestros pasan su tiempo de preparación recortando calcomanías y buscando bolitas de algodón y palitos de helado para el próximo trabajo manual desechable.

Todo ese esfuerzo para obtener un aprendizaje mínimo.

Hay otra razón para comenzar la reforma del plan de estudios con los niños más pequeños. Los métodos eficaces de aprendizaje de que se habla en este libro, tales como el aprendizaje activo y el aprendizaje interactivo, tienen mucho más éxito con los estudiantes una vez que han sido expuestos a estos estilos en sus primeros años. La razón por la cual los adolescentes de hoy tienen problemas al pensar y resolver problemas es porque en los grados anteriores tuvieron muy pocas oportunidades de ejercitar su mente.

Si nos preocupamos por el crecimiento espiritual de los adolescentes y los adultos del mañana, tenemos que hacer grandes cambios en la forma en que estamos enseñando a los niños hoy.

Recordemos el objetivo. No podemos desperdiciar nuestro tiempo sometiendo a nuestros niños a trabajos de conej-tos y actividades sin sentido que no les hacen pensar. Si nos interesa que los niños y los adultos se acerquen más a Dios, tenemos que escoger planes de estudios que sean eficaces.

La sección de "HÁGALO" que aparece a continuación ofrece ideas de programación práctica que le ayudarán a explicar y aplicar en su iglesia estos principios.

Para incorporar un plan de estudios que realmente resulta, revise algunas de las actividades que se dieron como ejemplos en los capítulos 6 y 7. Luego verá una lección para edades combinadas sobre la oración, para darle una idea de lo que se puede hacer con el plan de estudios. Luego recibirá un grupo de ideas novedosas para actividades que le añaden profundidad al aprendizaje. No son actividades simuladas; son directas y con propósito, con significado en y por sí mismas. Al final del capítulo encontrará una tabla de calificación para analizar el plan de estudios que usa actualmente.

IDEAS PARA EDADES COMBINADAS

Vea cómo un maestro puede usar la siguiente actividad para involucrar a los alumnos de cualquier edad en el concepto de la oración. ¡Esto puede resultar incluso con escolares y adultos que aprenden juntos!

CÓMO NOS HABLA DIOS

Pida que un voluntario salga del salón. Escoja a un estudiante mayor que pueda seguir fielmente sus instrucciones. Una vez que el voluntario haya salido, muestre al resto de la clase dónde va a esconder un paquete de galletas y miel de abeja.

Diga: **Cuando** (nombre) **regrese al salón, ustedes tratarán de guiarlo a donde están las galletas y la miel de abeja, diciéndole "caliente" o "frío." No hay que moverse, ni señalar, ni dar ninguna otra clave. Si** (nombre) **encuentra las galletas y la miel de abeja en menos de 30 segundos, todos las vamos a comer.**

Salga al pasillo donde está el voluntario y explíquele rápidamente que todo lo que tiene que hacer es caminar alrededor del salón y desoír por completo las indicaciones que le van a dar las otras personas.

Traiga al voluntario de vuelta al salón.

Pregunte: ¿Están todos listos? ¡Los 30 segundos comienzan . . . ahora!

Avise cuando falten veinte segundos, luego quince. Entonces, a medida que la emoción aumenta, cuente los segundos en reversa desde el diez hasta el cero. Pida que todos tomen asiento, incluido el voluntario. Dígales que el lugar en que se encuentran las galletas y la miel tiene que seguir siendo un secreto.

Pregunte:

- **¿Cómo se sintieron cuando** (nombre) **ignoró sus indicaciones? Expliquen.** (Frustrado; sentí que tenía que gritar más fuerte.)
- **¿Qué tiene de malo que** (nombre) **no prestara atención a lo que le decían?** (Ahora no podemos comer ni la miel ni las galletas; esto es una pérdida de tiempo.)
- **¿En qué se parece el que** (nombre) **ignorara sus instrucciones a las personas que viven su vida sin prestar atención a lo que Dios les dice?** (Ellos tampoco reciben cosas buenas; andan sin rumbo y nunca logran mucho en la vida.)

Dígales: Pues bien, juguemos este juego nuevamente. En esta ocasión (nombre), **presta atención a las indicaciones que todos te den**.

Deje que los estudiantes digan de nuevo "caliente" o "frío" para dirigir al voluntario hasta las galletas y la miel. Haga que todos le den un fuerte aplauso al voluntario. Luego pídales que formen un círculo, ponga las galletas y la miel en el centro, y luego pregunte:

- **¿Cómo se sintieron conforme** (nombre) **se acercaba a la miel y las galletas?** (Contento; emocionando).
- **¿Cómo se parece eso a escuchar lo que Dios tiene que decirnos?** (Es emocionante; cosas buenas suceden.)
- **¿Cuáles son algunas formas en las que podemos escuchar a Dios?** (Leyendo la Biblia; orando.)

Dígales: Vamos a comer la miel y las galletas en unos momentos, pero primero leamos lo que la Biblia nos dice.

ESCUCHANDO A DIOS

Pida que los alumnos busquen el Salmo 119:97-104 en su Biblia. Pida que los niños mayores lean el salmo en voz alta, cada uno un versículo.

Después de la lectura reparta cuchillos de mesa o desechables y platos o servilletas de papel. (Si es posible consiga un panal de abejas y deje que los niños lo examinen en este momento. Tal vez algunos niños puedan explicar cómo y por qué las abejas construyen el panal.)

Pida que cada persona tome miel con su cuchillo y la unte en una galleta.

Mientras las personas disfrutan de su refrigerio dígales: **¡Oh, no! ¡Se me olvidó! ¿Alguien preferiría comer esto?** Muestre una cebolla. Los niños posiblemente se reirán asegurando que prefieren la miel y las galletas.

Pregunte:

- **¿Por qué es tan buena la miel?** (Es dulce; es buena para uno.)
- **¿Qué parecido hay entre aprender lo que dice la Biblia y comer miel?** (Es bueno; siempre queremos más.)
- **¿Por qué dice el salmista que la lectura de la Biblia es más dulce que la miel? ¿Por qué no la comparó con comer una cebolla?** (La miel es un manjar delicado; es dulce y buena, como la Palabra de Dios; las cebollas son picantes y dan mal aliento.)
- **¿Qué cosas buenas se obtienen de la miel?** (Energía; vitaminas.)
- **¿Qué cosas buenas se obtienen de la lectura de la Biblia?** (Aprendo sobre el amor de Dios; recibo dirección para mi vida; recibo consuelo cuando me siento triste.)

Diga: **Dios nos habla por medio de su Palabra. La Biblia es como una carta personal escrita a cada uno de nosotros. Ustedes saben lo emocionante que es el recibir cartas. ¡Imagínense el recibir una carta de Dios! De seguro que ustedes querrán leerla todo los días, una y otra vez. Y espero que lo hagan.**[7]

PROYECTOS DE PARTICIPACIÓN ACTIVA

Inserte estas ideas de proyectos en el plan de estudios de su iglesia. Use estas ideas para lecciones memorables, de gran significado, que sus estudiantes nunca olvidarán.

1. Hacer campaña. Fomente el apropiarse de lo que se estudia. Forme equipos. Cada equipo seleccionará el libro o tema de la Biblia que desean estudiar, y entonces trabajarán "haciendo campaña" de promoción de su selección. Pídales que preparen banderines, lemas, botones de promoción, discursos de campaña, ¡todo el proceso! Después de una entusiasta "concentración" de campaña pida que el grupo entero vote sobre cuál libro o tema de la Biblia estudiarán.

Una clase de estudiantes de secundaria hizo campaña, y el libro de Proverbios ganó. Luego los adolescentes hicieron bizcochos y los vendieron en la iglesia para (¡escuche esto!) comprar comentarios bíblicos personales sobre el libro de Proverbios. Cada bizcocho que se vendió iba acompañado de una tarjeta que contaba la esperanza que tenían los muchachos de comprar los comentarios bíblicos para el estudio bíblico. Las personas se entusiasmaron para apoyar a los muchachos y con gusto compraron los bizcochos. ¡Los muchachos vendieron todos los bizcochos y tuvieron suficiente dinero para comprar comentarios para todos los del grupo!

¡La última vez que escuchamos de ellos, el grupo estaba terminando de escribir, dirigir y producir un video sobre el libro de Proverbios!

2. Oficina de correos. Construya un buzón de correo grande que parezca oficial para usarlo como cartelera de anuncios. Póngalo en un lugar céntrico. Anuncie el horario en que se recogerá el correo dirigido a las personas de la iglesia.

Pida que los estudiantes escriban palabras amables y de aliento a otros en la iglesia, no sólo a los amigos, sino también a las personas que piensen que pudieran necesitar un amigo. Después de escribir las notas pida que las peguen al buzón de correo. Invite a los estudiantes a escribir notas dando gracias a las personas que les hayan ayudado: el pastor, los maestros, ujieres, músicos, conserjes, por ejemplo. Anime a las personas a que den contestación a sus cartas. Vea como se forman y crecen relaciones por medio de este nuevo sistema de comunicaciones.

3. Adoptar una familia. Seleccione una familia necesitada en su comunidad. Dirija a la clase o grupo a averiguar lo que esa familia necesita más urgentemente: ropa, comida, cuidado de niños, reparaciones en la vivienda, limpieza de la casa o el patio. Pida que la clase busque diferentes maneras de hacerles llegar la ayuda que decidan proveer y puedan conseguir; pueden escribirles cartas o hacer tarjetas; pueden ofrecerle a la familia sus servicios; pueden visitarla. El ministerio práctico de este proyecto puede hacer un impacto duradero en los miembros de la clase.

4. Adopción de un abuelo/a. Niños, jóvenes y adultos pueden ministrar de forma especial a los ancianos y a otras personas recluidas en sus hogares o en asilos. Los miembros de la clase pueden jugar con ellos diversos pasatiempos, leerles, peinarlos y arreglarles el cabello, hacer mandados, escribir y leer cartas, o simplemente pasar tiempo conversando con ellos. Una joven se encariñó mucho con su abuela postiza. Recordaba cuánto le gustaban las pasas a la ancianita, y se aseguraba de llevárselas en las ocasiones especiales. En estos días cuando los familiares con frecuencia viven distantes, la sabiduría que se puede aprender de una persona mayor es de gran provecho para personas de cualquier edad.

5. Hacer un álbum. Pida que los miembros de la clase investiguen diferentes temas y escojan uno para analizar a fondo. Por ejemplo podrían escoger su propio viaje de fe, la historia de su denominación, la vida de Jesús, un libro de la Biblia, o un personaje bíblico. Pida que por equipos busquen y recopilen información y que la coloquen en un álbum que puedan mostrar al resto de la clase y la congregación.

6. Hacer una película. La facilidad de obtener o conseguir prestada una videocámara hace posible traer a vida historias de la Biblia y de la iglesia. Deje que los estudiantes investiguen, escriban, protagonicen, dirijan y produzcan su propio programa. Muéstrelo a toda la congregación. Si lo desea, puede repartir boletos y hacer publicidad y propaganda, ¡y hacer del estreno un evento grandioso!

7. Escribir un libro. Asigne a diferentes clases que escriban e ilustren porciones de un libro. ¿Qué tal un devocionario para uso de la congregación y la comunidad? Las semanas cerca de la Pascua y la Navidad se brindan especialmente para momentos devocionales. Imprima el libro y regálelo o véndalo. Las familias lo guardarán como tesoro. Además, es una forma excelente para que las personas expresen su fe en palabras y por medio del arte.

8. Hacer entrevistas. Envíe a los miembros de la clase en una misión para recoger testimonios de fe de personas de todas las edades. Pídales que redacten sus propias preguntas para la entrevista, como por ejemplo: "¿Por qué cree usted en Dios? ¿Cuál fue la ocasión en que Jesús cobró más significado en su vida? ¿Cómo ha suplido la iglesia o no sus necesidades?" Pida que los estudiantes compilen la información y que luego informen cómo les pareció la experiencia.

9. Involucrar a las familias. En vez de dividir a las familias a la hora de la Escuela Dominical, ponga a los niños y los padres juntos para que hablen de su fe y de temas candentes. Haga muchos grupos pequeños en los que pueda intercalar diálogo de jóvenes con jóvenes, padres con padres, o jóvenes con padres. Algunos maestros les temen a situaciones incómodas cuando los padres del niño no están presentes. Sin embargo esos niños aun necesitan familias y modelos positivos de adultos, aunque no sean sus propios padres.

10. Realizar un torbellino de ideas respecto a proyectos posibles.
La lista anterior puede ser un comienzo para las clases de su iglesia. Pero los proyectos pueden tener aun mucho más significado cuando nacen de las necesidades específicas y únicas de su grupo, iglesia o comunidad.

¿QUÉ CALIFICACIÓN OBTENDRÍA SU PLAN DE ESTUDIOS?

Use estas preguntas para analizar los puntos fuertes y débiles de los materiales y del plan de estudios que usa su iglesia en la actualidad. Tome nota de los métodos de enseñanza que se usan. Si su plan de estudios necesita mejoras, pregunte qué puede hacer usted para adaptarlo o reemplazarlo.

1. ¿Cuál parece ser la meta general de este material?

___aprender hechos históricos
___aprender vocabulario bíblico

___recalcar la comprensión de principios relevantes para la vida.
___aplicar claramente las Escrituras a la vida diaria de los estudiantes.

2. ¿Cuáles son las metas implícitas?

___enseñar
___cubrir mucho material
___mantener ocupados a los estudiantes
___clases calladas y ordenadas

___aprender
___comprensión cabal y retención
___ayudar a los estudiantes a pensar
___estudiantes activos que aprenden

3. ¿En qué se hace más énfasis: pensar en alto nivel o en bajo nivel?

___ejercicios de llenar espacios en blanco
___crucigramas/acertijos
___pura memorización
___preguntas de respuesta cerrada

___aprendizaje de descubrimiento
___actividades que provoquen a pensar
___comprensión de conceptos
___preguntas de respuesta abierta, que estimulan a pensar

4. ¿Cómo se utiliza la Biblia?

___versículos para memorizar
___anécdotas de la historia
___método de embutir; mientras más Biblia en una lección, mejor.
___énfasis en los detalles bíblicos

___verdades prácticas para comprender
___dirección para la vida diaria del estudiante
___método digerible, cada lección provee un solo bocado nutritivo
___énfasis en las enseñanzas esenciales

5. ¿Es la metodología más pasiva que activa?

___pasiva
___énfasis en recibir información
___sentados quietos
___uso de sólo uno o dos de los sentidos
___discurso del maestro
___los estudiantes son el público
___aburrido, tedioso
___los maestros hablan

___activa
___énfasis en descubrir la verdad
___moviéndose
___se usan varios sentidos
___los estudiantes dialogan
___los estudiantes aprenden haciendo
___divertido y/o cautivador
___los maestros preguntan

6. ¿Cuáles son las estructuras del aprendizaje?

___individual o competitivo

___los estudiantes dependen grandemente del maestro
___los maestros lo enseñan todo

___la base es el maestro

___interactivo: los estudiantes trabajan en parejas o grupos pequeños
___los estudiantes a menudo dependen el uno del otro
___los estudiantes a menudo se enseñan entre sí
___la base es el estudiante

Las respuestas al lado izquierdo de este formulario indican métodos de aprendizaje menos eficaces. Las respuestas a la derecha indican un plan de estudios que resulta en un aprendizaje más genuino.

Se concede permiso para fotocopiar esta encuesta para uso de la iglesia local. Copyright © Thom y Joani Schultz. Publicado por Editorial Acción, Box 481, Loveland, CO 80539.

9 RENUEVE EL SERMÓN

Al hablar de la educación de la iglesia casi nunca se menciona el sermón. ¿Es este un momento de enseñanza? Mucho más importante aun, ¿es un momento de aprendizaje?

Cada semana esos veinte, treinta o más minutos se reservan para que el pastor dispense el contenido. En la mayoría de las iglesias el sermón es presentado en la forma tradicional de enseñanza: un discurso; una persona habla detrás de un púlpito. ¿Qué sucede realmente durante este tiempo? ¿Cuánto se aprende? ¿Cuál es el objetivo del sermón? ¿Qué diferencia hace este tiempo sagrado? ¿Habrá una mejor forma?

En los Estados Unidos hicimos una encuesta entre adultos que asisten a alguna iglesia para saber lo que pensaban respecto al tiempo del sermón. Esto es lo que descubrimos:

- Tan solo un doce por ciento dice que usualmente recuerdan el mensaje.
- El ochenta y siete por ciento dice que su mente divaga durante los sermones.
- El treinta y cinco por ciento dice que los sermones que escuchan son demasiado largos.
- Un once por ciento de las mujeres y cinco por ciento de los hombres ven los sermones como su fuente principal de conocimiento sobre Dios.

En otros países las estadísticas tal vez sean similares, o quizás muy diferentes. Sin embargo, independientemente de cómo se interpreten estos datos, la realidad es que el sermón todavía se percibe como parte vital de la vida de la iglesia. Otra investigación que condujimos reveló que la predicación es la consideración primordial de las familias con hijos cuando escogen una iglesia.[1]

Es una paradoja. La gente a menudo dice que el sermón es el clímax del culto de adoración, sin embargo retienen muy poco del mismo. ¿Cómo puede suceder esto? ¿Qué piensan los que se sientan en una banca en la iglesia que están recibiendo a cambio del tiempo que pasan sentados frente al púlpito?

Quizás la respuesta radica en la percepción general de la sociedad sobre la predicación. La imagen común no es positiva. Los siguientes son algunos de los comentarios que se escuchan a menudo: "A nadie le gusta que lo *sermoneen*." "Entonces me endilgó un *sermón* por llegar siempre atrasado." "Debería practicar lo que *predica*." En el lenguaje común rara vez usamos los términos "sermón," "sermonear," o "predicar" de forma positiva. A lo largo de los años la predicación ha adquirido una mala connotación.

Si comprendemos esta reputación, podremos empezar a comprender la paradoja. Las personas entran a la iglesia con la expectación de que se les va a "predicar." Un "buen sermón" es cualquier cosa que haga que treinta o cuarenta minutos pasen con un mínimo de incomodidad. Hemos entrenado a la gente a buscar la comodidad.

John Hull, autor de *What Prevents Christian Adults From Learning?* (*¿Que impide que los creyentes adultos aprendan?*) dijo: "A los oyentes no les importa no poder siquiera repetir, cinco minutos más tarde, el tema principal del sermón; lo importante es la emoción reconfortante de familiaridad y de pertenencia que les llena mientras escuchan."[2]

¿Debemos conformarnos con simplemente transformar lo desagradable en comodidad? ¿Es eso todo? ¿Puede esta oportunidad semanal resultar en un mayor aprendizaje del que hemos llegado a aceptar?

EL PROBLEMA CON LA PREDICACIÓN

¿Es la mediocridad en habilidades oratorias la causa para el aprendizaje mediocre que resulta de los sermones? Hemos trabajado con muchos pastores, y todos ellos creían ser predicadores hábiles, por encima del promedio. Nuestra encuesta de miembros de iglesia encontró una satisfacción general con las habilidades de oratoria del predicador. Setenta y cuatro por ciento dijo que sus pastores estaban por encima del promedio como oradores.

Aunque todos hemos escuchado sermones que pueden curar el peor caso de insomnio, ese no es el problema central. El problema es mucho más básico. El problema radica en el medio mismo.

El medio, discurso directo frente a un grupo, resulta en muy poca retención, muy poco aprendizaje. De acuerdo a la publicación *Communication Briefings (Instrucciones para la comunicación)*, las personas olvidan dentro de veinte minutos el cuarenta por ciento del mensaje del orador. Se olvidan el sesenta por ciento después de media hora, y después de una semana se han olvidado del noventa por ciento. Estas cifras se aplican tanto a los oradores elocuentes como a los mediocres. Sin que importe cuan elocuente sea el orador, la gran mayoría de sus oyentes se olvida muy rápidamente de casi todo lo que él dijo, perdiéndolo siempre y jamás aplicándolo a su vida.

La mayoría de los predicadores hacen un esfuerzo considerable al investigar y preparar sus sermones. A menudo son meticulosos en la homilética y en la teología. Por lo general tienen un gran conocimiento del material, pero desconocen casi por completo el medio que utilizan.

Los que estudian la comunicación entienden el medio. Un estudio de la Universidad de California encontró que las palabras que los oradores escogen con tanto cuidado realmente llevan en sí una mínima parte del mensaje. Cómo se oye al orador (inflexión, tono, variedad en la voz, énfasis y energía) comunica un treinta y ocho por ciento del mensaje; y lo que el oyente ve lleva un cincuenta y cinco por ciento del mensaje. Esto incluye la apariencia del orador, sus ademanes, movimientos y las ayudas visuales que utiliza. Tan sólo un siete por ciento del mensaje que reciben los oyentes viene de las palabras mismas.[3]

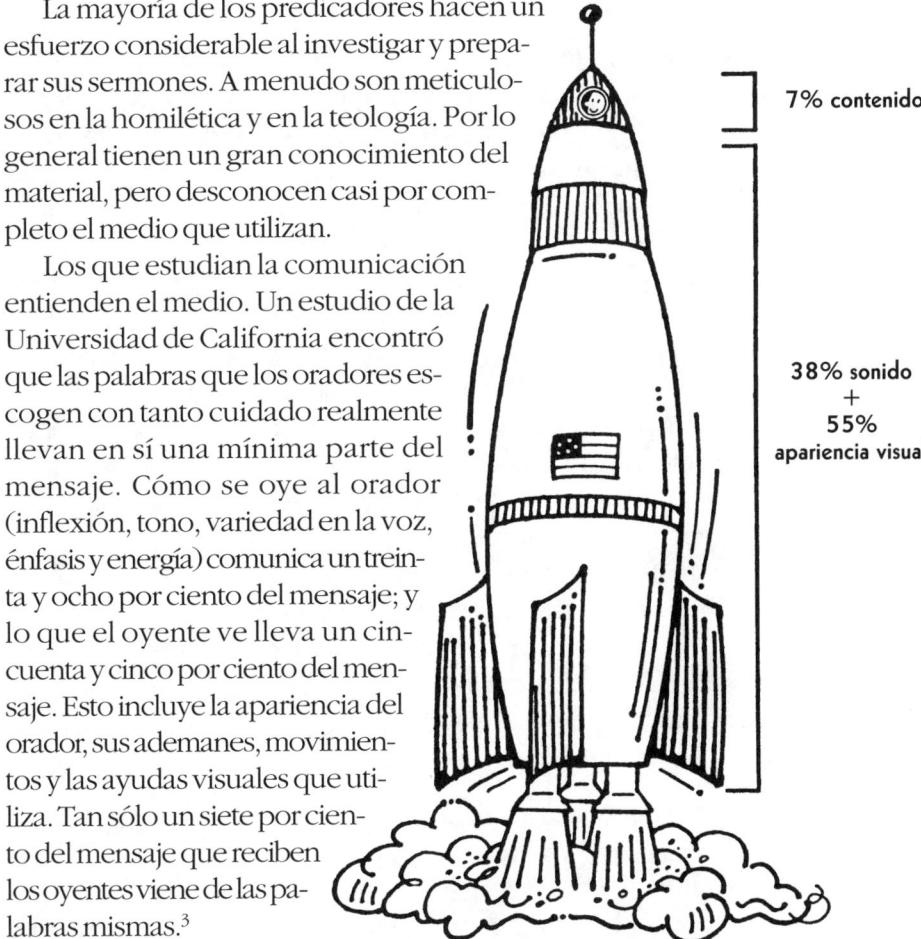

7% contenido

38% sonido
+
55% apariencia visual

Los expertos en oratoria en ocasiones comparan la comunicación oral a un cohete. (Vea a la ilustración.) El sonido y la apariencia visual del mensaje componen el sistema propulsor del cohete. Las palabras son la carga útil. Sin un sistema de propulsión poderoso y cuidadosamente preparado la carga nunca llegará a su destino. Las palabras de un orador, no importa cuán apropiadas, tienen muy poca posibilidad de llegar al blanco sin un despegue potente.

EVASIÓN DE LA RESPONSABILIDAD

Los orejas nos arden. Ya sabemos lo que muchos pastores están murmurando: "Ustedes no entienden la naturaleza de la predicación de la Palabra." A menudo escuchamos un par de excusas:

EXCUSA #1: *"La predicación es una calle de doble vía. La congregación tiene la responsabilidad de venir preparada para la adoración, lista para escuchar."* Esta excusa se usa con frecuencia para desviar las quejas en cuanto a sermones anémicos. Es simplemente una excusa de escape. Si la mitad de la culpa para un mal sermón es de los oyentes, entonces el predicador se siente solamente medio mal, si acaso. La calidad de la predicación mejorará solamente cuando los que predican acepten plena responsabilidad por su trabajo.

La realidad es que las personas *deberían* ir a la iglesia preguntándose: "¿Se aplica esto a mi vida?" Su mente está sintonizada a la estación QPSDE: ¿Qué puedo sacar de esto? Están buscando recibir alimento, recibir un reto, recibir estímulo en la gracia salvadora de Dios; quieren aprender. Así es cómo deben prepararse. Es responsabilidad del predicador lograr que ocurra aprendizaje.

Shirley Hufstedler, anteriormente ministro de educación de los Estados Unidos, dijo: "El secreto para comenzar a ser un maestro de éxito es . . . aceptar de forma muy personal la responsabilidad del éxito o fracaso de cada estudiante. Los maestros que en efecto asumen la responsabilidad personal por el éxito o fracaso de sus estudiantes . . . producen estudiantes de mayores logros."[4]

EXCUSA #2: *"Yo no soy nada. El poder del Espíritu Santo obrará incluso por medio de un mal predicador."* Esta excusa le encaja a Dios toda la eficacia de la predicación.

Es cierto que el Espíritu Santo puede obrar por medio de cualquier cosa y cualquier persona. Los que predican la Palabra de Dios lo hacen con la confianza del poder que ella tiene. En Isaías 55:11 el Señor promete: "Así será mi palabra que sale de mi boca; no volverá a mí vacía, sino que hará lo que yo quiero, y será prosperada en aquello para que la envié."

Sin embargo, también es cierto que Dios confía en que nosotros usaremos los dones y capacidades que Él nos ha otorgado. El apóstol Pablo explica en su Primera Carta a los Corintios los varios dones del pueblo de Dios. Esos dones incluyen profecía y enseñanza. Pablo pone gran cuidado en advertirle a sus lectores respecto a los peligros de hablar en "otros idiomas," o lenguas. Sus palabras también tienen significado en la predicación de hoy. "Así también vosotros, si por la lengua no diereis palabra bien comprensible, ¿cómo se entenderá lo que decís? Porque hablaréis al aire. Tantas clases de idiomas hay, seguramente, en el mundo, y ninguno de ellos carece de significado. Pero si yo ignoro el valor de las palabras, seré como extranjero para el que habla, y el que habla será como extranjero para mí" (1 Co. 14:9-11).

Pablo dice con claridad que nosotros tenemos la responsabilidad de ser oradores eficaces. De nada sirve culpar al Espíritu Santo si el sermón termina "hablándole al aire."

SI PREDICARA LA AGENCIA PUBLICITARIA

Aunque es cierto que los oradores de los domingos en la mañana no comprenden muy bien el arte de la comunicación, los que se especializan en ella lo comprenden muy bien, lo investigan y lo perfeccionan: los profesionales de la publicidad y el mercadeo. Pensamos que sería fascinante preguntarle a agentes de publicidad qué harían ellos con el tiempo del sermón. Después de todo, tanto los predicadores como los agentes de publicidad tratan de persuadir a las personas. Unos y otros intentan afectar el corazón y el comportamiento de su público por medio del arte de la comunicación.

De modo que les hicimos algunas preguntas a varios profesionales del mundo de la publicidad y mercadeo. ¿Cómo tratarían ellos a un público cautivo cada semana? Si tuvieran la increíble oportunidad de dirigirse a clientes en potencia, en un encuentro cara a cara semanalmente, ¿qué harían? Tratarían de persuadir a sus clientes sentándolos semanalmente frente a un orador que se coloca detrás de un enorme púlpito y simplemente les habla?

Los profesionales del mercadeo se rieron de nuestras preguntas. Su respuesta a la última pregunta: No, jamás desperdiciarían una oportunidad tan magnífica en un método que cualquiera en su profesión sabe que tiene muy poca posibilidad de éxito. Entonces, ¿qué *harían* con esta oportunidad? Sus respuestas giran alrededor de tres máximas sólidas:

CONSEJOS DE LA AGENCIA PUBLICITARIA EN CUANTO A LA PREDICACIÓN

1. CONOZCA A SU GENTE.

Los que trabajan en mercadeo saben que primero tienen que evaluar con exactitud la naturaleza de sus clientes, sus necesidades y deseos, antes de intentar persuadirles. ¿Qué están sintiendo estos clientes esta semana? ¿En qué forma ciertos eventos han afectado su forma de pensar en esta semana? ¿Cómo están cambiando? ¿Qué está moldeando sus temores y esperanzas?

Los agentes de mercadeo a quienes consultamos se preguntaban cuán bien la mayoría de los predicadores manejaban la evaluación de necesidades básicas y el análisis de mercadeo dentro de sus congregaciones. Debbie Benedek, ejecutiva de una agencia publicitaria en Dallas dijo: "Como observadora del sermón, me parece que ellos no me conocen en lo más mínimo."

En nuestra encuesta entre los que escuchan sermones, los entrevistados nos dijeron que la predicación era más memorable cuando ésta tocaba algo que experimentaban en su vida diaria en esos momentos.

Ninguna otra variable de la predicación se acercaba siquiera al factor de la importancia de la relevancia a la vida personal.

Entonces, ¿cómo puede un pastor mantenerse al día con el pulso de su congregación? Toda su interacción personal en reuniones de comités, comidas, y sesiones de asesoramiento, ¿acaso no suplen la investigación de mercadeo necesaria? Con demasiada frecuencia este método pasivo de conocer al auditorio no nos da una imagen exacta y completa de la salud del Cuerpo, y los sermones resultantes pueden errar el blanco.

Los esfuerzos que favorecen la actividad pueden ayudar a que los sermones suplan con mayor eficacia las necesidades del Cuerpo. Un pastor utiliza un "pelotón de sermones." Este grupo de seis u ocho personas reciben los pasajes bíblicos sobre los cuales el pastor predicará en los seis meses siguientes. Cada miércoles ellos llenan y entregan un breve cuestionario acerca del pasaje bíblico que se usará el siguiente domingo. Las preguntas son bien simples: "¿Qué preguntas trae a su mente este pasaje bíblico? ¿Qué le ha sucedido últimamente que hace que este pasaje bíblico le hable a usted en particular? ¿Qué cambios deberían suceder en su vida y en la de nuestros miembros como resultado de la lectura de esta porción bíblica?" Estas personas toman seriamente esta responsabilidad semanal porque saben que el pastor usa sus perspectivas durante su predicación. Cada seis meses un nuevo grupo de miembros componen el "pelotón de sermones."

> **"A todos me he hecho de todo, para que de todos modos salve a algunos."**
> —*1 Corintios 9:22*

2. INVOLUCRE A SU GENTE.

¿Sabe usted por qué tantas de esas ofertas de mercadeo que usted recibe incluyen sellos para despegar, cupones para recortar, y espacios con fragancias para frotar y oler? Porque los profesionales de publicidad saben que una vez que logren involucrarlo, las probabilidades de que usted responda favorablemente a sus ofertas será mucho mayor. Esta es una característica bien probada de la naturaleza humana.

Los profesionales de mercadeo a quienes consultamos nos dijeron que ellos buscarían alguna forma de involucrar a los miembros de la congregación durante el tiempo del sermón.

Tom Turner, ex ejecutivo de mercadeo en Nueva York, recuerda una presentación que hizo para los libros de cocina de Doubleday.

Hacia el final de la presentación las puertas se abrían y un camarero y una camarera entraban empujando carritos llenos de golosinas confeccionadas con recetas de los libros de cocina. Todos en el público probaban los alimentos. Eso fue hace veinte años, y Turner todavía escucha comentarios de personas que recuerdan aquella reunión.

Las posibilidades para involucrar a la congregación en el sermón son interminables. Un pastor en su sermón que hacía énfasis en el agradecimiento hizo distribuir a cada persona una tarjeta de agradecimiento. Entonces le pidió a cada persona que en ese mismo momento escribiera en la tarjeta una breve nota a alguna persona de la cual hubiera recibido algún servicio o favor. Luego pidió que cada persona le hiciera llegar esa misma semana la tarjeta a la persona seleccionada. Las historias que oyó luego de sus miembros se convirtieron en hermosas ilustraciones para sermones futuros; y las personas nunca se olvidaron de ese sermón en el cual participaron.

La siguiente es otra forma sencilla de involucrar frecuentemente a los oyentes durante el sermón: Pídales que dialoguen con la persona que tienen al lado, o en grupos pequeños de tres o cuatro personas. Esta técnica interactiva se puede usar de varias formas. Es una forma estupenda para comenzar el sermón. Por ejemplo, para el sermón sobre la duda, pida que las personas se vuelvan a la persona que tienen a su derecha, y le cuenten de una ocasión cuando su fe fue sacudida.

Este método se puede usar también para aguzar la comprensión y la retención. Adviértales a los oyentes que más adelante usted les pedirá que resuman o expliquen un concepto del sermón. Ellos comenzarán a escuchar con más atención. Entonces, en el momento apropiado, diga: "Vuélvase cada uno a la persona que tiene a su derecha, y explíquele este concepto en sus propias palabras." Stephen Covey, autor de *The Seven Principles of Highly Efective People (Los siete principios de las personas altamente eficaces)*, usa extensamente en sus cursillos esta técnica interactiva. Todos se marchan habiendo aprendido mucho.

Otro método para involucrar a toda la congregación mencionado por nuestros consultores de mercadeo es algo bien obvio. Es tan simple como preguntar: "¿Hay alguna pregunta?" Turner nos dice: "Tan pronto como hay un poco de dar y recibir, usted lo logra. Su enseñanza se torna más eficaz porque puede concentrarse en las cosas que son más importantes para ellos."

El Rvdo. Lee Hovel, de la ciudad de Mission, en el estado de Kansas, da tiempo para hacer preguntas al final de sus sermones. Encuentra que las personas aprenden más debido a la oportunidad de dialogar con el predicador. Las personas pueden aclarar confusiones, recibir más información e incluso expresar su desacuerdo con el sermón. Como ya tratamos en el capítulo 5, cuando animamos a nuestra gente a hacer preguntas sobre la fe, ellos tienden a pensar y su fe tiende a crecer.

Las preguntas también ayudan al Rvdo. Hovel a conocer a su congregación. "Entiendo que cuando no hay preguntas sobre el sermón, de alguna forma no llegué a tocar la vida de ellos," dice.

Esta técnica requiere un grado de vulnerabilidad de parte del pastor, pero esa muestra de vulnerabilidad produce muchos beneficios. El Rvdo. Hovel dijo: "Al mostrarse uno vulnerable como pastor, se crea en las otras personas una buena disposición para a su vez volverse vulnerables hacia uno." Los miembros de la congregación del Rvdo. Hovel indican que desde que él comenzó sus sermones con diálogo al final se sienten mucho más cómodos para acercarse para hablar con él.

3. USE AYUDAS VISUALES.

Los que trabajan en mercadeo dicen que jamás intentarían persuadir a un grupo sin el uso de su herramienta más poderosa: las ayudas visuales. Saben que la mayoría de las personas (más del ochenta por ciento) aprenden de forma visual.[5] Para asegurarse de que un mensaje penetre, las personas necesitan verlo.

Las ayudas visuales para sermones pueden incluir objetos, hojas sueltas, segmentos de películas, presentaciones teatrales cortas y transparencias con palabras clave o dibujos.

Reconocimos una oportunidad que se perdió en el funeral de la abuela de Joani. La anciana tenía más de noventa y cuatro años. El predicador describió cómo esta gran creyente murió mientras servía a otros. Se había desplomado mientras preparaba palomitas de maíz para los niños del vecindario. Ese era un cuadro perfecto para la partida para esta mujer que había servido a Dios toda su vida. El predicador pudo haber grabado profundamente ese punto en la mente de sus oyentes para siempre con el simple uso de una ayuda visual. ¡Si tan sólo hubiera traído en ese momento la última porción de palomitas de maíz que preparó la abuela!

Ninguno de los presentes ese día hubiera podido ver palomitas de maíz de nuevo sin pensar en el testimonio de una vida cristiana demostrado por una ancianita que sirvió a los demás hasta su último aliento.

Las personas en publicidad y mercadeo conocen cómo persuadir a otros. También lo sabía Jesús. Él usó las mismas técnicas. Conocía a su pueblo, los involucró en sus mensajes, y usó un sinnúmero de ayudas visuales.

SERMONES PARA NIÑOS

"Las personas adultas me dicen que aprenden más de los sermones para niños que de los sermones regulares."

¿Cuán a menudo ha escuchado esto?

Detengámonos y tomemos en serio ese comentario sobre los sermones para niños. ¿Qué hay en los sermones para niños que a menudo capta la atención de personas de todas las edades? ¿Por qué no pueden todos los sermones usar las cualidades que hacen de los sermones para niños algo atrayente? Los buenos sermones para niños...

λ **... no dan nada por sentado.** Los pastores de niños son menos propensos a usar trabalenguas eclesiásticos. Saben que si los usan, pierden la atención de algunos niños. Si en algún momento es preciso usar alguna palabra grande, se la explica para que la mente infantil pueda seguir la historia. Los conceptos difíciles de comprender, como la Trinidad, se los ilustra cuidadosamente para instruir a los que no los saben. Abundantes investigaciones nos aseguran que los adultos en las bancas necesitan también ayuda para comprender las cosas básicas.

λ **... explican sólo un punto.** No caen en el atolladero descrito en el capítulo 3. En los sermones para niños "menos es mejor." Los profesores de seminario que todavía enseñan sermones de tres puntos cometen un grave error. Los oyentes de cualquier edad no pueden digerir y retener todo lo que un sermón de tres puntos intenta incluir en un lapso limitado de tiempo. Es la ley de la agricultura. Plantar demasiadas semillas en un espacio pequeño no rinde una cosecha mayor. Los sermones para niños tienen éxito porque regularmente explican un solo punto sencillo, una y otra vez, usando lenguaje sencillo. Un predicador frente a una congregación de toda edad, logrará un mejor aprendizaje explicando bien un solo punto, y luego dando una conclusión.

λ **... apelan a los sentidos.** De alguna forma sabemos que los niños pequeños aprenden mejor cuando en el proceso de aprendizaje apelamos a más de uno de sus sentidos. Por eso los sermones para niños a menudo incluyen objetos para mirar, sonidos que escuchar, objetos suaves para tocar, cosas dulces o saladas que probar y fragancias para oler. El utilizar varios sentidos mejora considerablemente el aprendizaje, en personas de cualquier edad.

- **... ofrecen tiempo para hacer preguntas.** Los maestros de niños a menudo les hacen preguntas a sus oyentes, y les piden que a su vez le hagan preguntas. Este formato de interacción hace que la mente se active. La participación del público hace que el aprendizaje florezca.

Si los sermones para los adultos fueran más parecidos a los sermones para niños, las personas de toda edad aprenderían más.

EMPEZANDO DE NUEVO

Imagínese junto con nosotros por unos momentos. Si usted nunca hubiera asistido a un culto en una iglesia, si nunca lo hubiera "hecho siempre de esa forma," ¿trataría usted de persuadir, inspirar o motivar, a las personas que llenan el salón simplemente hablándoles desde un púlpito?

Seguramente que no lo haría. Usted sabe que tiene a su alcance otras herramientas mucho más poderosas para lograr que las personas aprendan. Usted no desperdiciaría una oportunidad tan maravillosa usando un medio que, por su propia naturaleza, ejerce un impacto tan mínimo relativamente.

Imagínese que este es otro día. Tiene la libertad de empezar de nuevo. Estremezca a su congregación usando un método nuevo de predicación que produzca una verdadera diferencia.

> La sección de "HÁGALO" que aparece a continuación le ofrece ideas de programación práctica que le ayudarán a explicar y aplicar en su iglesia estos principios.

Pruebe usar estos "recordatorios" para dar vida al mensaje de Dios durante el sermón. Todas estas ideas ya han sido probadas y se encuentran entre las más inolvidables entre los oyentes.

RECORDATORIOS DE SERMONES

• **Vuélvase hacia la persona que tiene a su lado.** Si usted es el pastor, justo en plena mitad del sermón pida a los oyentes que cada uno se vuelva hacia la persona que tiene a su lado, asegurándose de que todos tienen alguien con quién hablar. Cada persona debe decirle a la otra: "La última vez que vi a Dios obrando en mi vida fue . . . ." Para muchas personas este puede ser un momento apropiado para expresar verbalmente su fe a otro miembro de la congregación, a un familiar o a un visitante. Es una gran oportunidad para practicar cómo "hablar de fe" en un ambiente que no es amenazante.

Las variaciones son muchas. Use parejas o grupos pequeños para ayudar a las personas a comprender un punto específico del sermón; pida que una persona le diga a la otra lo que hará con su vida esta semana como resultado del sermón (a esto se le añade el beneficio de crear entre los miembros de la iglesia un sentido de responsabilidad); aliente a las parejas a decirse mutuamente sus peticiones de oración. Permita que los miembros del cuerpo de Cristo se conozcan unos a otros.

• **Sea vulnerable.** Lo que sigue es algo que surgió en nuestras encuestas de sermones inolvidables. A los oyentes les conmueve la capacidad del predicador de mostrarse real a ellos. Esto se expresa de varias formas, pero posiblemente la más conmovedora de todas fue esta historia verídica:

El tema del sermón era el perdón. Durante el sermón el pastor admitió haberle gritado a su esposa temprano esa mañana, porque no había calcetines limpios que hicieran juego con su traje. Delante de la congregación le pidió perdón a su esposa. Su vulnerabilidad conmovió profundamente a las personas y sirvió de poderoso ejemplo para ellos.

• **Reflexione sobre cómo Dios suple sus necesidades.** Antes de comenzar el sermón pida que cada persona pase unos minutos en silencio (cosa rara en este mundo tan vertiginoso). A medida que las personas hacen un paréntesis en silencio, pueden meditar sobre qué cosa necesitan oír de Dios. ¿Será una palabra de aliento? ¿reprensión? ¿fortaleza? ¿valentía? Después de unos minutos pídales que reflexionen respecto a alguien en su vida. ¿Qué es lo que esa otra persona necesita recibir con mayor urgencia de Dios ese día? Debido a que las personas pasan tiempo concentrándose en sus necesidades parece que Dios les habla con mayor claridad.

Esta reflexión también funciona cuando se usa al final del sermón. Conceda tiempo para que los oyentes oren y decidan cómo su vida serán diferentes por causa del sermón que han escuchado.

- **Escuchando a escondidas.** Un recordatorio surgió cuando el pastor se sentó en una mecedora, de espaldas a la congregación. Inmediatamente entró en una conversación personal con Dios, y eso fue una escena que ayudó a los oyentes a comprender que ellos también podían hablar con Dios como con un amigo.

- **El pueblo que estaba en tinieblas.** Use el pasaje de Juan 1 como el marco de su sermón. Predique todo el sermón a obscuras. Mantenga a todos en obscuridad hasta que comience a hablar de Jesucristo. En ese momento permita que cada persona, por turno, encienda la vela que le han entregado los ujieres. Permita que la congregación sienta el poder de Jesús llegar a su vida al sentir el acogedor testimonio del resplandor de las velas.

- **¿Tiene en orden sus prioridades?.** Un domingo por la mañana el pastor subió al púlpito y dijo: "Lo lamento, pero he estado tan ocupado esta semana que no tuve tiempo de preparar un sermón. ¡Ha sido una de esas semanas!" Luego volvió a sentarse.

¡La congregación no lo podía creer! ¿Qué quiere decir con que estaba muy ocupado? El pastor se quedó sentado el tiempo suficiente como para que todos se sintiesen incómodos.

Entonces regresó al púlpito, pero en esta ocasión con otro mensaje. Habló sobre prioridades, y cómo a todos se nos han dado las mismas veinticuatro horas del día para usarlas como decidamos. No es que estemos tan ocupados que no podamos hacer las cosas, sino más bien es que escogemos no hacer ciertas cosas. Recalcó impresionantemente su mensaje al provocar fuertes emociones en las personas.

- **Tome acción.** Para estimular a la congregación a la acción, asigne a las personas diferentes "cosas para hacer" según el tema del que se habló. Por ejemplo, después de un sermón se animó a los asistentes a que seleccionaran a una persona ausente a la cual visitar esa semana. En otra ocasión el pastor les pidió que llevaran una copia del bosquejo impreso del sermón, y se lo entregaran a una persona que estuvo ausente, contándole lo que habían aprendido del sermón.

Con demasiada frecuencia dejamos que los oyentes adivinen lo que se supone que deben hacer con la información dada en el sermón. Tal vez no siempre sea un programa específico, pero puede ser una acción específica. Por ejemplo, decirle a una persona importante en su vida que usted la quiere, o buscar reconciliarse con una persona a la que le guarda rencor, o contar hasta diez cuando usted siente que va a explotar con esa persona que le provoca a ira.

- **Una ofrenda de agradecimiento.** Antes del culto en que se hace énfasis en el agradecimiento se les pidió a las personas que trajeran un objeto que simbolizara aquello por lo que estaban más agradecidas ese año. Pudieron participar personas de toda edad. La experiencia de ver a las personas pasando al frente para colocar su símbolo junto al altar fue en extremo conmovedora. Un campesino pasó cojeando con una mazorca de maíz en la mano, una abuela trajo una muñeca que representaba a su nueva nieta, y un niñito trajo un dibujo que había hecho de su familia.

- **Involucre a los oyentes.** Para ilustrar cómo la comunión y compañerismo en la iglesia es necesario para poder luego ministrar a otros, el pastor hizo pasar al frente alrededor de diez voluntarios. Les pidió que se formaran en dos círculos uno al lado del otro, en forma de un 8. Las personas en uno

de los círculos estaban mirando hacia adentro del círculo con las manos extendidas hacia adelante. Las personas en el otro círculo estaban mirando hacia afuera, también con sus manos extendidas hacia adelante. Conservando sus manos extendidas, las personas comenzaron a caminar siguiendo la figura del 8 que habían formado. A medida que caminaban formaron un mensaje visual, puesto que sus brazos señalaban por un tiempo hacia el centro del círculo, y al llegar al otro círculo se abrían hacia afuera. Esto ilustró la necesidad de unirse para rejuvenecerse con la Palabra de Dios y recibir fuerzas para luego ministrar a otros.

- **Una lámpara para compartir.** Un pastor usó en su sermón una lámpara de aceite para ilustrar cómo es que todos somos luces en el mundo. Sólo que no se conformó con mostrar la lámpara, sino que le dijo a la congregación: "En esta semana le voy a dar esta lámpara a una persona de la congregación que ha sido luz para mí en el último año. Una vez que esa persona haya recibido la lámpara, él o ella se la pasará a su vez a otra persona en la congregación que haya sido luz para ella." ¡Qué forma tan hermosa de esparcir la luz!

SERMONES ACTIVOS PARA NIÑOS

Ahora veamos algunos ejemplos de sermones para niños. Son mensajes como estos los que se quedan en la memoria del oyente y hacen un impacto en el aprendizaje.

TIRA Y AFLOJA

Necesita una soga o cordel de unos siete u ocho metros de largo.

Extienda la soga en una línea recta en el suelo. Lea el pasaje bíblico: "¿Qué, pues, diremos a esto? Si Dios es por nosotros, ¿quién contra nosotros?" (Ro. 8:31).

Diga: **Si Dios es por nosotros, ¿quién contra nosotros? Pablo, el escritor de la Epístola a los Romanos, está hablando de una guerra. Es como el juego de Tira y Afloja.**

Vamos a jugar, los niños contra las niñas. ¿Quién piensan ustedes que ganará? *(Permita que los niños respondan.)*

Pues bien, vamos a colocar a varios niños en un extremo y dos niñas en el otro extremo de la soga. *(Para este juego escoja a varios niños y a dos de las niñas más pequeñas.)*

Ah, algo no está bien. Hay sólo dos niñas en contra de tantos niños. **Necesitamos ayuda.** *(Busque entre la congregación y escoja a dos de los hombres más fuertes para que ayuden a las niñas.)* **Por favor,** *(diga el nombre los dos hombres),* **tengan la bondad de venir a ayudar a estas dos niñas.**

(Indique a los dos hombres que se coloquen en el lado de la soga donde están las niñas. Los niños posiblemente comenzarán a quejarse de que esto no es justo.) Pregunte: **¿Por qué es injusto? ¡Todavía hay sólo dos niñas!** *(Los niños le dirán que los hombres son más grandes y fuertes.)* **¡Ah, ya me doy cuenta! Es como lo que dice el versículo en Romanos. No importa cuántos problemas tengamos, si tenemos a Dios de nuestro lado, nosotros ganaremos. Cuando ustedes tienen personas a su lado tan fuertes como** *(diga los nombres de los dos hombres),* **tienen una buena probabilidad de ganar.**

En ocasiones nos sentimos como si hubiera demasiada oposición en contra nuestra, pero Dios está a favor nuestro. Y si Dios es por nosotros, ¿quién contra nosotros?[6]

UN LUGAR PARA TODA PERSONA

Consiga la ayuda del coro, y pídales que preparen un himno sencillo de cuatro partes para el mensaje.

Pida que los niños se reúnan frente al coro. Dígales: **Cada uno de nosotros tenemos diferentes talentos, y todos son especiales. Y aun cuando tu talento** *(diga el nombre del niño que está sentado cerca de usted),* **no es el mismo que el tuyo** *(nombre a otro niño),* **ese talento es tan importante como el otro. En realidad cuando unimos nuestros talentos podemos crear música preciosa.**

Así es como funciona un coro. El coro está formado de cuatro partes diferentes. Está la sección de los bajos, compuesto de personas que cantan con un timbre profundo. Oigamos cantar a los bajos. *(Los bajos cantan una nota baja.)*

También hay tenores. Ellos cantan con un timbre un poco más alto que los bajos. *(Los tenores cantan una nota por encima de la anterior.)*

A las mujeres con voz de timbre profundo se les llama contraltos. *(Las contraltos cantan una nota.)*

Finalmente, en la parte más alta están las sopranos. *(Las sopranos cantan una nota.)*

¿Qué sucedería si los bajos decidieran que sólo ellos debieran cantar? Así es como sonarían. *(Los bajos cantan el himno, pero sólo su parte.)*

¿Qué tal si las contraltos insistieran en cantar solas? *(Las contraltos cantan solamente su parte del himno.)*

Puesto que las sopranos por regla general cantan la melodía, pudiera ser que ellas pensasen que son las más importantes y que debieran cantar ellas solas. *(Las sopranos cantan solas.)*

Eso es lo que algunas personas hacen. Nos olvidamos de que Dios nos ha dado a cada uno diferentes talentos. En ocasiones pensamos que nuestro talento es el único que sirve, o podemos pensar que el talento de otra persona es mejor que el nuestro.

No importa lo grande o pequeño que seas, Dios te creó de forma muy especial, y Él quiere que uses los dones que Él te dio.

Pienso que es hora de que los miembros del coro usen todos sus talentos a la vez. Pongámonos de pie y dirijamos el coro mientras todos cantan juntos.

(El coro canta el himno.)

¿Verdad que fue algo maravilloso? Cada miembro del coro usó su voz para alabar a Dios. Eso es lo que nosotros podemos hacer también. (Lea 1 Corintios 12:27: "Pues bien, ustedes son el cuerpo de Cristo, y cada uno de ustedes es parte de ese cuerpo" VP.)

No importa quién seas o lo diferente que seas, Dios tiene un lugar para ti. Lo único que tienes que hacer es usar el talento que Dios te ha dado.[7]

10 DÉ LA BIENVENIDA AL CAMBIO

Usted ya sabe ahora por qué nadie aprende mucho de nada en la iglesia, y cómo remediarlo. Pero eso no es suficiente.

Saber lo que está mal y lo que está bien no es suficiente. El conocimiento sin acción no sirve de mucho. La iglesia nunca se convertirá en un lugar de aprendizaje potente mientras sus miembros no estén dispuestos a cambiar. Y armarse de valor para cambiar puede presentar el mayor reto de todos.

Hace poco tiempo viajamos por todos los Estados Unidos para hablar con pastores y otros líderes de la educación en la iglesia sobre el plan de estudios de la Escuela Dominical. Una de las preguntas que hacíamos era bien obvia: "Si usted encontrara un plan de estudios que piensa que es superior, que resultaría en un mejor aprendizaje entre sus estudiantes, ¿se atrevería a cambiar el que está usando ahora por ese?" Un gran número de personas contestaron rápidamente que "no."

¡Qué vergüenza! Tantas personas están dispuestas a negar a sus estudiantes la oportunidad de acercarse más a Dios tan sólo por mantener las cosas como están, por aferrarse a materiales denominacionales ineficaces pero considerados como oficiales, por abstenerse de causar oposición alguna, por escapar el temor al cambio en sí mismo.

Sin embargo tenemos que cambiar. Conforme Jesús lo ilustró en la parábola de los talentos, no es suficiente esconder nuestro tesoro. Dios espera que usemos activamente el conocimiento y dones que Él nos ha dado. Dios nos llama a cambiar, a crecer, a guiar a otros al cambio y al crecimiento.

En la iglesia esto puede en ocasiones parecerse a hacer milagros.

UNA VIDA DE NEGACIÓN

La resistencia al cambio toma muchas formas. La negación, en sus diferentes variantes, provee una conveniente barrera al cambio.

Al enfrentarse a los problemas del aprendizaje en la iglesia muchas personas simplemente niegan que exista ningún problema. "¿Por qué tanta alharaca?" preguntan. "Otras iglesias tal vez tengan problemas, pero a nosotros nos va muy bien así como estamos."

Tristemente, cuando la iglesia enfrenta condiciones que piden cambios substanciales, a menudo opta por seguir un camino de destrucción propia. El investigador George Barna tituló uno de sus populares libros T*he Frog in the Kettle (La rana en la caldera)*. Allí compara a la iglesia con una rana a la cual se pone dentro de una caldera con agua a la temperatura ambiente. Lentamente la temperatura del agua comienza a subir. La rana se queda en la caldera, contenta con su situación, sin hacer caso del creciente peligro del cambio que está sucediéndose en su medio ambiente. Gradualmente, y muy lentamente, se aumenta el calor hasta que el agua hierve, y la rana muere. La rana está contenta hasta el final, pero muerta.

"Al igual que la rana," escribe Barna, "nos enfrentamos a la verdadera posibilidad de morir debido a que no queremos reaccionar ante el mundo cambiante que nos rodea."[1]

Esta satisfacción ha congelado el aprendizaje en la iglesia. Pero no somos los únicos. En los Estados Unidos, tanto como en otros países, las escuelas también sufren de esta negación. Aunque el nivel de rendimiento académico está muy por debajo de las escuelas en otros países industrializados, la mayoría de los padres afirman que las escuelas de sus hijos están bien. Este tipo de optimismo ciego causa problemas profundos que afectan una generación tras otra.

Otro tipo de negación puede ser representada por las siglas MDLMYMF. Esto significa: MÁS DE LO MISMO Y MÁS FUERTE. Muchos que resisten el cambio reconocen que hay problemas. Pero prefieren acometer los problemas intensificando los comportamientos que los causaron. "Si tan sólo hacemos un mayor esfuerzo en lo que estamos haciendo, quizás las cosas mejorarán," arguyen.

El pensamiento MDLMYMF prevalece en muchas escuelas. Los dirigentes a menudo citan la necesidad de reformas, pero resisten cualquier cambio real para resolver el problema. En su lugar insisten en el mismo método obsoleto que creó inicialmente muchos de los problemas. Un maestro del estado de Ohio dice: "La lista de reformas fue la más antiestudiante que pudimos imaginarnos. Más exámenes, más tareas, más ejercicios, más horas, más días. Es como si tuviéramos que hacer más de lo que no está resultando."[2]

En la iglesia vemos la misma tendencia de MDLMYMF. Si los niños no saben la Biblia, los educadores religiosos ordenan más de ese anticuado plan de estudios lleno de crucigramas bíblicos. Si la clase de cuarto grado parece estar aburriéndose, los maestros los obligan a quedarse quietos y escuchar hablar más a un maestro. Si la congregación no reacciona al sermón, el pastor predica más prolongada y fuertemente. Si los adolescentes no reaccionan al estudio bíblico, los líderes anuncian que esta reunión es para "estudiantes que deseen estudiar seriamente la Biblia." Estas reacciones MDLMYMF han lisiado seriamente el aprendizaje en la iglesia.

> **"Las iglesias que están en problemas procuran con frecuencia mantener programas que están fracasando, creyendo que suficientes ajustes darán vida a estos programas."**
> —*George Barna, User Friendly Churches*
> *(Iglesias amistosas)*[3]

La comunidad académica de la iglesia practica una de las formas más curiosas de negación. Hace poco observamos a un muy conocido profesor de educación cristiana comenzar su presentación diciéndole al público que el enseñar dictando clase da como resultado muy poco aprendizaje. Luego, durante los próximos cuarenta y cinco minutos se puso detrás de su atril, dictando su conferencia. Advirtió que las personas recuerdan menos de un diez por ciento de lo que oyen en conferencias. Predicó que los maestros cristianos tienen que involucrar activamente a sus estudiantes. *Dijo* todo correctamente. Sin embargo, ni una vez siquiera involucró a sus oyentes. Su propia metodología de enseñanza contradijo su mensaje.

Es sorprendente cuán a menudo escuchamos a los líderes de la educación cristiana diagnosticar correctamente el maléfico virus que afecta la educación, sin embargo aun en la presentación del diagnóstico infectan a su público con el mismo método que condenan. Joani asistió a una conferencia nacional para maestros de experimentación, en la cual todos los oradores dictaron sus conferencias frente a públicos pasivos. Hora tras otra hablaron sobre la ineficacia del método de enseñanza por conferencias.

UNA NECESIDAD URGENTE DE CAMBIO

No estamos pidiendo un cambio por el mero hecho de cambiar. Estamos abogando por un cambio por el bien de nuestro pueblo. Su crecimiento espiritual está en peligro. El plan de estudios oculto en muchas iglesias está causando más daño que bien. Simplemente no podemos darnos el lujo de mantener la situación presente de aprendizaje en la iglesia.

Es hora de cambiar, aunque muchos no reconozcan la necesidad de hacerlo. Estamos enfrentando una situación dañina que se puede prevenir, no muy diferente a los descubrimientos médicos de los años recientes. Antes de que la comunidad médica empezara a enseñar a la sociedad acerca de los peligros de ciertos tipos de comportamiento, no veíamos ningún motivo para cambiar. El tabaco, comidas con grasa, y el colesterol eran parte de la vida de millones, y nadie los cuestionaba. Nadie veía la necesidad de cambiar.

Sentarse frente a un plato colmado de comida llena de manteca y alta en colesterol era un hábito alegre de millones de personas. "¿Por qué cambiar? ¡A mí me gusta esta comida!" insistían. Estaban ajenos al hecho de que estaban bloqueando lentamente sus arterias y acortando sus años de vida. Padecían de una enfermedad que no sabían que sufrían, caminando en un peligroso callejón sin salida, sin saber lo que les acechaba en la obscuridad.

De igual forma la iglesia se está sofocando lentamente a sí misma, aun cuando en su mayor parte sin percatarse de sus hábitos dañinos.

Tenemos que tocar la alarma. Tenemos que sacudir a la iglesia y hacerla reconocer sus propios hábitos destructivos de educación. La iglesia no se da cuenta de que está infectada con una enfermedad que le roba la vida.

La educación secular está empezando a diagnosticar su enfermedad. Los reformadores están trabajando para detener la epidemia que azota como plaga los salones de clase desde el jardín de infantes hasta las universidades. A fines de 1992 los presidentes de un comité de universidades dijeron que los maestros tienen que abandonar los métodos tradicionales como el dictar conferencias y exigir memorización de datos. En su lugar deben mostrar a los estudiantes cómo obtener información y convertirse en pensadores independientes, de acuerdo con un informe presentado por Presidents' Commission on Teacher Education of the American Association of State Colleges and

Universities (Comisión de Presidentes sobre la Educación de los Maestros, de la Asociación Estadounidense de Universidades Estatales).[4]

Muchos expertos de la educación están haciendo un llamado al abandono de los hábitos peligrosos. Están pidiendo un cambio fundamental. Tanto nuestros colegios como nuestras iglesias tienen que cambiar o contentarse con enfermarse más todavía.

Los investigadores han encontrado que las iglesias que resisten cambios se estancan, pero las que rompen con sus tradiciones y abrazan los cambios necesarios tienden a crecer. Y, más importante aun, su congregación crece; crece en fe.

De acuerdo a un estudio del Search Institute (Instituto de Investigación) sobre el tema, la programación eficaz de la educación en la iglesia es lo que estimula más el crecimiento espiritual de la congregación. Sin embargo los que dirigieron el susodicho estudio reconocieron que el mayor potencial de la educación nunca se logrará a menos que la iglesia esté lista para cambios mayores en su manera de abordar el aprendizaje. En el informe de su investigación Peter Benson y Carolyn Eklin escribieron:

> **La necesidad de un cambio en la educación en la iglesia es paralela, tanto en urgencia como en complejidad, con la necesidad de cambios en la educación pública. Un examen reciente de los esfuerzos de reformas en las escuelas públicas desde 1985 sugiere que las escuelas han tomado dos maneras diferentes de enfrentar el cambio. Un método se llama de 'travesear,' en el que las escuelas tratan de aumentar la eficacia añadiendo una o dos cosas nuevas a los programas sin modificar las presuposiciones educativas básicas, estructura o formato. El otro método se llama 'reestructurar,' en la cual las escuelas introducen nuevos modelos de enseñanza y aprendizaje. El informe opina que el esfuerzo nacional por reformar las escuelas ha fracasado en su mayor parte porque la mayoría de las escuelas han preferido el método de 'travesear.'[5]**

No podemos quedarnos tranquilos, ni tampoco podemos ponernos a travesear. El momento ha llegado para un cambio; no un cambio espasmódico, sino un cambio revolucionario. Tenemos que reestructurar la forma en que las personas aprenden en la iglesia.

COMPRENDIENDO EL PROCESO DE CAMBIO

Para lograr éxito al dirigir el cambio tenemos que comprender el proceso del cambio en sí mismo. Las personas siguen patrones bastantes predecibles cuando se enfrentan a cambios necesarios. Veamos tres etapas del cambio que ocurren en todas las situaciones de la vida. Esto se aplica a la vida del individuo, de las organizaciones, en los negocios y en las iglesias.

ETAPA 1: ESTADO ACTUAL

- Todo parece andar bien.
- Los sistemas presentes de operación fueron inventados hace mucho, y al parecer han pasado la prueba del tiempo.
- Los hábitos, sistemas y burocracia crecen.
- Las reglas y regulaciones están firmes en su lugar.
- "Sistemas inmunes" intentan detener a cualquiera que trate de cambiar el patrón.
- El enfoque se aleja del objetivo original o de los participantes reales.
- El control se convierte en el objetivo.

ETAPA 2: PELIGRO

- Las condiciones cambian.
- Los procedimientos antiguos no se ajustan a las nuevas circunstancias.
- La eficacia se deteriora.
- Las personas comienzan a irse.
- Crece la incomodidad.

ETAPA 3: DECISIÓN

En esta etapa los individuos y organizaciones escogen entre un par de caminos. Uno los lleva a la muerte, mientras que el otro a una nueva vida.

Camino a la muerte	**Camino a una nueva vida**
• Temor a perder el control.	• Aceptación de las nuevas circunstancias.
• Confusión: "¿Qué sucede?"	• Examen de las nuevas opciones.
• Negación: "¿Qué problema?"	
• MDLMYMF: Más de lo mismo y más fuerte.	• Encontrar un nuevo modelo.
• Racionalización: "Esto pasará."	• Concentrarse en las posibles ganancias del cambio.
• Enojo: "Es tu culpa."	• Arriesgarse.
• Sentimiento de pérdida.	• Escoger cambiar.
• Muerte.	• Crecer.

Algunos que escogen el camino a la muerte simplemente se asfixian. Otros recorren el proceso hasta el punto de empezar a sentir la pérdida y entonces gradualmente aceptan el cambio necesario. Con el correr del tiempo se convertirán en parte del nuevo modelo pero experimentan mucho más dolor en el proceso.

Imagínese estas tres etapas desde la perspectiva de un piloto de avión. Vea la ilustración en la página 214. En la primera etapa nuestro avión y sus pasajeros vuelan raudamente, ajenos al peligro que se avecina. En la segunda etapa el avión encuentra lluvia congelada. Una carga pesada y mortal de hielo empieza a acumularse en el fuselaje y las alas del aeroplano. En la tercera etapa nuestro piloto tiene que tomar una decisión. Quedarse demasiado tiempo en estas condiciones les llevará a la muerte. Aceptar la necesidad de un cambio y elevarse a una altura libre de hielo les conducirá a la seguridad y a una nueva vida.

Las personas tienen diferentes formas de enfrentar el cambio. Un número limitado de personas, alrededor de cinco por ciento, se anticipa al cambio. Ven el valor del cambio antes de que en realidad surja la necesidad de ese cambio. En nuestra ilustración del avión, los que "se anticipan al cambio" se elevarán a una altura segura antes de encontrarse con la lluvia congelada.

Otro grupo de personas, los que "se adaptan temprano," tienden a cambiar durante las primeras señales de peligro. Estas personas se elevarán a una altura segura tan pronto como observen la primera evidencia de acumulación de hielo en la nave. Alrededor de un diez por ciento de nosotros nos adaptamos temprano.

El tercer grupo de personas componen la gran mayoría, alrededor de un ochenta y cinco por ciento. Estos son los que "resisten al cambio." Por lo general hacen cambios, si acaso, sólo cuando el dolor o peligro que les rodea se vuelve demasiado incómodo. Estas personas esperarán hasta que el avión acumule una cantidad peligrosa de hielo antes de considerar un cambio de altitud.

ETAPAS DEL CAMBIO NECESARIO

ETAPA 1:
ESTADO ACTUAL

ETAPA 2:
PELIGRO

ETAPA 3:
DECISIÓN

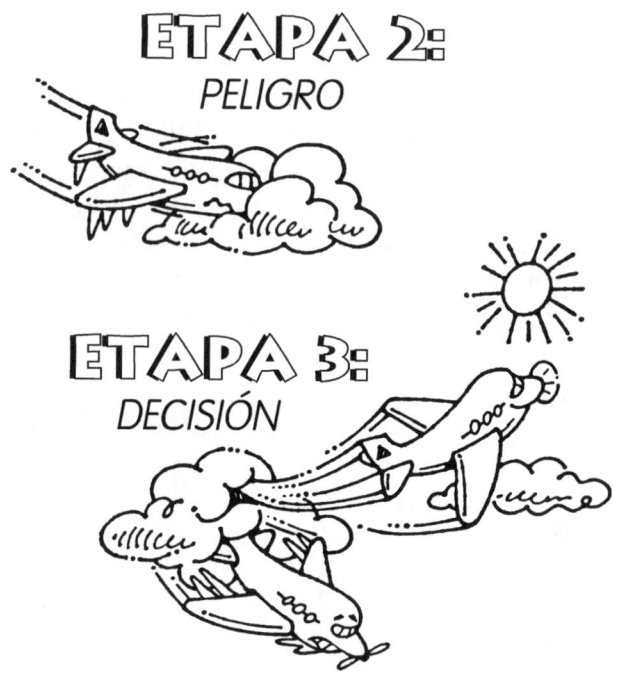

Se otorga permiso para fotocopiar esta ilustración para el uso de la iglesia local. Copyright © Thom y Joani Schultz. Publicado por Editorial Acción, Box 481, Loveland, CO. 80539.

POR QUÉ LAS PERSONAS SE RESISTEN AL CAMBIO

¿Por qué la mayoría de las personas se quedan sentadas mirando que su avión va quedando recubierto de hielo antes de tomar alguna acción correctiva? Hemos observado un número de razones por las cuales las personas se resisten al cambio.

1. *Están contentas*. Se han acostumbrado a su manera de hacer las cosas. Disfrutan de la familiaridad de lo que les rodea. Están satisfechas con su situación actual, no importa cuán peligrosa, anticuada, o ineficaz pudiera ser. En lo que a la enseñanza en la iglesia se refiere, están satisfechas con los raquíticos resultados presentes. Cuando se les confronta con el hecho de que los miembros de la iglesia recogen tan solo pequeñas cantidades de aprendizaje, responden: "Pues bien, algo es mejor que nada."

2. *Les falta comprensión*. No comprenden ni el problema ni la solución sugerida. Si usted les señala que los esfuerzos educacionales de la iglesia no están resultando, tendrían problemas para darse cuenta de que eso sea posible. Si usted sugiere cambios, se quedarían confundidos en cuanto a cómo esas soluciones trabajarían.

3. *No están dispuestas a pagar el precio*. Incluso si logran comprender la necesidad de cambio, se resisten a apoyarlo porque no creen que valdrá el tiempo, esfuerzo, dinero o la molestia. Tal vez vean las razones para cambiar el plan de estudios de la iglesia, pero para ellos no valdría la pena el costo de investigar una nueva alternativa, entrenar de nuevo a los maestros, u orientar a los estudiantes.

4. *Están atados con las tradiciones*. Su lema: "Así es como siempre lo hemos hecho." La simple idea de un cambio, cualquier cambio, parece un sacrilegio. Las sugerencias para los cambios en la Escuela Dominical se encontrarán con: "Cuando yo era niño lo hacíamos de la forma tradicional. Si fue bueno para mí, también lo es para los niños de hoy."

5. *Temen una pérdida*. Cuando se propone una nueva idea sus pensamientos van automáticamente a lo que pueden perder si se pone en práctica la idea nueva. "Si cambiamos a ese nuevo plan de estudios," dicen, "tendremos que desechar nuestro plan de estudios antiguo, no usaremos más nuestros animales para el franelógrafo, la librería que nos vende nuestros materiales se molestará con nosotros, tal vez llegue a oídos de la oficina de la denominación, nos costará más dinero, y algunas maestras a lo mejor se molestan," y así por el estilo.

> "En tiempos de cambios rápidos, nuestra experiencia se convierte en nuestro peor enemigo."
> —J. Paul Getty

UN PLAN DE ACCIÓN PARA AGENTES DE CAMBIO

De modo que, ¿cómo podemos vencer todos estos obstáculos para lograr un cambio? ¿Cómo podemos hacer que el aprendizaje tenga éxito en una institución que ha sofocado el aprendizaje por tanto tiempo? A continuación encontrará algunos consejos prácticos.

1. Exprese la necesidad. Muchas personas en la iglesia son como los glotones de colesterol y grasas del pasado. Están perfectamente contentos con sus viejos hábitos. Simplemente no se dan cuenta de que se están destruyendo a sí mismos. Pero su ignorancia no les salvará de a la larga hacerse daño a sí mismos, y a otros.

Las personas tienen que comprender el problema primero. No tendrán interés en cambiar sus hábitos a menos que se convenzan de que sus hábitos son dañinos.

Haga saber a los líderes, pastores, padres y maestros algunas de las estadísticas citadas en este libro. Busque estadísticas y datos similares en cuanto a su nación, región o área en particular. Consiga la información apropiada en cuanto a las lagunas de aprendizaje en su propia iglesia.

2. Cambie el énfasis hacia lo que se gana mediante los cambios necesarios. Cuando se enfrentan a un posible cambio la mayoría de las personas comienzan a pensar en lo que van a perder. Los agentes de cambio les ayudan a concentrarse en lo que van a ganar.

Hace poco dirigimos un retiro para el equipo de líderes de nuestra iglesia. Propusimos identificar y buscar una visión general para la congregación. Destacamos que a las iglesias fuertes se las conoce por su visión, su sentido de dirección. Algunas iglesias se especializan en servicios a la comunidad mientras que otras enfatizan la evangelización, grupos pequeños, música, alabanza contemporánea, ministerio a los jóvenes o educación cristiana.

Algunos de nuestros líderes comenzaron a inquietarse. "Si comenzamos a enfatizar un aspecto, puede que ofendamos a los miembros que no están interesados en ese énfasis," comentaron.

Cuando insistimos en abogar por el cambio, su mente automáticamente saltó a la columna de pérdidas. De modo que comenzamos a dirigir su atención, apartándola de lo que podían perder y poniéndola en lo que podían ganar. Les informamos que cuando las iglesias adoptan una buena visión, la especialización atrae nuevos miembros; y que estos nuevos miembros poseen otros intereses que capacitan el crecimiento de otros ministerios de la iglesia. Si la iglesia atrae a las personas por causa de la buena música, entonces los estudios bíblicos, grupos de damas, y programas de misiones crecerán también. Se gana mucho.

Al proponer cambios en los métodos de aprendizaje usted escuchará que la gente se asusta por lo que pudiera perder. Dirija la atención hacia lo que pudiera ganar:

- crecimiento espiritual
- estudiantes que comprenden
- personas que se ven estimuladas a pensar
- clases en las que todos los estudiantes aprenden
- personas que tienen más hambre de la Palabra de Dios
- formación de nuevas amistades
- personas que recuerdan lo que han aprendido
- inclusión de estudiantes con problemas de aprendizaje
- lealtad a la congregación y a la denominación
- reducción del número de personas que abandonan la iglesia
- asistencia constante o mayor
- un ministerio más eficaz a los de fuera de la iglesia
- vidas cambiadas.

Cada vez que alguien expresa el temor a una pérdida, sugiera otra posible ganancia. Prepárese con una lista larga de ganancias para su iglesia. Sea persistente y firme en la promoción de estas ganancias.

3. Comprenda que no hay tal cosa como un cambio que contente a todos. Este es otro concepto difícil para las personas de la iglesia que tiemblan ante el solo pensamiento de hacer que alguien se disguste, aunque sea temporalmente.

El cambio, cualquier cambio, molestará a alguien. Pero ¿debemos acaso evitar los cambios por causa de esto? Todo el progreso humano ha sido logrado a pesar de voces que se oponen.

Se burlaron de Orville y Wilbur Wright (inventores del aeroplano).

Grover Cleveland dijo: "Las mujeres sensibles y responsables no quieren votar."

El rey de Prusia se rió del ferrocarril diciendo: "Nadie va a pagar buen dinero para ir desde Berlín a Potsdam en una hora cuando pueden montar su caballo y llegar en un día gratis."

Y nuestro gran Maestro, el Señor Jesucristo, recibió oposición a cada paso porque abogaba por el cambio. Pero no dejó de abogar por el cambio sencillamente porque el cambio incomodaba a algunos. Sabía que el cambio no vendría fácilmente ni sin oposición.

Esa es posiblemente una de las razones por la cual Él seleccionó ayudantes, discípulos, al comienzo de su campaña por el cambio. Rodeándose de agentes con mente afín al cambio, aumentó la posibilidad de lograrlo. Nosotros podemos hacer lo mismo.

Nuestros compañeros nos ayudan a influir en otros, y también nos ayudan a fortalecer nuestro espíritu cuando chocamos contra la inevitable negatividad.

Cuando nos fijamos sólo en los que se oponen al cambio sucumbimos ante el mismo temor que paraliza a los opositores, el temor a la pérdida. De nuevo, tenemos que dirigir nuestros propios pensamientos hacia lo que se va a ganar con el cambio.

4. No trate de poner en práctica al mismo tiempo todos los cambios necesarios. Guíe a su gente a través del proceso de cambio, un paso a la vez.

Recuerde algunos de los elementos principales de cambio que hemos tratado en este libro:
- cubrir menos material con más detalle
- comunicar lo que es más importante
- procurar la comprensión
- hacer buenas preguntas
- conceder tiempo para pensar
- reducir el apoyarse en la memorización y la lectura
- usar aprendizaje activo
- realizar el diálogo posterior en todas las actividades
- ayudar a los estudiantes a enseñarse unos a otros interactivamente
- usar un plan de estudios que resulte
- diseñar sermones que resulten en aprendizaje auténtico

Si usted trata de poner en práctica todos estos cambios a la vez, confundirá y desconcertará a su congregación. Escoja un par de puntos y comience a ponerlos en práctica. Luego añada un par más, y así sucesivamente.

A medida que haga innovaciones apoye a su congregación. Recuérdeles la visión. Asegúreles de que el cambio, aunque quizás incómodo al principio, se vuelve más cómodo con el tiempo.

Nuestro hijo vio con recelo su nueva bicicleta cuando cumplió cinco años. Se había acostumbrado a su triciclo y no veía el valor de un artefacto de dos ruedas. Con el tiempo pedaleaba su bicicleta de un lado a otro frente a la casa con la ayuda de ruedas de entrenamiento. Se adaptó al cambio. Meses más tarde, cuando sugerimos quitarle las ruedas de entrenamiento, protestó a gritos. Sin embargo le aseguramos que su papá correría junto a él hasta que se adaptara a este cambio. Pronto el niño estaba pedaleando con confianza, calle arriba y calle abajo. Aceptó el cambio, un paso a la vez.

Así que haga grandes planes para cambios revolucionarios. Formule una gran visión. Luego, póngala en práctica un paso a la vez, pero no se detenga. Continúe progresando. Desarrolle un ambiente de expectativa de cambios.

Comience estableciendo el objetivo de su iglesia para el aprendizaje. Evalúe su plan de estudios y otros programas que usa actualmente. Cambie y escoja opciones más eficaces. Entrene a sus maestros, líderes, pastores y padres en los métodos que dan como resultado un aprendizaje genuino.

EL PRIMER PASO

El primer paso es comenzar. Ningún cambio ocurrirá sin acción. Simplemente pensar sobre el problema no traerá una solución. Se necesita acción.

Saberlo no es suficiente. Muchas personas ya saben que el aprendizaje en la iglesia está fracasando. Ahora es el momento de cambiar, de comenzar un aprendizaje innovador que pueda transformar a la iglesia.

Comience hoy. Mañana será muy tarde.

La sección de "HÁGALO" que sigue le ofrece ideas de programación práctica que le ayudarán a explicar y aplicar estos principios en su iglesia.

A continuación encontrará consejos para explorar el cambio. Le ayudarán a instar a las personas a pensar en el cambio y en lo que eso pudiera significar para el aprendizaje en su iglesia. Use estas ideas con los maestros, padres, adultos y otras personas que pueden ayudar a que ocurra el cambio. ¿Qué tal los miembros de los comités de la iglesia? ¿O todos los maestros? ¿Un pequeño grupo de agentes de cambio que se hayan ofrecido voluntariamente a explorar el aprendizaje en la iglesia? Escoja una o más de las siguientes actividades para involucrar activamente a estas personas en el proceso de cambio.

ACTIVIDADES PARA CAMBIO EN EL APRENDIZAJE

ANÁLISIS DE CALIGRAFÍA

Pida que cada persona firme su nombre de la manera en que lo hace regularmente. Luego pídales que firmen con la otra mano. La mayoría rezongará o se reirá al tratar de garrapatear sus firmas.

Pida que cada persona se vuelva a un compañero y le diga la respuesta a las siguientes preguntas:

- **¿Cómo se sintió cada uno cuando se les pidió que firmaran con la otra mano?** (Extraño; un reto; con vergüenza.)

- **¿De qué manera se compara esto a lidiar con el cambio?** (Es extraño e incómodo al principio; lo hice mejor de lo que pensé.)

- **¿Qué efecto tiene en los resultados el tratar de adaptarse al cambio?** (Si en alguna ocasión se ha roto la mano con la que escribe, y tiene que aprender de nuevo con la otra, encuentra que cuanto más practica, más natural le resulta; necesita darle una oportunidad a las cosas porque puede que no resulten bien las primeras veces.)

Anime a cada persona a que diga al grupo entero lo que ha descubierto. Luego pida que las personas se vuelvan a sus compañeros de nuevo y que mencionen un cambio que piensan que su iglesia necesita hacer en cuanto al aprendizaje.

Designe un secretario para todo el grupo, que anote las "ideas de cambio" en un papel o en el pizarrón para que todos puedan verlas. Si algunas respuestas son iguales, simplemente coloque una marca adicional cada vez que se menciona.

Pida que las personas digan sus ideas de cambio. Si hay muchas ideas diferentes, forme grupos pequeños y pida que cada grupo considere una, dos o más ideas, según usted les asigne. Pídales que dialoguen sobre dos cosas:

- **¿Cuáles serían los aspectos extraños / incómodos / vergonzosos de este cambio?**
- **¿Cuáles son los beneficios de "esforzarse" para que el cambio pueda suceder y llegue a convertirse en la forma natural de hacer las cosas?**

Pida luego que los grupos informen y escojan dos ideas de cambio con las cuales les gustaría comenzar a trabajar.

ARTISTA DE CAMBIO RÁPIDO

Para aquellos a quienes no se les ocurra nada que cambiar en cuanto a los métodos de educación de su iglesia, pruebe esto. Pida que formen parejas, y que cada persona se presente a sí misma a su compañero o compañera, diciéndole además cuál ha sido una clase favorita que haya tomado alguna vez y por qué fue su favorita.

Pídales que se pongan de espaldas uno al otro y que luego cambien algo pequeño en su propia persona. Por ejemplo, que se quiten el reloj, una sortija, o se arremanguen la blusa o la camisa. Luego dígales que se vuelvan de nuevo, y que traten de adivinar qué fue lo que cambió su compañero.

Pídales que se pongan de espaldas uno al otro, que cambien dos cosas en su persona, y repitan el proceso. Luego pídales que se coloquen de espaldas nuevamente, que cambien tres cosas, y que traten de adivinar los cambios que hizo su compañero o compañera.

Luego pídales que dialoguen con el mismo compañero o compañera:

- **¿Cómo se sintieron cuando se les pidió que cambiaran más y más cosas?** (Tonto; como payaso; retado.)
- **¿Cómo se parece eso a buscar las formas de cambiar o mejorar lo que está sucediendo en la educación de la iglesia?** (Es difícil de

pensar qué cosa cambiar porque todo parece estar andando bien; quizás no nos damos cuenta de que hay muchas posibilidades para cambio; algunos cambios pueden ser tan sutiles que nadie se daría cuenta, mientras que otros pudieran ser muy sorprendentes.)

Invite a las parejas a decir al grupo entero lo que han descubierto. Juntos hablen acerca del cambio en la iglesia. Refiérase a las secciones anteriores de este capítulo para estimular el diálogo.

¿QUÉ TIENE QUE PERDER?

Diga a uno de los grupos: **Tengo un consejo valioso que darles y se los diré si alguien está dispuesto a pagarme el equivalente de cinco dólares por él. El consejo vale lo que cuesta, se lo aseguro. No estoy bromeando. Tomaré su dinero y no se lo voy a devolver.**

Observe la reacción del grupo. ¿Están prontos a levantarse y pagar? ¿Vacilan? ¿Refunfuñan? Espere que alguna persona se levante y le ofrezca pagar el equivalente de cinco dólares.

Una vez que se levante un voluntario, déle las gracias por el dinero. Entréguele a esa persona una tira de papel con este consejo escrito en ella: "Para dominar el cambio, cambie su enfoque de lo que va a perder a lo que va a ganar." Pregunte a su voluntario si le gustaría decirle el consejo al resto del grupo. Luego léalo a todo el grupo.

Pídales que piensen en un cambio que tengan por delante y qué pueden ganar al hacer ese cambio. Déle a su voluntario el equivalente de diez dólares y dígale: **Recuerde mi consejo: Para dominar el cambio, cambie su enfoque de lo que va a perder a lo que va a ganar.**

Ya para este momento el resto del grupo probablemente estará boquiabierto o molestos por no haber sido ellos los voluntarios. Use esto como un momento apto para la enseñanza.

Averigüe por qué la persona le dio el dinero. ¿Por qué los otros se resistieron? ¿Cómo se parece esto a la forma en la que vemos el cambio?

Escriba su consejo en letras grandes que todos puedan ver. Haga dos columnas en un papel o en el pizarrón. Titule una "Lo que podemos perder," y la otra "Lo que podemos ganar." Luego diga: **Piensen acerca de la educación en nuestra iglesia: para los niños, jóvenes y adultos. Piensen en la Escuela Dominical, las clases bíblicas y los sermones. Si hiciéramos cambios innovadores en estas áreas ¿qué tememos perder?**

Escriba en la columna de "Lo que podemos perder" todas las respuestas que le den.

Luego diga: **¿Recuerdan mi consejo? Veamos lo que podemos ganar.** Pida respuestas y anote todos los beneficios del cambio que se mencionen. Permita que esta actividad les lleve a decisiones y acciones para el cambio.

CUENTE DE UNA OCASIÓN

Para hacer que las personas se sientan cómodas al hablar sobre el cambio, pida que cada persona le cuente a un compañero o compañera sobre una ocasión en su vida cuando le temieron al cambio, y qué de bueno resultó de ese cambio.

Pida que los miembros del grupo analicen las similitudes de los temores que tuvieron y las similitudes del bien que resultó del cambio.

Use este diálogo como punto de partida para hablar sobre el cambio que se necesita en la iglesia. Hable respecto a maneras de ayudar a aliviar los temores de los miembros de la congregación y ayudarles a ver el bien que puede resultar.

VOLAR TRANQUILAMENTE O ESTRELLARSE

Reparta copias de la ilustración en la página 214. Explique las tres etapas del cambio que se relacionan con el dibujo. Forme grupos de no más de cuatro personas para que dialoguen sobre:

- **¿En qué punto se encuentra nuestra iglesia según este dibujo? ¿Por qué?**
- **¿Dónde debería estar nuestra iglesia en este dibujo? ¿Por qué?**
- **¿Cuáles son ocasiones específicas cuando nuestra iglesia ha escogido "el camino de la muerte"? ¿Cuáles son ocasiones en que escogió "el camino de la vida"?**
- **¿Qué tenemos que hacer para continuar avanzando hacia la vida?**

VENCIENDO A LOS NEGATIVISTAS

Diviértase con la dramatización que se halla en las páginas 224 y 225. Forme grupos de no más de cuatro personas. Déle a cada persona una tira de papel en la que conste uno de los cuatro papeles de la dramatización. A cada persona en cada grupo se le asigna un papel diferentes. (Si tiene un grupo con menos de cuatro personas, simplemente asegúrese de asignar el "Papel 1".) Indíqueles que no deben decir a nadie en su grupo qué papel les ha tocado.

Prepare la escena. Diga: **Cada grupo representa al comité de educación de la iglesia. La persona a quien se le asignó el Papel 1 comenzará el diálogo dentro de su grupo. Después de esto todos estarán por su propia cuenta. Tienen alrededor de siete minutos.**

Permita que comience el drama. Asegúrese de observar y escuchar lo que sucede en los grupos. (Si tiene suficiente personas puede designar un observador para cada grupo para que anote algunas observaciones.)

Después de unos minutos reúna de nuevo al grupo entero. Si las personas no están seguras de qué papel interpretó cada uno en su grupo, pida que cada uno lea su papel en este momento. Dialogue sobre la experiencia. Pregunte:

- **Si les tocó el Papel 1, ¿cómo se sintieron durante esta experiencia? ¿El Papel 2? ¿El Papel 3? ¿El Papel 4?**

- **¿Cómo se parece esta experiencia, o no se parece, a lo que está sucediendo en la iglesia?**

- **¿Qué consejo le darían a alguien en la vida real que se parece al Papel 1? ¿Al Papel 2? ¿Al Papel 3? ¿Al Papel 4?**

- **¿Cómo podemos hacer de nuestra iglesia un lugar donde las personas aprendan a darle la bienvenida a los cambios? ¿Qué acciones positivas podemos tomar para vencer a los "negativistas"?**

Papel 1: Usted está realmente entusiasmado para cambiar (escoja solamente uno de los siguientes):

- el plan de estudios de la Escuela Dominical de su iglesia.
- la manera en que la iglesia usa el tiempo del sermón; a usted le gustaría ver más creatividad, energía y participación.
- la acostumbrada clase bíblica tradicional para adultos en su iglesia ha sido dirigida por la misma persona durante los últimos diez años.

Usted quiere que las demás personas en su comité se entusiasmen por ideas innovadoras que usted sabe que resultarán. Usted tiene muchas buenas razones para promover los cambios.

Papel 2: A usted le gustan las cosas como están ahora. Su lema está escrito en cemento: "Siempre lo hemos hecho así, ¡y así me gusta a mí!"

Termine con una oración de grupo. Tómense de las manos y pida que cada persona eleve una oración por las personas que realmente se sienten como los papeles que les tocó desempeñar.

MIRE EN EL LIBRO

Dedique tiempo para explorar las Escrituras. Use la Biblia para aprender cómo Dios ha obrado en el pasado por medio del cambio. Aférrese a la promesa de que Dios nunca cambia, y que está con nosotros en todo momento. Recuerde al exponente máximo en cuanto al cambio y una forma radical de vida: ¡Jesucristo!

Lo que sigue es una variedad de versículos para despertar su interés. De ninguna forma son exhaustivos; son simplemente el comienzo.

- Isaías 43:1-19 (Dios ha hecho grandes cosas para el pueblo que formó.)
- Malaquías 3:6a (El Señor no cambia.)
- Mateo 9:16-17 (Jesús habla sobre el peligro de echar vino nuevo en odres viejos.)
- Romanos 12:1-2 (Renovación interna por medio de una nueva forma de pensar.)
- Hebreos 13:8 (Jesús es el mismo ayer, hoy y por los siglos.)
- Apocalipsis 21:5 (Dios hace todas las cosas nuevas.)

Papel 3: Usted detesta el cambio y es profundamente pesimista. Está seguro de que nada nuevo resultará. Usted siempre expresa fuertemente las razones por las cuales no resultará. No le gusta escuchar la opinión de los demás.

Papel 4: La verdadera razón por la cual a usted no le gusta el cambio es que le disgusta perturbar la tranquilidad. Le tiene más temor a ofender a alguien que el promover algo que no se acostumbra hacer. Siempre está preocupado en cuanto a: "¿Qué pensará Fulano y Mengano?"

Se otorga permiso para fotocopiar estos dramas para el uso de la iglesia local. Copyright © Thom y Joani Schultz. Publicado por Editorial Acción, Box 481, Loveland, CO 80539.

ESTABLEZCA UNA RED DE APOYO

Rodéese de personas que les apoyen y animen. No es fácil ser un innovador. Tendrá que enfrentarse a muchos obstáculos. Pero al igual que cualquiera que cree en una causa, usted sabe que merece la pena. Así que, busque personas en su congregación, en su denominación o en su comunidad. Pídales que se unan a usted para luchar por los serios cambios que necesitan ocurrir para vencer el porqué nadie aprende mucho de nada en la iglesia. ¡Que Dios le acompañe!

EPÍLOGO

La educación en la iglesia tiene problemas, pero no porque así se lo haya propuesto. Estamos en esta debacle porque hemos sido programados.

Somos producto de un sistema educativo que ha fracasado. Crecimos con objetivos olvidados, conej-tos, búsqueda de trivialidades, y con una sobredosis de aprendizaje pasivo. Estos métodos están tan arraigados que los ponemos en práctica sin pensar. Estamos actuando automáticamente.

No podemos continuar así. Estamos perdiendo demasiadas almas. Podemos hacer las cosas mejor, mucho mejor.

Deténgase por unos momentos y piense cómo educaría a alguien que viene a trabajar para usted. Considere a una nueva secretaria que acaba de emplear. Usted no intentaría educar a su nueva secretaria con una enorme cantidad de crucigramas, hojas de ejercicios insulsos, y acertijos de palabras escondidas. Usted no revolvería la marca de la computadora para enseñarle a su secretaria cómo usarla. Usted no insistiría en que su nueva secretaria estudiara minuciosamente el manual de la máquina de copiar para encontrar un dato inútil tal como la fecha en que fue inventada. Usted no le exigiría a su secretaria que gastara su valioso tiempo memorizando la dirección de cada miembro de la iglesia y su número de teléfono.

No; usted sabe de forma intuitiva que estos métodos ridículos no ayudarán a su secretaria a aprender su trabajo de forma rápida y eficiente. El sentido común le indica que hayan una mejor forma de entrenar a su secretaria.

Es hora también de aplicar un poco de sentido común a todo el aprendizaje en la iglesia. Los métodos que hemos recomendado en este libro no son ideas excéntricas que no se hayan probado. Son métodos de aprendizaje con sentido común, que cualquier iglesia puede utilizar.

Ha llegado el momento de usar sentido común, con valentía, para un cambio. Estamos enfrentándonos a un mundo que desesperadamente necesita aprender, aprender sobre la gracia salvadora de Jesucristo y ser transformado por ella.

NOTAS FINALES

INTRODUCCIÓN

1. Barna, G. *What Americans Believe (Lo que creen los estadounidenses)*. Ventura, CA: Regal Books, 1991, p. 280.

2. *Yearbook of American and Canadian Churches (Anuario de iglesias estadounidenses y canadienses)*. Nashville: Abingdon, 1994. Sumario estadístico de los Estados Unidos. Washington: Departamento de Comercio de los E.U., 1992.

3. Chandler, R. *Racing Toward 2001 (Corriendo hacia el año 2001)*. Grand Rapids, MI: Zondervan, 1992, p. 112.

4. *Yearbook of American and Canadian Churches (Anuario de iglesias estadounidenses y canadienses)*. Nashville: Abingdon, 1990.

5. Encuesta entre personas que asisten a la iglesia realizada por la Editorial Group Publishing, 1992.

6. Benson, P., y Eklin, C. *Effective Christian Education: A National Study of Protestant Congregations (Educación cristiana eficaz: Un estudio nacional de las congregaciones protestantes)*. Informe resumido. Minneápolis: *Search Institute (Instituto de investigación)*, 1990, p. 58.

7. Barna, G. *Ministry Currents (Corrientes en el ministerio)*, octubre-diciembre de 1991, p. 9.

8. Chandler, R. *Racing Toward 2001 (Corriendo hacia el año 2001)*, p. 112.

9. Entrevista del autor con estudiantes de Escuela Dominical, 1992.

10. Benson, P., y Eklin C. *Effective Christian Education (Educación cristiana eficaz)*. Informe resumido, p. 2.

11. McNichol, T. *USA Weekend (Suplemento dominical del periódico USA)*, 18 de septiembre de 1992, p. 5.

12. Carvajal, T. Universidad del Norte de Colorado, Greeley.

13. *The Wall Street Journal*, 11 de septiembre de 1992, p. B1.

CAPÍTULO 1

1. Gardner, H. *The Unschooled Mind (La mente no educada)*. Nueva York: Basic Books, 1991, p. 138.

2. Wood, G. *Schools That Work (Escuelas que resultan)*. Nueva York: Dutton, 1992, p. xx.

3. Ibid., p. xxi.

4. Gatto, J. *The Wall Street Journal,* 25 de julio de 1991.

5. Citado de *The Brokaw Report (Informe Brokaw),* Cadena de televisión NBC, 29 de agosto de 1992.

6. Wood, G. *Schools That Work (Escuelas que resultan),* p. 238.

7. *Effective Christian Education: A National Study of Protestant Congregations (Educación cristiana eficaz: Un estudio nacional de las congregaciones protestantes).* Minneápolis: Search Institute, 1990, p. 25.

8. Ibid., pp. 46-47.

9. Barna, G. *What Americans Believe (Lo que creen los estadounidenses).* Ventura, CA: Regal Books, 1991, p. 230.

CAPÍTULO 2

1. Healy, J. *Endangered Minds (Mentes en peligro de extinción).* Nueva York: Simon & Schuster, 1990, p. 20.

2. Ibid., pp. 20-21.

3. Stoddard, L. *Redesigning Education (Diseñando de nuevo la educación).* Tucson: Zephyr Press, 1992, p. 61.

4. Smith, F. *Insult to Intelligence (Insulto a la inteligencia).* Portsmouth, NH: Heinemann, 1988, p. 80.

5. Wood, G. *Schools That Work (Escuelas que resultan).* Nueva York: Dutton, 1992, p. 128.

CAPÍTULO 3

1. Encuesta nacional de la Editorial Group entre 226 estudiantes de quinto y sexto grado que asisten a la iglesia, 1992.

2. Barna, G. *What Americans Believe (Lo que creen los estadounidenses).* Ventura, CA: Regal Books, 1991, p. 212.

3. *Effective Christian Education: A National Study of Protestant Congregations (Educación cristiana eficaz: Un estudio nacional de las congregaciones protestantes).* Minneápolis: *Search Institute (Instituto de Investigación),* 1990, pp. 26-27.

4. Ibid., p. 57.

5. Barna, G. *What Americans Believe (Lo que creen los estadounidenses).* p. 173.

6. Encuesta nacional de la Editorial Group.

7. Wood, G. *Schools That Work (Escuelas que resultan).* Nueva York: Dutton, 1992, p. 167.

8. Healy, J. *Endangered Minds (Mentes en peligro de exintición).* Nueva York: Simon & Schuster, 1990, p. 281.

9. Stevenson, H., y Stigler, J. *The Learning Gap (La brecha en el aprendizaje)*. Nueva York: Summit Books, 1992, p. 195.

10. Wood, G. *Schools That Work (Escuelas que resultan)*. p. 13.

11. Healy, J. *Endangered Minds (Mentes en peligro de extinción)*. p. 279.

CAPÍTULO 4

1. Healy, J. *Endangered Minds (Mentes en peligro de extinción)*. Nueva York: Simon & Schuster, 1990, p. 27.

2. Stevenson, H., y Stigler, J. *The Learning Gap (La brecha en el aprendizaje)*. Nueva York: Summit Books, 1992, p. 13.

3. Healy, J. *Endangered Minds (Mentes en peligro de extinción)*. p. 278.

4. Stoddard, L. *Redesigning Education (Diseñando de nuevo la educación)*. Tucson: Zephyr Press, 1992, p. 55.

5. Stevenson, H., y Stigler, J. *The Learning Gap (La brecha en el aprendizaje)*. p. 213.

6. Smith, F. *Insult to Intelligence (Insulto a la inteligencia)*. Portsmouth, NH: Heinemann, 1988, pp. 83, 261.

7. Perkins, D. *Smart Schools (Escuelas inteligentes)*. Nueva York: The Free Press, 1992, p. 8.

CAPÍTULO 5

1. Stipp, D. *The Wall Street Journal,* 11 de septiembre de 1992, p. B4.

2. Smith, F. *Insult to Intelligence (Insulto a la inteligencia)*. Portsmouth, NH: Heinemann, 1988, p. 11.

3. *Effective Christian Education: A National Study of Protestant Congregations (Educación cristiana eficaz: Un estudio nacional de las congregaciones protestantes)*. Minneápolis: Search Institute, 1990, p. 36.

4. Encuesta nacional de la Editorial Group Publishing entre 226 estudiantes de quinto y sexto grado que asisten a la iglesia, 1992.

5. Hendricks, H. *The 7 Laws of the Teacher (Las 7 leyes del maestro)*. Atlanta: *Walk Thru the Bible Ministries (Ministerio a través de la Biblia)*, 1987, p. 66.

6. Healy, J. *Endangered Minds (Mentes en peligro de extinción)*. Nueva York: Simon & Schuster, 1990, p. 96.

7. Perkins, D. *Smart Schools (Escuelas inteligentes)*. Nueva York: The Free Press, 1992, p. 32.

8. Furnish, D. *Experiencing the Bible With Children (Experimentando la Biblia con los niños)*. Nashville: Abingdon, 1990, p. 124.

9. Udall, A., y Daniels, J. *Creating the Thoughtful Classroom (Creando un salón de clase que piensa)*. Tucson: Zephyr Press, 1991, p. 73.

10. Ibid., p. 85.

11. *Effective Christian Education (Educación cristiana eficaz)*. p. 36.

12. Healy, J. *Endangered Minds (Mentes en peligro de extinción)*. p. 295.

13. Ibid., adaptado de pp. 295-296.

CAPÍTULO 6

1. Stoddard, L. *Redesigning Education (Diseñando de nuevo la educación)*. Tucson: Zephyr Press, 1992, p. 14.

2. Manegold, C. *Newsweek*, 2 de diciembre de 1991, p. 55.

3. Burns, J. *The Youth Builder (Edificador de la juventud)*. Eugene, OR: Harvest House Publishers, 1988, p. 184.

4. Hendricks, H. *Teaching to Change Lives (Enseñando para cambiar vidas)*. Portland, OR: Multnomah Press, 1987.

5. Naisbitt, J. *Trend Letter (Circular de tendencias)*, 25 de junio de 1992, p.3.

6. Atkins, A. *Child (El niño)*, mayo de 1991, p. 102.

7. Citado del programa de televisión 20/20, Cadena ABC, 19 de abril de 1991.

8. Goleman, D., Kaufman, P., y Ray, M. *The Creative Spirit (El espíritu creativo)*. Nueva York: Dutton, 1992, p. 43.

9. Woods, P. *What's a Christian? (¿Qué es un cristiano?)*. Loveland, CO: Group Publishing, 1990, p. 1.

10. *Hands-On Bible Curriculum, 5th & 6th Grade (Currículo Bíblico Práctico para 5° y 6° grados), Guía para el maestro, Año B, 1er. Trimestre, "Dealing With Disabilities/Airline Disaster Activity" ("Lidiando con incapacidades/Actividad de desastre aéreo")*. Loveland, CO: Group Publishing, 1993.

11. Paulson, N. *Preschool Program: Loving God, Loving Others (Programa pre-escolar: Amando a Dios, amando a los demás)*. Group Publishing, 1992, pp. 122-124.

12. *Hands-On Bible Curriculum, 5th & 6th Grade (Currículo Bíblico Práctico para 5° y 6° grados), Guía para el maestro, Año B, Trimestre 1, "This Little Light/Candle Gauntlet Activity," (Mi pequeñita luz/actividad con velas)*. Loveland, CO: Group Publishing, 1993.

13. Chromey, R. *Turning Depression Upside Down (Poniendo la depresión de cabeza)*. Loveland, CO: Group Publishing, 1992, pp. 35-36.

14. Cassidy, D. *Faith for Tough Times (Fe para momentos difíciles)*. Loveland, CO: Group Publishing, 1991, pp. 26-27.

15. Kelly, P. *Forgiveness (Perdón)*. Loveland, CO: Group Publishing, 1992, pp. 40-41.

CAPÍTULO 7

1. Stevenson, H., y Stigler, J. *The Learning Gap (La brecha en el aprendizaje)*. Nueva York: Summit Books, 1992, p. 70.

2. McCabe, M., y Rhoades, J. *"Developing Higher-Level Thinking Skills Through Cooperative Learning Strategies" (Desarrollando la habilidad de pensar en un nivel más alto por medio de estrategias de aprendizaje cooperativo)*, Conferencia Anual ASCD, San Francisco, CA, 17 de marzo de 1991.

3. Goodlad, J. *A Place Called School (Un lugar llamado escuela)*. Nueva York: McGraw-Hill, 1984.

4. Healy, J. *Endangered Minds (Mentes en peligro de extinción)*. Nueva York: Simon & Schuster, 1990, p. 96.

5. Steinberg, A. *Education Letter (Cartas sobre la educación)*, Harvard University Press, noviembre-diciembre de 1989, p. 1.

6. Hardel, D. *Who Is Jesus? (¿Quién es Jesús?)* Loveland, CO: Group Publishing, 1991, pp. 15-16.

7. *Hands-On Bible Curriculum, 5th & 6th Grade (Currículo Bíblico Práctico para 5° y 6° grados), Guía del maestro, Año A, Trimestre 4, "Hidden Messages Activity" ("Actividad de mensajes ocultos")*. Loveland, CO: Group Publishing, 1993.

8. *Quick Devotions for Children's Ministry (Devociones breves para el ministerio de niños)*. Loveland, CO: Group Publishing, 1990, p. 71.

9. *Hands-On Bible Curriculum, 5th & 6th Grade (Currículo Bíblico Práctico para 5° y 6° grados), Guía del maestro, Año A, Trimestre 3*. Loveland, CO; Group Publishing, 1992.

10. Ibid., p. 108.

CAPÍTULO 8

1. Hendricks, H. *The 7 Laws of the Teacher (Las 7 leyes del maestro)*. Atlanta: *Walk Thru the Bible Ministries, (Ministerio a través de la Biblia)*, 1987, p. 88.

2. Wood, G. *Schools That Work (Escuelas que resultan)*. Nueva York: Dutton, 1992, p. 153.

3. Conlin, E. *INC*, julio de 1991, p. 65.

4. Goleman, D., Kaufman, P., y Ray, M. *The Creative Spirit (El espíritu creativo)*. Nueva York: Dutton, 1992, p. 90.

5. Wood, G. *Schools That Work (Escuelas que resultan)*. p. 168.

6. Sizer, T. *Horace's School (La Escuela de Horacio)*. Nueva York: Houghton Mifflin, 1992, p. 99.

7. Keffer, L. *Sunday School Specials (Lecciones Bíblicas Especiales para la Escuela Dominical)*. Loveland, CO: Editorial Acción, 1996. pp. 30-33.

CAPÍTULO 9

1. Roehlkepartain, J. *Youth Ministry: Its Impact on Church Growth (Ministerio de jóvenes: Su impacto en el crecimiento de la iglesia)*. Loveland, CO: Group Publishing, 1989, p. 7.

2. Hull, J. *What Prevents Christian Adults From Learning? (¿Qué impide que los creyentes adultos aprendan?)*. Philadelphia: Trinity Press International, 1991, p. 65.

3. Boyland, B. *What's Your Point? (¿Qué quieres decir?)*. Nueva York: Warner Books, 1988, p. 80.

4. Wilkinson, B. *The 7 Laws of the Learner (Las 7 leyes del aprendiz)*. Sisters, OR: Multnomah Press, 1992, p. 32.

5. Udall, A., y Daniels, J. *Creating the Thoughtful Classroom (Creando un salón de clase que piensa)*. Tucson: Zephyr Press, 1991, p. 66.

6. Hinchey, D. *5-Minute Messages for Children (Mensajes de cinco minutos para niños)*. Loveland, CO: Group Publishing, 1992, p. 13.

7. Ibid., pp. 22-23.

CAPÍTULO 10

1. Barna, G. *The Frog in the Kettle (La rana en la caldera)*. Ventura, CA: Regal Books, 1990, pp. 21-22.

2. Wood, G. *Schools That Work (Escuelas que resultan)*. Nueva York: Dutton, 1992, p. 10.

3. Barna, G. *User Friendly Churches (Iglesias amigables)*. Ventura, CA: Regal Books, 1991, p. 176.

4. *USA Today*, 24 de noviembre de 1992.

5. Benson, P., y Eklin, C. *Effective Christian Education: A National Study of Protestant Congregations (Educación cristiana eficaz: Un estudio nacional de congregaciones protestantes)*. Informe resumido. Minneápolis: Search Institute, 1990, p. 67.

5955